Ruth Rahmeyer · Bester Vater!

Liebster Vater!

Ruth Rahmeyer

Bester Vater!
Briefe der Ulrike von Pogwisch an Goethe

Edition Leipzig

Fotonachweis / Impressum

Gerda von Löwenstern: S. 137, 139, 142, 143
Museum im Marstall, Winsens / Luhe: S. 65
Roland Dreßler (Stadtarchiv Weimar): S. 38
Ruth Rahmeyer: S. 7, 11, 13, 16, 23, 24, 29, 30, 33, 36, 50, 82, 98,
101, 127, 130, 132, 134, 140
Verlagsarchiv: S. 9, 41, 45, 69, 118, 119, 121

Die Deutsche Bibliothek – CIP-Einheitsaufnahme
Bester Vater! : Briefe der Ulrike von Pogwisch an Goethe /
Ruth Rahmeyer. – Leipzig : Ed. Leipzig, 1999

ISBN 3-361-00507-8

Umschlaggestaltung: Morian & Bayer-Eynck, Coesfeld
Layout: Atelier für grafische Gestaltung, Leipzig
Lithografie: Förster & Borries, Zwickau
Druck und Binden: Druck- und Verlagsanstalt Wiener Verlag
Printed in Austria
Gedruckt auf alterungsbeständigem Papier
mit chlorfrei gebleichtem Zellstoff

Inhalt

Die »andere« Ulrike – Beschreibung einer Beziehung (1817–1832)

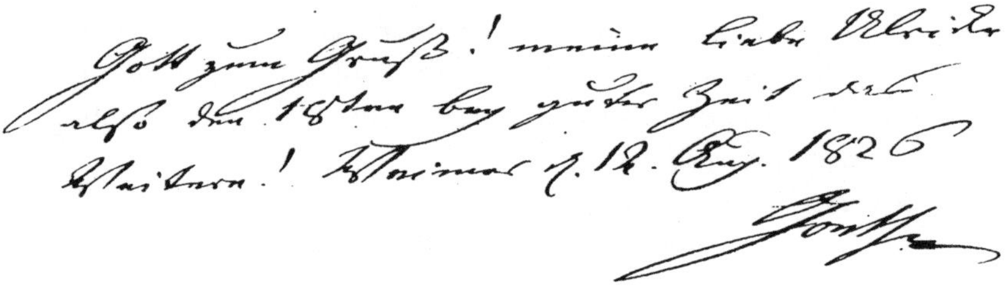
Gott zum Gruß! meine liebe Ulrike
also den 18ten bey guter Zeit das
Weitere! Weimar d. 12. Aug. 1826
Goethe

Nein, das Fräulein von Levetzow – wie mancher wohl denken möchte – war nicht die Adressatin, der hier »bey guter Zeit« ein Treffen zugesichert wurde.

Die Marienbader Versuchung in Gestalt jener Ulrike gehörte bereits verdrängter Vergangenheit an. Dem Abgrund leidenschaftlichen Sichverlierens war Goethe ein letztes Mal entronnen, Erleben in Dichtung eingeschlossen. Die achtundzwanzigjährige Ulrike des Billetts von 1826 dagegen provozierte keine existenziellen Erdbeben, aber ihr bestätigte der Dichter noch im letzten Sommer seines Lebens seine Nähe, »daß wir uns nämlich von Herzen längst angehören«. Zehn Jahre lebte sie als jüngere Schwester seiner Schwiegertochter und somit Schwägerin seines Sohnes im Haus am Frauenplan, geschätztes Mitglied seiner Familie, Gegenstand seiner Courtoisie wie liebevoller Fürsorge, die mittägliche Gesprächsrunde belebend und auch die nachmittägliche Spazierfahrt: Ulrike Freiin von Pogwisch.

Goethe öffnete ihr sein Haus und sein Herz, als Ottilie von Goethe die Bitte aussprach, Schwester Ulrike zunächst für eine voraussichtlich begrenzte Zeit bei sich aufnehmen zu dürfen:

»Meine Schwester Ulrike kehrt in den ersten Tagen des Augustes mit meiner Tante aus Frankreich zurück und wird entweder ganz hierbleiben oder doch wohl 3 bis 6 Monate, dies läßt sich ihrem Briefe nach nicht bestimmen. – Entweder bei Madame Leidenfrost, Doctorin Gildemeister, Hofräthin Ludecus oder Professorin Melos soll sie wohnen, und es wäre natürlich das beste, daß sie selbst wählte, an welchem von diesen Orten sie am liebsten sein möchte, da es sich hernach nicht gut mehr ändern läßt – deshalb, lieber Vater, wünschte ich mir von Ihnen die Erlaubniß, Ulriken 4 Wochen beherbergen zu dürfen; ich füge kein Wort weiter hinzu und erwarte geduldig; was Sie darüber bestimmen werden.«[1]
Erst am 19. Januar 1817 hatte sich Ulrike von Pogwisch von Goethe verabschiedet[2], und das eigentlich für mehrere Jahre, durfte sie doch Onkel und Tante nach Bar-le-Duc in Frankreich begleiten, wohin Wilhelm Graf Henckel von Donnersmarck als Brigadekommandeur und Generalmajor in preußischen Diensten aus der Garnison Erfurt versetzt worden war. Schon an der Hochzeit ihrer geliebten Schwester Ottilie, im Juni des Jahres, hatte sie daher nicht teilnehmen und ihr auch nicht bei der Geburt des ersten Goethe-Enkels Walther am 20. April 1818 zur Seite sein können. Doch wenig später erfüllte beide Familien große Freude, als bekannt wurde, daß die im sogenannten Zweiten Pariser Frieden 1815 abgemachte fünfjährige Besetzung nord- und ostfranzösischer Gebiete vorzeitig beendet werden sollte.[3] Ulrike würde vor der endgültigen Abreise aus Frankreich noch Paris und die Krönungsstadt Reims sehen und dann gewiß viel zu erzählen haben, war sie doch auch dabeigewesen, als der Onkel im Schauspielhaus von Sedan aus der Hand des preußischen Königs Friedrich Wilhelm III. und in Gegenwart des Zaren Alexander den Roten Adlerorden 2. Klasse mit Eichenlaub erhielt.

Nicht nur Schwester und Schwager sahen ihrer Rückkehr mit Jubel entgegen, auch Goethe freute sich und beantwortete Ottilies Bitte umgehend:

Goethe (22. August 1817), weiß gehöhte Kreidezeichnung von Ferdinand Jagemann, Stiftung Weimarer Klassik/Museen

»Dein ausführliches Schreiben, meine liebe Tochter, hat mir sehr viel Vergnügen gemacht, und ich erwidere dir sogleich einiges in Hoffnung euch bald wiederzusehen. Wenn du das Schwesterchen einige Zeit bei dir beherbergen willst, so wird es mir sehr erfreulich sein, besonders wenn es in die Zeit fällt, wo ich auch zu Hause bin; da wir uns denn, wie ich hoffe, recht gut vertragen werden.«[4]

Zwar hielt ihn der großherzogliche Auftrag, die Jenaer Bibliotheken zu ordnen und zu vereinigen, schon seit Monaten in Jena fest, auch wich er wohl gern den Turbulenzen aus, die sich bei der Neuordnung seines Weimarer Haushalts beim Einzug des jungen Paares und durch die erste Niederkunft seiner Schwiegertochter ergaben. Schließlich war die Arbeit am »West-östlichen Divan« fortzusetzen. Aber – am 9. April 1818 wurde ihm der erste Enkel geboren: So gab es zu diesem Zeitpunkt keine Bitte, die er der Schwiegertochter nicht erfüllt, und keine Aufmerksamkeit, die er ihr nicht gern erwiesen hätte, sah er doch in sein Haus das Leben wieder einziehen, das mit dem Tode seiner Frau daraus gewichen zu sein schien, seit zwei Jahren schon.

Anfang Juli kehrte er aus Jena zurück, reiste noch im gleichen Monat zur Kur nach Karlsbad und freute sich bereits auf die zu erwartende Rolle als pater familias nach dem Motto seines »Schatzgräbers«: Tages Arbeit, abends Gäste! Saure Wochen, frohe Feste! Sei dein künftig Zauberwort.

Ulrike von Pogwisch würde da nicht stören, im Gegenteil. »Ist denn das Schwesterchen noch nicht angekommen?« fragte er fast ungeduldig. »Es wäre sehr artig, wenn ich euch alle zusammen träfe und eine solche Familienscene uns einmal gelänge.«[5]

Am 17. September betrat Goethe erholt und erwartungsfroh sein Haus, eine Woche später zog Ulrike ein, vom Hausherrn ohne Zögern in den Familienkreis aufgenommen, wie sein Tagebuch schon in den ersten Tagen und fortan erkennen läßt:

23. 9. Anmeldung des jüngeren Fräulein Pogwisch von Erfurt her

24. 9. Ottilie nach Erfurt, die Schwester zu empfangen … Abends kamen die Frauenzimmer und die Familie speiste mit uns

4. 10. Abends mit Ulriken

7. 10. Abends Herr von Groß zu Tische. Ulrike erzählte manches von Paris

29. 10. War Ulrikens Geburtstag[6]

Es war ihr zwanzigster, der erstmals eine Erwähnung in Goethes Tagebuch fand und bis zu seinem Tode selten einmal übersehen wurde, späterhin eher doppelte Bedeutung dadurch erfuhr, daß 1827 mit Alma am gleichen Tage das dritte Enkelkind zur Welt kam und somit Tante und Nichte sich künftig Goethes

Ulrike von Pogwisch (Jugendbildnis).
Bleistift- u. Tuschzeichnung von unbekannter Hand.
Stiftung Weimarer Klassik/Museen

Erinnern teilen mußten. Ulrike von Pogwisch, ihm schon vor sechs Jahren als die jüngere der »zwey Fräulein von Pogwisch« vorgestellt[7], erfüllte inzwischen ohne Zweifel eine der wichtigsten Voraussetzungen, um dem alten Herrn eine angenehme Haus- und Tischgenossin zu sein: Sie galt als ein natürliches, auffallend hübsches Mädchen, ausgezeichnet durch makellosen Teint, von kleiner Gestalt und zu dieser Zeit etwas füllig, aber das hatte Goethe schon an seiner eigenen Frau nicht gestört.

Ihre Nähe zu ihm macht sie uns erinnernswert und verschafft ihr unter den »vielen Statistinnen der Goetheszene«[8] eine Sonderstellung. Von Goethes umstrittener Frau Christiane sagte Johanna Schopenhauer, einst und heute viel zitiert, wenn Goethe ihr seinen Namen gäbe, könne man ihr wohl eine Tasse Tee geben. In Anlehnung daran und Ulrike von Pogwisch betreffend, möchten wir unserem Erinnern hinzufügen: Wenn Goethe ihr sein Herz und sein Haus öffnete, dürfen wir uns wohl ihrer erinnern!

Mit der Heirat des Sohnes erlebte Goethes Hausstand eine deutliche Umstellung. Ihm bot sich in seinem 68. Lebensjahr die Aussicht, nun doch noch gelegentlich ein standesgemäßes »großes Haus« führen zu können, gewann er doch mit der Schwiegertochter eine gesellschaftsgewandte, hoffähige Repräsentantin.

Die jungen Freiinnen von Pogwisch kamen aus bestem Hause, ein Aspekt, der den Goethes, Vater wie Sohn, nicht gleichgültig sein konnte. Die Herkunft der Schwiegertochter aus der preußischen Linie holsteinischen Uradels väterlicherseits und aus böhmischem Freiherren- und Reichsgrafenstand mütterlicherseits, beides bis ins 13. bzw. 14. Jahrhundert nachweisbar, legte sich wie ein samtener Mantel um die allzu durchsichtige Herkunft August von Goethes aus kleinbürgerlichem Milieu in der mütterlichen Linie, vom zweifelhaften Wert des noch jungen väterlichen Adels zu schweigen. Es hatte schon des ganzen väterlichen Prestiges bedurft, um standesbedingte Widerstände gegen die Verbindung der Goethes mit den Pogwischs und Henckel von Donnersmarcks zustandezubringen. Als am 3. Januar 1816 die Großmutter Ottilies, Exzellenz Gräfin Henckel von Donnersmarck, Oberhofmeisterin bei der Erbgroßherzogin, ihr Einverständnis zur an Silvester stattgefundenen Verlobung ihrer Enkelin mit August von Goethe dem Vater, Geh. Rat und Staatsminister, mitteilte,[9] bedeutete das erst den Einstieg in langwierige und peinliche Verhandlungen zum Ehevertrag.[10] Diese führte ihr ältester Sohn Wilhelm, Generalleutnant, und nach dessen Abberufung in Richtung Frankreich ihre Tochter Henriette von Pogwisch, Hofdame der Großherzogin und Mutter der Schwestern Ottilie und Ulrike. Zwar hatten die Pogwischs wie auch die Henckel von Donnersmarcks respektable historische Verdienste in Generationen angesammelt, aus denen ihr ehren-

Ottilie von Goethe (Jugendbildnis).
Kreidezeichnung von Franz Heinrich Müller, um 1815.
Stiftung Weimarer Klassik / Museen

voller Ruf und ihr Stolz resultierten, aber zum gegenwärtigen Zeitpunkt verfügten sie über keine nennenswerten existenzsichernden Vermögen. Was Großmutter und Mutter besaßen, verdankten sie so gut wie ausschließlich ihrem geschickten Umgang mit dem Einkommen aus ihrer Berufstätigkeit in Hofdiensten. Die inzwischen zweiundsechzigjährige »Exzellenz«, Gräfin Henckel von Donnersmarck, regierte nicht nur mit stadtbekannter, respektvoll anerkannter Energie und Robustheit den Hof der Erbgroßherzogin Maria Paulowna, sondern auch Haushalt und

Schicksal ihrer zweiundvierzigjährigen Tochter Henriette, Hofdame der Großherzogin Luise, und ihrer Enkelinnen. Letztere, 1796 und 1798 geboren, erlebten und erlitten das Matriarchat der Großmutter und dazu die Unbehaustheit eines ungeregelten Familienlebens, dessen Rhythmus von der Unberechenbarkeit und den Ansprüchen des Hoflebens diktiert wurde. Zwar hatte sich Mutter Henriette einst die Liebesheirat mit dem preußischen Major Pogwisch aus holsteinischem Uradel, Besitzer zahlreicher Güter, erstritten, aber schon nach wenigen Jahren, als der Major sich dem finanziellen Bankrott näherte und einen standesgemäßen Lebensstandard für Frau und Kinder nicht mehr aufrecht zu erhalten vermochte, erzwang die Gräfin Henckel die Trennung der durchaus glücklichen Ehe ihrer Tochter. Ottilie von Goethe, ältere der beiden Enkelinnen, bewahrte noch die Erinnerung an einen liebevollen, zärtlichen Vater, während Ulrike kaum eine Vorstellung von ihrem Vater gewinnen konnte. Ihre Mutter dagegen erhoffte sich über Jahre hin den Erhalt der Ehe und die Zusammenführung der abrupt auseinandergerissenen Familie, ohne jedoch gegen Adelsstolz und Matriarchat hinreichenden eigenen Widerstand aufbringen zu können.

Beide Töchter und ihre Mutter fanden Zuflucht bei deren Stiefschwester auf Gut Göhren in der Lausitz, später in der Residenzstadt Dessau. Henriette von Pogwisch, vor ihrer Ehe Hofdame der Prinzessin Heinrich in Berlin, fand vorübergehend eine Erzieherinnenstelle bei der Prinzessin Friederike von Preußen in deren zweiter Ehe als Fürstin Solms-Braunfels in Triesdorf und Ansbach. Die Kinder konnte sie mitnehmen, aber schon nach drei Jahren zerbrach das Dienstverhältnis der Mutter, und man kehrte in das Stadthaus von Onkel und Tante Hagen in Dessau zurück, wo Ulrike auch geboren worden war. Schon 1806 sah sich Henriette von Pogwisch gezwungen, dem Wunsch der Mutter zu folgen und mit ihr deren Dienstwohnung im Schloß von Weimar zu teilen, bis sich dort eine feste Anstellung für sie ergäbe. Das geschah dann doch erst 1811, und so lange blieben Ottilie und Ulrike in der Oase Dessau, wo sie auch später stets willkommen waren.

Immer wieder tauchen in der Korrespondenz beider daher auch »Onkel und Tante Hagen« auf; Auguste von Hagen geb. Henckel von Donnersmarck, Tochter des Majors Karl von Hagen, später Stadtkommandant von Dessau, aus erster Ehe.

Die Pogwisch-Töchter waren demzufolge nicht nur ohne den Vater aufgewachsen, sondern auch über viele Jahre ohne ein eigenes wohnliches Zuhause. Erst nach dem Tode der Großherzogin Luise, 1830, gelang es Henriette von Pogwisch, auf der »Esplanade« (heute Schillerstraße) eine eigene Wohnung zu nehmen. Ihre Ehe war zu dem Zeitpunkt schon seit zehn Jahren geschieden. Während die Mutter im Schloß eine kleinere Dienstwohnung zur Verfügung gestellt bekommen hatte, besaßen die Töchter hier praktisch nur eine Schlafstatt. Lediglich im Sommer konnten sie das seit 1806 der Großmutter gehörende Gartenhaus an der Ilm, neben dem goetheschen, als ein Ausweichquartier betrachten,[11] und hier lernten sich auch Ottilie und August als Nachbarskinder kennen. Ohne die Teilnahme am Mittagstisch der befreundeten Caroline von Egloffstein, Witwe des einstigen Oberkammerherrn am Hofe des Herzogs, hätte es den Töchtern Pogwisch auch an der banalsten Regelmäßigkeit gefehlt. Hier fanden sie jedoch außer einer wünschenswerten warmen Mahlzeit am Tag die mütterliche Freundschaft der Frau von Egloffstein und eine ebenso freundschaftliche Beziehung zu deren Nichten Line und Julie.

Wird aus diesen Gegebenheiten das Ambiente höfischen Lebens als ein bedeutender, doch nicht immer positiver Einfluß auf die heranwachsenden Pogwisch-Töchter deutlich, dann verwundert es auch nicht mehr, daß ihr gesellschaftlich formvollendetes Auftreten, bis ins Alter erkennbar, einer gewissen höfischen »Tournüre« nicht entbehrte.

Ihre geistige Bildung dagegen ließ jede Systematik vermissen und muß wohl eher als das Zufallsprodukt zeitgemäßer und

Ansicht des Weimarer Ilmtals.
Blick auf Goethe-Gartenhaus und Pogwisch-Haus.
Aquarell von Georg Melchior Kraus, um 1775.
Goethe-Museum Düsseldorf

adelsüblicher Ansprüche beurteilt werden. Beide Mädchen profitierten vom hohen Niveau der Großmutter, die sich in französischer Literatur auskannte, sich in fortgeschrittenen Jahren noch Griechisch und Latein aneignete, um die Literatur der alten Sprachen im Original lesen zu können, und ihre musikalische Grundbildung mit einem ungewöhnlichen Soloinstrument, dem Waldhorn, krönte. Henriette von Pogwisch besaß ebenfalls eine fundierte musikalische Grundausbildung, spielte Konzertflöte, Geige und Klavier und gab später im Freundeskreis wie auch ihren Enkeln den Erstunterricht am Klavier. Auch sie sprach Französisch und las französische Literatur in der Originalsprache, war aber in ihren literarischen Neigungen eher anglophil.[12]

Aus den privaten Bibliotheken beider Damen lieh Goethe gelegentlich selbst ihm fehlende Lektüre aus. Seine intensive Beschäftigung mit den Werken Lord Byrons ab 1819 ging auf ihre Anregung zurück.

Kurzum: Goethe bekam junge Mädchen ins Haus, die außer einwandfreien Umgangsformen auch bereits eine gewisse musikalische und literarische Vorbildung besaßen. Natürlich war es ihnen wohl noch nicht vollends bewußt, welch außergewöhnliche Chance das Zusammenleben mit Goethe im engsten familiären Kreis ihrer weiteren Entwicklung bieten würde, aber ohne Zweifel genossen sie dankbar die schützende und vielbeneidete Atmosphäre, von der sie bislang kaum hatten träumen können.

Ottilie, als Schwiegertochter dem Hausherrn nahestehend, und Ulrike, als gerngesehenes weiteres Familienmitglied, zogen in die eigens für das junge Ehepaar Goethe vor der Heirat wohnlich hergerichtete geräumige Dachetage, eine Art Halbmansarde des repräsentativsten Bürgerhauses am Frauenplan, sicher mit einiger Beklemmung, aber auch mit ebensolchem naiven Stolz.

Nachdem Goethe schon einmal fast sieben Jahre dort zur Miete gewohnt hatte, überließ ihm der Großherzog 1792 das Haus zur mietfreien Nutzung und zwei Jahre später juristisch fixiert als Schenkung. Die schrecklichen Ereignisse und Erfahrungen des kriegerischen Jahres 1806 hatten dann den Hausherrn bewogen, seine persönlichen Verhältnisse nun endlich auch im juristischen Sinne festschreiben zu lassen. Er heiratete am 19. Oktober die ihm seit 18 Jahren als Lebensgefährtin verbundene Mutter seines schon siebzehnjährigen Sohnes, Christiane Vulpius, und beantragte nur sechs Wochen später die juristische Festlegung seines Rechtes als Hausbesitzer, die er im Frühjahr darauf erhielt. Nun erst durfte er gewiß sein, Frau und Sohn bei eventuell vorzeitiger Witwen- und Waisenschaft in ähnlichen risikoreichen Situationen gesichert zu wissen.

Ein Vierteljahrhundert konnte man ihn seit 1817 bestrebt sehen, das stattliche Haus nach seinen Bedürfnissen auszustatten. Das betraf architektur-ästhetische Vorstellungen, prestigebedingte Rücksichten angesichts des Status als höchstbezahlter Beamter des Staates ebenso wie das ganz private Bemühen, sich als Familienvater, Gelehrter und Schriftsteller eine Heimstatt zu schaffen, den Grundstücksbesitz werterhöhend abzurunden und zugleich gegen Störungen von außen abzuschotten. Die Nachbarn, vorwiegend Handwerker, deren Dienste er durchaus gern in Anspruch nahm, reizten häufig genug seine Lärmempfindlichkeit und genossen für seinen Geschmack zuviel Einblicksmöglichkeiten in den Garten vor seinen Arbeitsräumen im Hinterhaus. Er kaufte deshalb noch 1817 das westlich gelegene Nachbarhaus, in dem er den Wohntrakt vermietete, aber die zum Garten liegenden rückwärtigen Räume leerstehen ließ. Zwei Jahre später erwarb er auch die Hinterhäuser der östlichen Nachbargrundstücke hinzu. Lediglich mit dem unmittelbar an seinen Besitz angrenzenden Haus dieser Seite erging es ihm wie einst dem großen Preußenkönig. Er mußte des benachbarten Leinewebers klapperndes Handwerk notgedrungen dulden. Erst Goethes Erben konnten zwei Jahre nach seinem Tod auch dieses Haus hinzukaufen, während er selbst noch im Monat vor seinem Tode das letzte Haus dieser Kette hatte erwerben können.[13]

Die Einrichtung der Räumlichkeiten im ersten Stock des der Straße zugewandten Haupthauses entsprach ab 1817 noch konsequenter als zu Lebzeiten Christianes ausschließlich den Bedürfnissen des Hausherrn, der hier seine Besucher empfing: Fürstlichkeiten, Gelehrte, Künstler, Prominenz aus ganz Europa, sei es zu Festlichkeiten, Gesprächen, einer musikalischen Soiree oder einem Diner. Das Mobiliar sollte nicht wohnlicher Bequemlichkeit dienen, sondern vor allem für die umfangreichen Sammlungen eine zweckmäßige Aufbewahrung und arbeitsgerechte Zugänglichkeit sichern. Als Kunsthistoriker, Naturwissenschaftler und vielseitig interessierter Schriftsteller hatte Goethe sich bereits zu diesem Zeitpunkt auch als einer der bedeutendsten Sammler seiner Zeit ausgewiesen, gleichviel ob es sich um Münzen und Medaillen, Zeichnungen, Kupferstiche, Lithographien, Mineralien, Büsten und Plastiken nach antiken Vorbildern oder um Autographen handelte. Nach heutiger Schätzung hinterließ er bei seinem Tode Werte, eine 8000 Bücher umfassende

Bibliothek nicht mitgerechnet, die einem mittleren Museum entsprachen und zur Ehre gereicht hätten. Noch in den letzten 15 Jahren seines Lebens vermehrte sich der museale Besitz, der erst in zweiter Linie ein finanzielles Kapital repräsentierte. Vorrangig sollten die mit größter Sorgfalt und Systematik in den einzelnen Fachgebieten, wissenschaftlich professionell zustande gekommenen Sammlungen, zahlreiche wertvolle Gemälde inbegriffen, der Belehrung und niveauvollen Unterhaltung ihres Besitzers und seiner Gäste dienen und um dieser Qualität willen auch als ein Ganzes nach seinem Tode erhalten bleiben.[14]

Unübersehbar empfing über Jahrzehnte jeden Gast, und nun auch Ottilie von Goethe und ihre Schwester Ulrike von Pogwisch, schon die architektonische Dominanz des Goethehauses am Frauenplan. Sie entsprach – wie auch das museale Ambiente des Inneren – nicht nur dem sozialen Status des Hausherrn, sondern auch dem Patriarchat, dessen Grundsätze in diesem Hause mit unangefochtener Selbstverständlichkeit als Gesetze des Alltags ihre Gültigkeit bis in das 19. Jahrhundert hinein behielten, ebenso durchaus in der Mehrheit aller bürgerlichen oder adeligen Familien. Wer in die Hausgenossenschaft Goethes aufgenommen wurde, fügte sich ohne Zögern und lautes Murren den Wünschen wie den Weisungen des Hausvaters, gleichviel ob Kutscher oder Köchin, Sohn oder Schwiegertochter. Die ihm geltende Anrede aus dem engsten Familienkreis lautete »Vater« und »Sie«. Auch Ulrike wurde diese Formel der Zugehörigkeit gestattet, während es umgekehrt dem pater familias freigestellt blieb, wie er die ihm Untergebenen und Familienangehörigen anzureden gedachte. Er verwaltete die Einnahmen und Ausgaben, führte Buch darüber, kontrollierte Küche, Haus und Keller, bestimmte den täglichen Speisezettel. Wo er eine haushälterische Funktion delegierte, fehlte es nie an peinlichster Kontrolle, sei es, daß Dienstpersonal (sein persönlicher Diener) oder Familienmitglieder (Sohn August) davon betroffen waren, zumal beide Haushaltungen als eine einzige galten.

Wer das Haus auf einige Zeit verließ, meldete sich beim Hausherrn ab und bei seiner Rückkehr auch wieder an, blieb man länger fort, so war Tagebuch zu führen. Der eigene Sohn erschien noch als erwachsener, verheirateter Mann und buchstäblich bis zu seinem frühen Tode allabendlich vor seinem Vater, um den gewesenen Tag, seine kleineren wie größeren Ereignisse »Revue passieren« zu lassen, zur »Beichte«, wie Augusts Freund Karl von Holtei meinte. Selbstverständlich wußte der einundachtzigjährige Vater auch vom dreiundvierzigjährigen Sohn über jeden seiner mühseligen täglichen Schritte in Italien 1830 genauestens Bescheid; Augusts letzte Tagebuch-Briefseiten erreichten Weimar noch nach seinem Tode.

Während August von Goethe also noch fast bis zum letzten Atemzuge seiner Sohnespflicht nachgekommen war, nutzten Ottilie wie auch Ulrike schon bald alle nur denkbaren und möglichen Ausreden mit viel Charme, um sich von dieser ihnen lästigen Marotte des »Vaters« zu befreien, was dieser zwar merkte, aber scheinbar zu übersehen pflegte – bis zu ihrer nächsten Reise oder gelegentlich anmahnte.

»Goethe lenkte das Leben in seinem Hause absichtsvoll«, heißt es in einer Publikation über Goethes Dienerschaft, und der Verfasser führt einleuchtende Beispiele an, die uns Einblicke in Goethes Alltag und zugleich dankenswerte Einsichten in sein Denken und Handeln erlauben.[15] Auszuhalten war diese absichtsvolle, permanent fordernde »pädagogische Provinz« in Goethes Hause wohl nur infolge ihrer Kompensation durch die Ausstrahlung seiner Person, so daß auf seine Güte jeder rechnen durfte, der, ehrliches Streben und Bemühen vorausgesetzt, sich überfordert wußte, indem Goethes erzieherische Absichten seine Möglichkeiten überstiegen. Mit sicherem Gespür erkannte der »Vater« jedoch die unterschiedlichen Grenzen geistiger Entwicklung seiner beiden hinzugewonnenen »Töchter«. Konnte er beispielsweise Ottilie mit der Redaktion einer kleinen Sonntagszeitung für Freunde des Hauses intellektuell herausfordern,[16] so verbot sich das gegenüber Ulrike vollständig. Nicht nur blieben ihr die literarischen Themen an Goethes so häufig mit hochkarätigen Gästen sich schmückender Mittagstafel oder in Ottilies Teestunden ein fremdes glattes Parkett, der Griff nach den Sternen intellektueller Reflexion war ihr nicht gegeben. Sie war und blieb ihrer ursprünglichen Natur nach ein dem praktischen Alltag verhafteter Mensch. Der Realitätssinn der Großmutter Henckel von Donnersmarck mochte in ihr wohl eher veranlagt sein als in der sich gern erdfern in Träumen verlierenden älteren und sehr belesenen Schwester. Bezeichnend für Goethes Verständnis ist eine häusliche Szene, die von den Freundinnen mit neidvollem Staunen wiedergegeben wurde und sich auf seine bekannte Einstellung bezog, es sei mehr oder weniger Zeitverschwendung, junge Mädchen von Stand derartig geistig zu unterfordern, daß man sie unentwegt mit Handarbeiten beschäftige. Eines Tages fanden sie nämlich Ulrike handarbeitend, ansonsten jedoch still, im »Allerheiligsten«, Goethes Arbeitszimmer, sitzen, während dieser seinem Schreiber John diktierte, quasi eine doppelte Unerhörtheit. Goethes Antwort auf empörtes Fragen lautete, leise lächelnd: »Die darf das!«

Ein Vorzug, mit dem nur noch ihre Neffen, seine Enkel Walther und Wolfgang, gewürdigt wurden. Nicht nur Goethes Kinderfreundlichkeit, auch sein Drang, stets bereitwillig jungen Menschen seine Mentorschaft zu widmen, freundschaftlicher Erzieher und Lehrer zu sein, sind bekannt und in zahllosen Veröffentlichungen dokumentiert.[17] Die Fähigkeiten eines Menschen zu erkennen und zu nützlichen Fertigkeiten zu entwikkeln, schätzenswerte Eigenschaften fördernd zu kultivieren und die weniger erstrebenswerten unauffällig zu eliminieren, das waren für Goethe vorrangige Prinzipien pädagogischer Aktivität, die er, ganz wie einst sein Vater, praktizierte, wenn er sich berufen fühlte, den Prozeß der Sozialisierung eines jungen Menschen zu steuern. Erreichte er auch nicht immer das angestrebte Erziehungsziel, so verließ ihn doch nie seine ererbte »lehrhafte

Natur«, die Gabe, anschaulich und praxisorientiert Erlernbares – möglichst im wörtlichen Sinne – begreifbar zu machen, von den pädagogischen Theoremen seiner Zeitgenossen wie Rousseau, Pestalozzi, Schleiermacher zwar berührt, aber nicht ihr Prophet. Die beklagenswerte Bildung der Mädchen und Frauen aller Stände – Goethe wohl bewußt – verband sich ihm, wie er sarkastisch feststellte, mit ihrer zu beobachtenden Eigenart, eines Mannes Wort als Evangelium aufzunehmen. Verständlicherweise galten sie ihm daher als »das wünschenswerteste Auditorium für einen Dogmatiker«, brauche er doch nur, was er zu sagen habe, »angenehm und sinnlich ergreifend zu sagen«.[18] Die eigene Schwester Cornelia war, wie wir wissen, zwar die erste in der Reihe ihm begegnender und so erfolgreich zu belehrender weiblicher Wesen, aber noch lange nicht die letzte. Müßig zu erinnern an die Heerscharen bildungsfreudiger junger Mädchen und Damen, von der Schwester Cornelia bis hin zu Adele Schopenhauer, von den fiktiven Exemplaren wie »Werthers Lotte« oder der Ottilie in den »Wahlverwandtschaften« bis zu den fürstlichen Damen, von Anna Amalia bis zu deren Urenkelin Augusta (ab 1871 Deutsche Kaiserin). Mit den Pogwisch-Schwestern kamen zwei junge Damen des Adels in sein Hauswesen, die eine mehr oder weniger höfische Erziehung erfahren und auch erlitten hatten, deren Niveau aber mit dem gleichaltriger junger Adelsherren nicht vergleichbar war. Universitätsstudium oder berufliche Betätigung lagen völlig außerhalb jeglicher Vorstellungen. Wartete auf die jungen Herren dieses privilegierten Standes vielleicht eine militärische oder diplomatische Karriere oder der Eintritt in den höheren Staatsdienst, falls man nicht von vornherein das väterliche Gutserbe antrat und es zu mehren trachtete, so blieb den Mädchen nach dem Erlernen der Grundtechniken des Lesens, Schreibens und Rechnens der Unterricht durch wechselnde Hauslehrer in Handarbeiten, Zeichnen, Musizieren und Tanzen sowie die Einweisung in höfische Umgangsformen und Konversation, wozu Geläufigkeit im Französischen gehörte.

Seite 23/24
Vorder- und Rückseite einer Aqua-Federzeichnung von unbekannter Hand mit scherzhaften zeichnerischen und wörtlichen Anspielungen auf Ulrike von Pogwischs Zukunft als Stiftsdame in Form einer Hexenbeschwörung à la Goethes Faust I/Hexenküche (vgl. HA 3, bes. 78/79).
Stiftung Weimarer Klassik/Museen

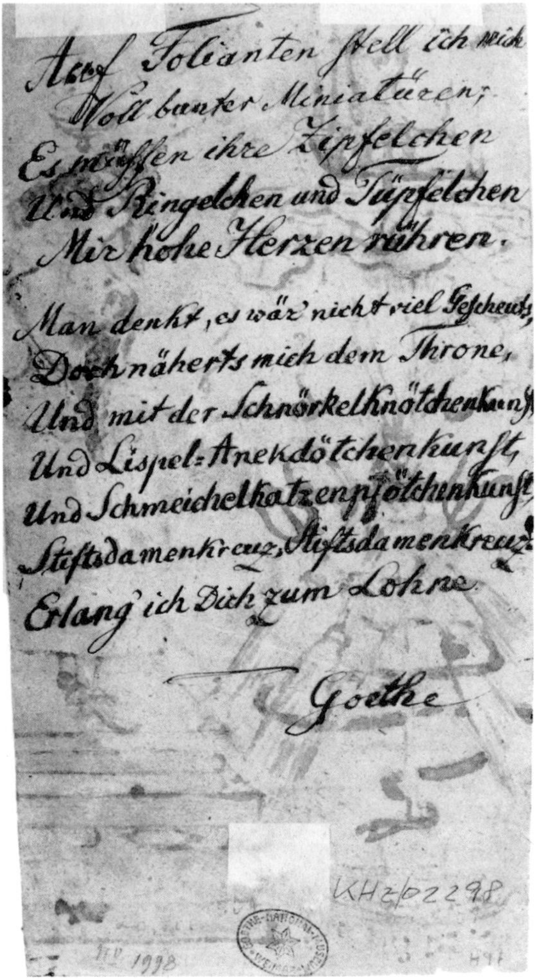
Auf Folianten stell ich mich
Voll bunter Miniaturen;
Es müssen ihre Zipfelchen
Und Ringelchen und Tüpfelchen
Mir hohe Herzen rühren.

Man denkt, es wär nicht viel Gescheuts,
Doch näherts mich dem Throne,
Und mit der Schnörkelknötchenkunst
Und Lispel=Anekdötchenkunst,
Und Schmeichelkatzenpfötchenkunst,
Stiftsdamenkreuz, Stiftsdamenkreuz!
Erlang ich Dich zum Lohne.

Goethe

Rückseite von Seite 23

Gelegentlich gab es auch Geographie und sehr ausgewählte Literatur. Die verheiratete Frau des Adels sollte einem unter Umständen anspruchsvollen Haushalt vorstehen und ihn standesgemäß repräsentieren können, nicht etwa selbst Handanlegen.

Fand sich für ein junges Mädchen dieser Gesellschaftsstufe kein angemessener Ehemann, aus welchen Gründen auch immer, so führte der Weg bestenfalls in eine Stellung als Hofdame oder in die von den Eltern schon vorsorglich reservierte Sicherheit unter dem Dach eines kirchlichen adligen Wohnstiftes, wenn nicht direkt in eine religiöse Ordensgemeinschaft.

Auf Ulrike von Pogwisch wartete seit der Einschreibung von 1807 die späterhin mögliche Aufnahme in das Adlige St. Johanniskloster vor Schleswig, ein Wohnstift des holsteinischen Adels für seine vom sozialen Abstieg oder Heimatlosigkeit bedrohten unverheirateten Töchter. Dazu benötigte sie das Naturalisationspatent des dänischen Königs Christian VII., zu dessen Regierungsbereich Holstein zu dieser Zeit und noch bis 1815 gehörte. Es wurde für beide Schwestern ausgestellt.[19]

Die Schwestern Pogwisch genossen somit die Vorzüge wie die Nachteile der Gesellschaftsstruktur ihrer Zeit, in der Ottilies weitergehende literarische Interessen durchaus einen unrentablen, nicht unbedingt heiratsfähigen Luxus darstellen konnten, denn eine etwa veranlagte Intellektualität war kaum auslebbar und daher auch nicht in jedem Falle wünschenswert, was bedeutete, daß dergleichen Wißbegierde frühzeitig auf Bonsaiformat gestutzt zu werden pflegte. Erst im Hause Goethe konnte man in dieser Hinsicht gewissermaßen »sans souçis« leben, besonders, wenn man Ulrike von Pogwisch hieß, zwar keine literarischen Ambitionen erkennen ließ, dafür jedoch anmutig jugendliche Unschuld ausstrahlte.

Vom ersten Tage an gehörte sie zum engeren Familienkreis, wurde für ihren Patensohn Walther von Goethe wie auch für dessen zwei Jahre später geborenen Bruder Wolfgang ein fröhlicher ruhender Pol, damit die gelegentliche Hektik ihrer Mutter und deren häufige Abwesenheit ausgleichend, und von allen Hausbewohnern geschätzt. Die Hauptmahlzeit des Tages nahm die Familie an Goethes oft durch Gäste erweiterter Tafel gemeinsam ein. Sie konnte sich je nach Befinden des Hausherrn und nach Qualität wie Quantität des von ihm bevorzugten Tischweins über Stunden hinziehen. Ebenso gediehen sogenannte kleine Abendessen häufig zu mehrstündigen lebhaften Gesprächsrunden.

Goethe, ganz offenbar der Dominanz Ottilies als der älteren, beleseneren und die »Dame des Hauses« verkörpernden Schwester bewußt, bezog Ulrike gern in die Gesprächsrunden seiner Tafel ein, widmete ihr deutlich Aufmerksamkeit und Wohlwollen, stärkte damit ihr Selbstwertgefühl und förderte die Ausformung ihres Charakters, dessen Gradlinigkeit er seine Anerkennung nie versagte.

Die Gäste nahmen es meist mit kaum verhohlener Verwunderung zur Kenntnis. Kanzler von Müller beobachtete schon nach einem halben Jahr, mit welch einfühlsamem Takt der alte Herr das junge Mädchen lenkte, wenn ihre wohl von der Großmutter ererbte Direktheit von Meinungsäußerungen eine gewisse magische Grenze zu überschreiten drohte: »Wie anmutig scherzte der herrliche Mann mit Ulriken, der er gewisser technischer oder Koterie-Wörter Bedeutung anschaulich machen wollte, z. B. Kategorie, caput mortuum p. Sie müsse dergleichen verstehen, aber nie selbst aussprechen.«[20] Wenige Wochen später berichtete der Amerikaner Cogswell, ein Naturwissenschaftler, von einem heiteren unbeschwerten Abend mit einem gutgelaunten Goethe: »Um 9 Uhr setzten wir uns zu einem kleinen Abendessen, wobei ich in ebensolche Lustigkeit geriet wie damals bei Blumenbachs. Wir waren unser fünf: ein hübsches und kluges Mädchen, dessen Namen ich nicht verstand [Ulrike von Pogwisch], Professor Meyer, der Busenfreund und Vertraute Goethes, ein fremder Baron [Kanzler von Müller], G[oethe] und ich; wir waren wirklich sehr vergnügt miteinander.«[21] Wilhelm von Humboldt teilte seiner Frau unverblümt mit, daß ihm Ottilie ... wohl besser gefalle als Ulrike, »obgleich diese hübscher, nur sehr dick ist«[22]. Dieser Zeitzeuge stellte hohe Anforderungen an das geistige Niveau ihn umgebender Frauen und gehörte zu den Kreisen, die Goethes Ehe mit Christiane Vulpius nie verstanden und heftig kritisiert hatten. Natürlich hätte Ulrike es niemals mit seiner Karoline von Dacheröden aufnehmen können und auch nicht wollen. Vielleicht mußte man Künstler und sensibel genug sein, um zu bemerken, daß Goethe mit Ulrike »am liebsten im Ton des leichten reizenden Humors« sprach, wie der Maler Ernst Joachim Förster in seinen Jugenderinnerungen festhielt[23], oder wie sein Kollege Johann Karl Wilhelm Zahn, der, aus Pompeji kommend, Goethe seine Durchzeichnungen altgriechischer Bilder vorlegte: »Ich saß zwischen Goethe und Fräulein von Pogwisch, einem Liebling des großen Dichters, denn er richtete häufig das Wort an sie und nahm ihre Gegenreden mit offenbarem Wohlgefallen auf ... Alle erinnerten sich mit Entzücken an Rom und priesen mit Begeisterung seine Herrlichkeit. Nur Fräulein Ulrike glaubte ihrer protestantischen Entrüstung gegen den Papst und seine Mißregierung Luft machen zu müssen. Der alte Goethe schmunzelte überlegen und reichte der Eiferin einen Zahnstocher hinüber. ›Räche Dich, meine Tochter, mit diesem hier!‹, sprach er launig.«[24] Nach dem Genuß von mehr als einer Flasche Wein, während den Gästen schon Kaffee gereicht wurde, waren in Goethe die Erinnerungen an seine Italienreisen aufgeweckt worden und hatten ihn in Hochstimmung versetzt, so daß er mit leichter Hand und elegant eine ernst zu werdende drohende Gesprächskurve per Zahnstocher meisterte.

Zu welcher Herzlichkeit sich das Verhältnis Ulrike von Pogwischs zu Goethe innerhalb eines runden Jahrzehnts entwickelte und welchen Gewinn diese Komponente für sie bedeutete, lassen Felix Mendelssohn Bartholdys Reiseberichte an seine Eltern in Berlin erkennen, die er bei seinen Besuchen im Goethehaus schrieb. Im November 1821 betrat der Zwölfjährige in Begleitung seines Lehrers Zelter erstmals das Haus am Frauenplan und eroberte im Sturm nicht nur das Herz Goethes, sondern auch sämtlicher junger Damen, der Freundinnen seiner Schwiegertochter und allen voran Ulrikes. »Nach Tisch bat sich Fräulein Ulrike, die Schwester der Frau v. Goethe, einen Kuß aus, und ich machte es ebenso.« Von seiner Güte mache man sich keinen Begriff, wußte er eine Woche später zu schreiben und schilderte, wie man, Ulrike inbegriffen, Goethe bewogen habe, den Aufenthalt Zelters mit seinem Schüler zu verlängern: »Dienstag wollte Zelter nach Jena und von da nach Leipzig abreisen. Sonnabend war Adele Schopenhauer, die Tochter, bei uns, und wider Gewohnheit blieb Goethe den ganzen Abend. Die Rede kam auf unsere Abreise, und Adele beschloß, daß wir alle hingehn und uns Professor Zelter zu Füßen werfen sollten und um ein paar Tage Zugabe flehen. Er wurde in die Stube geschleppt, und nun brach Goethe mit seiner Donnerstimme los, schalt Professor Zelter, daß er uns mit nach dem alten Nest nehmen wollte, befahl ihm, stillzuschweigen, ohne Widerrede zu gehorchen, uns hier zu lassen, allein nach Jena zu gehn und wiederzukommen, und schloß ihn so von allen Seiten ein, daß er alles nach Goethes Willen tun wird. Nun wurde Goethe von allen bestürmt; man küßte ihm Mund und Hand, und wer da nicht ankommen konnte, der streichelte ihn und küßte ihm die Schultern. Und wäre er nicht zu Hause gewesen, ich glaube, wir hätten ihn zu Hause begleitet, wie das römische Volk den Cicero nach der ersten Katilinarischen Rede. – Übrigens war auch Fräulein Ulrike ihm um den Hals gefallen, und da er ihr die Cour macht – sie ist sehr hübsch –, so tat alles dies zusammen gute Wirkung.«[25]

Viermal beeindruckte Mendelssohn Bartholdy als Heranwachsender Goethe mit seinem Klavierspiel. Auch bei seinem letzten Besuch in Weimar 1830 wurde er zum bejubelten Mittelpunkt der Geselligkeit, wenn er am Streicher-Flügel im Juno-Zimmer phantasierte oder eigene Kompositionen wie Bearbeitungen einer Beethoven-Sinfonie hören ließ. Ulrike von Pog-

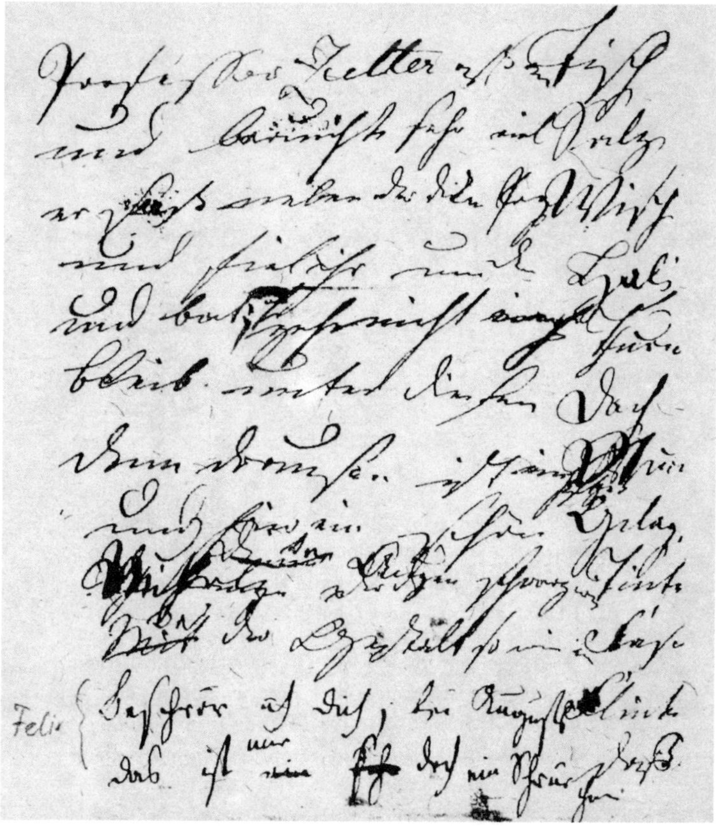

Geselligkeit im Goethehaus – Endreimspiele
(1821, während des Besuchs von Zelter mit Tochter Doris
und Felix Mendelssohn Bartholdy).
Die Endreime wurden vorgegeben (hier von Ottilie von
Goethes Hand, Teilnehmer des Spiels mußten
die Verszeilen ausfüllen. Ulrike von Pogwisch verließen
nach der vierten Zeile Konzentration und Phantasie,
so daß der zwölfjährige Felix mit den letzten zwei
Zeilen aushelfen mußte.
Nach: Rudolf Elvers: Endreimspiele mit Felix Mendelssohn.
Weimar, November 1821, hrsg. von der Mendelssohn-
Gesellschaft e.V. Berlin; Basel, 1970.[26]

Aus Ulrike von Pogwischs Stammbuch:

»Sie kennen es schon; und doch wollt' ichs wiederholen.
Vielleicht erinnern Sie dann sich freundlich
des May's 1830 und Ihres F. Mendelssohn Bartholdy.«

»Leipzig, in Reichels Garten, Februar 1837,
6 Wochen vor Ostern, in froher Zeit, wieder um eine
freundliche Erinnerung bittend Cécile Jeanrenaud«.
Felix Mendelssohn Bartholdy heiratete Cécilie Jeanrenaud
am 28. März 1837 in Frankfurt am Main.

»dann in Weimar Abends vor der Rückreise nach Leipzig,
in der rechten Sophaecke, den 27t Mai 1840
Immer wieder derselbe JMB.«

Stiftung Weimarer Klassik/Museen

wisch, nunmehr im 32. Lebensjahr und nicht mehr im Goethehaus wohnend, genoß täglich die Erinnerung an die noch unbeschwerteren Tage mit Mendelssohn vor neun Jahren, wie denn auch Goethe seinem Tagebuch anvertraute »Mittags Felix M. Erinnerung an alte Zeiten. Spielte nach Tische treffliche Dinge.«[27]

Irgendwie lag Abschiedsmelancholie über diesen Tagen. August von Goethe war wenige Wochen zuvor in Eckermanns Begleitung zur lange ersehnten Italienreise aufgebrochen. Der Vater hatte ihn trüben Sinnes entlassen, insgeheim ahnend, daß dieser Abschied ein endgültiger sein könnte. Felix Mendelssohn Bartholdy befand sich nun gleichfalls auf dem Weg in den Süden. Würde man ihn wiedersehen? Aus dem »Wunderkind« war ein begnadeter Pianist, Dirigent und Komponist geworden, ein früh ausgereifter junger Mann und Künstler mit einer außergewöhnlichen Empfänglichkeit für überwältigende Natureindrücke und die Sprache der Seele im menschlichen Gesicht. Diesmal schrieb er seinen Eltern von einer verwandelten Ulrike von Pogwisch: »Ulrike ist jetzt so angenehm und lieblich, wie nie zuvor; der Ernst, den sie bekommen, hat sich mit ihrem ganzen Wesen vereinigt, und sie hat eine Sicherheit und Tiefe der Empfindung, die sie zu einer der liebenswürdigsten Erscheinungen machen, die ich kenne.[28]

Auf einer Soiree im Jahr zuvor bei einem hohen Beamten der Großherzoglichen Regierung in Weimar war schon dem Jurastudenten Eduard von Simson (später Präsident des Reichsgerichts) aufgefallen, daß man ihm mit Ulrike von Pogwisch eine außergewöhnliche Tischdame zugedacht hatte: »Ich habe ihre hohe Liebenswürdigkeit mehr noch als neulich erkannt. Als sie im Laufe des Gesprächs echauffirter wurde, war sie so schön, mit den herrlichen großen blauen Augen, daß ich bedaure, sie nicht vor fünf Jahren etwa gekannt zu haben, wo dieses Carmin gewiß ihre Alltagsfarbe gewesen.«[29] Auch er spürte wohl, daß mit dieser jungen Frau eine Verwandlung vorgegangen war.

Ulrike von Pogwisch war erwachsen geworden, schmerzliche Ereignisse und vielleicht auch die zahllosen Begegnungen mit Schriftstellern, Wissenschaftlern, Diplomaten von Rang im Hause Goethes hatten dazu beigetragen.

Ein Jahrzehnt hatte sie in unmittelbarer Nähe von Goethe verbracht und durfte auch in seinen letzten Lebensjahren, als sie bereits wieder bei der Mutter wohnte, gewiß sein, »daß wir uns nämlich von Herzen längst angehören«.[30] Diese, in einer bestimmten Situation trösten sollende, Güte und gegenseitiges Einvernehmen bezeugende Briefzeile des zweiundachtzigjährigen Dichters an die inzwischen im 33. Lebensjahr stehende zweite Pogwisch-Tochter erklärt sich nicht allein durch Anmut und Natürlichkeit, die ihrem Erscheinungsbild und Wesen eine für Goethe anziehende Wirkung verschafften. Eher bildete dieser »Bonus« die Grundlage für ein unerschütterliches Vertrauensverhältnis, das beide inzwischen verband und seinen Ursprung schon im ersten Jahr der Hausgenossenschaft hatte. Es lohnt sich daher, diesem Phänomen besondere Beachtung zu schenken.

Goethe kannte selbstverständlich die unverhohlene Liebe beider Pogwisch-Schwestern zu Berlin und zu allem, was sich als »preußisch« definieren ließ, standen doch schon im 18. Jahrhundert Männer wie Frauen der Pogwischs und der Henckel von Donnersmarcks seit Generationen in militärischen oder höfischen Diensten der Hohenzollern.[31] So hatte sich Prinz Heinrich von Preußen, Bruder des Großen Königs, denn auch der Dankbarkeit erinnert, die sein Haus ihren Diensten schuldete, als er die Gräfin Henckel (spätere Großmutter der Pogwisch-Schwestern) 1793 aus der Not vermögensloser Witwenschaft erlöste, indem er sie als inoffizielle Oberhofmeisterin seines Rheinsberger Schloßhaushalts zu sich geholt hatte, ihre Tochter Henriette in der Hofhaltung der Prinzessin Heinrich in Berlin aufnahm und den jüngeren Sohn auf seine Kosten ausbilden ließ. Mehr noch, für Henriettes Heirat mit dem Major von Pogwisch hatte er den Brautvater gespielt und die Hochzeit ausgerichtet.[32] Ottilie und Ulrike wußten ihre Onkel und Vettern, ebenso ihren Vater, in preußischen Offiziers- oder Beamtendiensten. Berlin als Residenzstadt und aufsteigende Metropole, Sitz befreundeter wie verwandter Familien, war für sie das »Gelobte Land«, in das man reiste, so oft es sich einrichten ließ. Aber auch Goethe konnte Berlin seit langem als eine Dependance seiner geistigen

Henriette von Pogwisch.
Porträtskizze von unbekannter Hand.
Stiftung Weimarer Klassik/Museen

Hofhaltung ansehen. Da bildete der verwitwete Staatsrat Nicolovius einen verwandtschaftlichen Stützpunkt, hatte er doch einst eine Nichte Goethes geheiratet und nun aus dieser Ehe etliche Söhne, Goethes Großneffen.[33] Ein lebhafter Briefverkehr verband Goethe außerdem mit dem Staatsrat Schultz in Berlin, der seine naturwissenschaftlichen Interessen teilte.[34] Nicht zuletzt war es in ganz Berlin bekannt, daß eine intime Altersfreundschaft den Weimarer »Dichterfürsten«, wie man ihn zu dieser Zeit nannte, mit Carl Friedrich Zelter, Musikprofessor und Leiter der Singakademie, verband.

Obwohl Goethe allen Einladungen Berliner Freunde widerstand und 1778 als Begleiter seines Herzogs nur für wenige Tage und inkognito Berlin besucht hatte, wußte er doch eine große Lesergemeinde dort und pflegte die inzwischen zahlreichen persönlichen Beziehungen sorgfältig. Sich selbst wie seiner Schwiegertochter konnte er keinen besseren Gefallen tun, als 1819 dem jungen Ehepaar Goethe eine Reise nach Berlin zu gewähren, zumal eine wirkliche Hochzeitsreise mehr oder weniger ausgefallen war. Dem Vater lag daran, das junge Paar zu präsentieren, und gleichzeitig mochte er wohl auch für die Geburt seines ersten Enkels einen symbolischen Dank abstatten wollen. Am 4. Mai 1819 verließen August und Ottilie von Goethe Weimar für eine mehrwöchige Tour durch die imaginäre große »Gesellschaft der Freunde Goethes in Berlin«, versehen mit einer Vielzahl von Empfehlungen Goethes an die »VIP« einer glanzvollen Epoche Berlins, verwöhnt im Hause des Gastgebers Zelter.

Während Ottilie sich dem Rausch nicht endenwollender Huldigungen überlassen durfte, erlebte die in Weimar zurückgebliebene Ulrike eine Periode ungestörter Nähe zum Hausherrn in Vertretung von Schwester und Schwager. Über sechs Wochen, infolge einer Urlaubsverlängerung, die der Vater für den Sohn erwirkt hatte, nahm sie den intensivsten Anteil am Alltag Goethes, den man in unserer Zeit ohne Zögern einen »Workaholic« hätte nennen können, der sich selbst von immerwährender Unruhe getrieben wußte. Nie müßig, immer in Bewegung und Zeit als ein »Pfund« ansehend, mit dem es zu wuchern gilt, denn es ist höchste Gabe Gottes und der Natur, »jeder Tag ein Gefäß, in das sich sehr viel eingießen läßt, wenn man es wirklich ausfüllen will.«[35] Weckte es doch des Großvaters geradezu heiligen Zorn, als er 1825 im Stammbuch des inzwischen siebenjährigen Walthers die Worte Jean Pauls von den »dritthalb Minuten« las, die dem Menschen auf Erden nur gegönnt seien. In vier- und fünffüßigen Trochäen hämmerte er seine total entgegengesetzte Lebensanschauung unmittelbar darunter: Ihrer sechzig hat die Stunde, / Über tausend hat der Tag. / Söhnchen, werde dir die Kunde, / Was man alles leisten mag![36]

Wohlbefinden vorausgesetzt, gab es für Goethe zu keiner Zeit einen Anlaß, die eigene Lebensmaxime außer Kraft zu setzen, auch nicht in diesen Mai- und Juniwochen 1819 angesichts der mehrwöchigen Abwesenheit von Sohn und Schwiegertochter.

Ulrike würde es schon richten, des Vaters Lebens- und Arbeitsrhythmus unangetastet vorrangig zu wahren, ihn selbst stets in »a good humour« zu halten, die Bedürfnisse des einjährigen Enkels damit zu koordinieren und dagegen ihre eigenen für einen begrenzten Zeitraum zurückzustellen.

Von nun an können wir Ulrikes allgegenwärtige Anwesenheit aus Goethes Tagebüchern herauslesen – vom täglichen Mittagstisch »zu zweit« oder mit Gästen, von nachmittäglichen Spazierfahrten nach Oberweimar, Belvedere, Tiefurt, zum Schöndorfer Wetterbeobachtungsturm oder in die »Krautländer« hinter dem Erfurter Tor, von abendlichen Stunden mit Ulrike im Gespräch oder, wie meistens, mit den Hausfreunden nach deren Besuch im Theater oder auch von größeren Gesellschaften –, fast pausenlos befindet sie sich im Gespräch mit ihm, erlebt seinen außergewöhnlichen Arbeitsfleiß und den Beginn einer künftig noch zunehmenden Flut von Besuchern aus aller Herren Länder, die nicht selten die Mittagstafel, spontan eingeladen, erweitern. Auch ohne die jungen Goethes atmet das Haus am Frauenplan geradezu jugendliche Vitalität und vergehen die Stunden im schnellen Takt, den der Hausherr angibt. Keine Situation, aus der er nicht Gewinn zöge, wie beispielsweise aus den Gesprächen mit dem englischen Maler George Dawe, dem er stundenlang für ein Porträt sitzt, jedoch nicht, ohne sich mit ihm in die Problematik der Farbenlehre aus Goethes Sicht zu vertiefen. Auch der

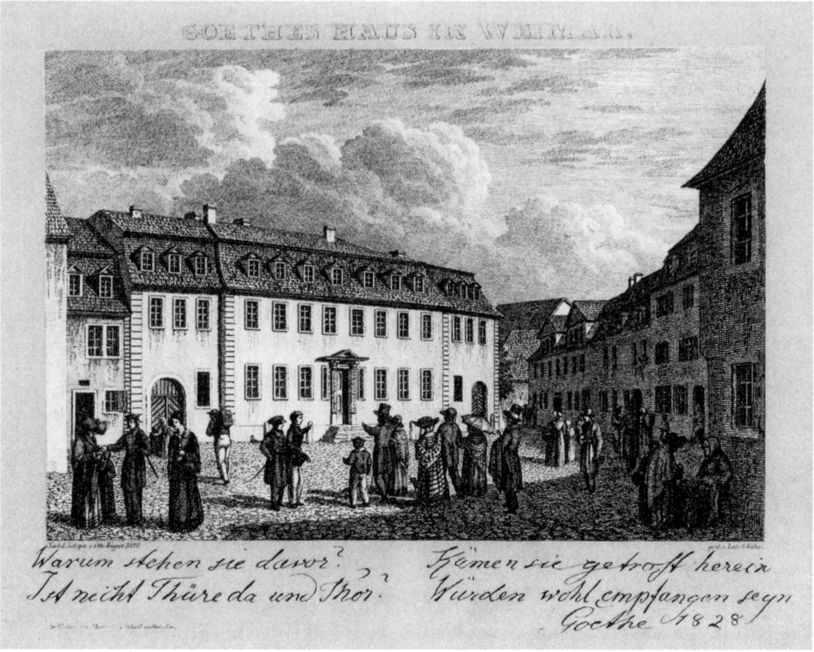

Goethes Haus am Frauenplan.
Kupferstich von Ludwig Schütze nach einer Zeichnung
von Otto Wagner, 1827, mit Goethes Text von 1828.
Goethe-Museum Düsseldorf

schon erwähnte Besuch des Amerikaners Crogswell liefert nicht nur der Abendgesellschaft heitere und zugleich anspruchsvolle Unterhaltung und läßt Goethe bedauern, für eine Amerikareise nicht mehr jung genug zu sein,[37] sondern veranlaßt ihn auch, sich intensiv in einschlägiger Fachliteratur über die faszinierende Neue Welt zu informieren.

Das SALVE, in Versalien als Intarsie im Fußboden vor dem unmittelbaren Eintritt in die Wohnetage eingelassen, gilt jedem, der etwas zu sagen weiß, das über seinen Kirchturm hinausreicht, und der außer seiner Person vielfältige Kenntnisse, Einsichten und Erfahrungen mitbringt. Ottilie von Goethe würde in den kommenden Jahren die Schar der Goethe-Wallfahrer zu selektieren haben, dem alten Herrn die verhaßte Zeitverschwendung vermeiden helfen. Ein 1828 von Goethe eigenhändig mit einem großzügigen Vierzeiler versehener Kupferstich seines Hauses[38]:

Was stehen sie davor?/Ist nicht Thüre da und Thor?/Kämen sie getrost herein!/Würden wohl empfangen seyn.

läßt den inzwischen voll entwickelten Goethe-Tourismus der Zeit erahnen, war aber schon ein Jahrzehnt zuvor erkennbar. Zweifelsfrei wäre Ulrike von Pogwisch mit seiner Kanalisierung 1819 völlig überfordert gewesen, so daß gegenwärtig diese Aufgabe von persönlichen Bedienten Goethes[39] und mit dessen Einvernehmen gelöst wurde, womit sich Ulrikes Pflichtprogramm auf die »Honneurs« und das »Entertainment« reduzierte. Wahrscheinlich betraf es aber auch das notwendige Arrangement bei größeren Gesellschaften und den vermittelnden Kontakt zur Küche in Details, während Goethe selbst den Speiseplan mit der Köchin abzustimmen und sich prinzipiell um jeden etwaigen Handwerker selbst zu kümmern pflegte. Ein jeder Tag scheint durchkomponiert. Kann er auch nur eine Sequenz im Ablauf schöpferischen Lebens darstellen, zielt er doch auf dessen Ende: ein Lebenswerk gilt es abzurunden, und so haben auch die nächsten und wieder nächsten Tage ihr Thema.

Der »West-östliche Divan« soll beschleunigt in Druck gehen, seine »Noten und Abhandlungen« halten auf. Die Reisewerke Marco Polos und des Pietro della Valle werden dazu aus den Folianten studiert, biographische Skizzen angefertigt.[40]

Unerwünschte Ablenkung lieferte das Tagesgeschehen. Die »Sandische Geschichte«[41], das mörderische Attentat des Jenaer Studenten Karl Ludwig Sand auf den Dramatiker Kotzebue vom März des Jahres beschäftigte die abendliche Gesprächsrunde und erregte Goethe, der wohl verstand, daß dieses Ereignis ein bedrohliches Politikum für das Großherzogtum werden würde und damit auch recht behielt.[42] Als Staatsminister mit der

Weimar, 1820.
Stadtarchiv Weimar

»Oberaufsicht über die unmittelbaren Anstalten für Wissenschaft und Kunst in Weimar und Jena« beauftragt, befaßte er sich zu diesem Zeitpunkt mit weitreichenden Reformen im Instituts- und Fakultätsgefüge der Universität Jena. Die Gewalttat aus dem radikalen Flügel der Burschenschafter würde politische Konsequenzen haben und die organisatorischen Arbeiten überschatten.[43] Die Gäste der Abendgesellschaft fanden ihren Gastgeber deshalb zeitweilig nur von Politik sprechend, was eigentlich absolut ungewöhnlich war, und dabei zutiefst ergriffen und wohl im Innersten verwundet[44] angesichts des offenbaren Verfalls bisher üblicher universitärer Streitkultur, den er schon seit der Bücherverbrennung auf dem Wartburgfest 1817 mit Sorge beobachtete. Dreimal während der Abwesenheit seiner Kinder verließ Goethe denn auch Weimar, um wenigstens kurzfristig über ein Wochenende, wohl mit Rücksicht auf Ulrike nicht länger, nach dem Fortgang der Geschäfte in Jena zu sehen.[45]

Wenn auch wohl beabsichtigt war, Ulrike nicht länger als unvermeidbar mit der alleinigen »Schlüsselgewalt« im Hause zu belasten, hatte er doch ganz offensichtlich längst Gefallen gefunden an ihrer umsorgenden und amüsant unterhaltenden Nähe.

Als er sich am 29. Mai bei Karl Friedrich Zelter in Berlin für die freundliche Aufnahme seiner Kinder bedankte, floß ihm ein leicht verräterischer Satz in die Feder: »Für die freundliche Aufnahme der Kinder danke Dir herzlich. Ich werde durch sie genießen, was ihr mir längst günstig bereitet. Mir will nun nicht mehr wohl werden als in meinem Hause, das besonders den Sommer alle Vorteile genießt und wo mir so vieljährig zusammengetragene Besitztümer zu Gebote stehen, die mir Freude und Nutzen bringen ...«[46] Gewiß, aber – gilt das nur den griffnahen Sammlungsexponaten oder den obendrein gerade jetzt abwesenden Kindern? Über den gleichen Tag kann man im Tagebuch erfahren, daß eine Spazierfahrt nach Oberweimar und in den unteren Garten stattgefunden hatte und am Abend ein Gespräch mit Ulrike über Paris, jedoch ohne weitere Gäste. Goethes spröde Tagebuchnotierungen verbergen bekanntermaßen oft mehr als sie verraten, und so können wir auch hier getrost annehmen, daß er an diesem Abend im besonderen die Kette freundlicher Frühsommertage, die Ausfahrten und die Gesellschaft der jüngeren Pogwisch-Schwester genoß, den Fortgang seiner Arbeiten sicher mit zusätzlicher Genugtuung registrierend.

Rückt mit den ersten Juniwochen das Ende der Idylle näher, so entbehrt es doch fraglos nicht eines Höhepunktes am 22. des Monats: Zelter ante portas! »Große Überraschung! Soeben kommt zu großer Freude und Erbauung Zelter«, schreibt Goethe noch schnell und in seltener emotionaler Offenheit in sein Tagebuch, ehe er den Freund in die Arme schließt. Wann immer Zelter, nun schon seit 17 Jahren Herzensfreund, sich anmeldet, verbreiten sich wohltuend und über die Maßen Frohsinn und Herzlichkeit im Haus am Frauenplan, hat er doch für jeden und jederzeit einen Scherz auf der Zunge und füllt überdies das Haus mit den Klängen seines Klavierspiels. Ein Mann von echtem Schrot und Korn, leidgeprüft und lebenserfahren, unverhohlen offen und ehrlich in Sympathie wie Antipathie, eben geradlinig, kurzum: ein Mann ganz nach dem Herzen Goethes und darum mehr als nur Komponist Goethescher Gedichte, Berichterstatter aus der Kulturmetropole Preußens oder Lieferant von Genüssen wie Teltower Rübchen und Kaviar. Ihre Freundschaft betrachten beide als Geschenk des Himmels über die ihnen vielleicht noch vergönnte Lebensstrecke.[47]

Nicht ahnend, daß Goethes Sohn seinen Urlaub verlängern konnte und das junge Paar sich noch auf Reisen im Sächsischen befindet, zeigt sich Zelter seinerseits ebenfalls überrascht. Goethes engste Tafel- und Abendrunde[48] – ein Schelm, wem die des König Artus einfällt – genießt freudig das unverhoffte Wiedersehen und Ulrike von Pogwisch die »Cour« der beiden alten Herren. Galt doch wohl Zelters Briefschluß vom 20. Mai an den Freund möglicherweise ihr: »Herz und Gruß meiner kleinen, schmächtigen, im stillen Angebeteten von Deinem Z.« Sollten wir da nicht das Goethesche Bekenntnis häuslichen Wohlbefindens im Antwortbrief vom 29. Mai als eine diskrete Verschlüsselung ansehen dürfen?

Am 25. Juni reiste Zelter dem Freund voraus nach Jena weiter, dieser folgte ihm am nächsten Morgen, wissend, daß Sohn und Schwiegertochter am darauffolgenden Tag zurückkehrten und Zelter ihm noch zwei freundschaftliche Tage in Jena zur Seite sein würde. In den nächsten vier Wochen eine arbeitsreiche Periode in Jena verbringend, sollte Goethe nur einmal, wie der Komet, der sich gerade betrachten ließ,[49] von Mittag bis Abend am Frauenplan erscheinen.

Eine unvergeßliche Zeit von sechs Wochen gemeinsamer Häuslichkeit hatte in aller Unschuld zwischen Goethe und Ulrike den Faden einer Beziehung geknüpft, der sich zwölf Jahre später nur damit umschreiben ließ, »daß wir uns nämlich von Herzen längst angehören«.

Ulrike von Pogwisch gab ihr Dominat an der Tafel Goethes wieder an die ältere Schwester ab, aber es muß sie wehmütig und

Carl Friedrich Zelter.
Ölgemälde von Karl Begas, 1827.
Stiftung Weimarer Klassik/Museen

zugleich glücklich berührt haben, in Goethes an Ottilie gerichteten Brief vom 12. Juli aus Jena lesen zu dürfen: »Grüße Ulriken. Es kommt mir manchmal wunderbar vor, daß wir so lange miteinander gelebt und nun auf einmal geschieden sind. Oft vermiß ich sie und den Kleinen und euch dazu. Doch da ist kein Rath! diese acht bis vierzehn Tage muß ich noch aushalten.«[50]

In der Tat erlaubten die Universitätsarbeiten ihm erst die Rückkehr am 24. Juli und damit den Fortgang des Familienlebens, nun »zu dreyen« oder auch »zu viert«, je nachdem, ob sein Sohn nicht durch Dienstreisen verhindert war. Ohnehin hielt es ihn nur vier Wochen in Weimar. Je näher sein 70. Geburtstag kam, desto mehr beschäftigte es ihn, diesem Ereignis und der damit zu erwartenden Unruhe »durch eine wunderliche Grille eigensinniger Verlegenheit« auszuweichen, indem er sich vorzeitig in Richtung Böhmen für seine Weimarer Mitbürger unsichtbar machte. Am Nachmittag des 28. August traf er im fast leeren Karlsbad zu einer vierwöchigen Kur ein. Eine Familienfeier gab es also nicht, dafür Gespräche mit Fürst Metternich und Teilnehmern der Konferenz, die als Karlsbader Beschlüsse in die Geschichte einging und »demagogische Umtriebe« in sämtlichen Bundesländern verhindern sollte.

Als Goethe Ende September nach Weimar zurückkehrte, konnte Ulrike von Pogwisch – gewiß unerwartet – noch einmal Goethes herzliches Wohlwollen und Erinnern an die gemeinsamen Wochen des Frühsommers lesen, diesmal in einem Brief an ihre Mutter Henriette. Anfang Oktober war Ulrike zu einem Besuch bei Verwandten in Dithmarschen aufgebrochen. Erstmals seit ihrer Aufnahme in das Hauswesen Goethes hatte sie Weimar für einen etwas längeren Zeitraum verlassen, was ihre Mutter zum Anlaß nahm, dem Hausherrn zu danken für die gütige Aufnahme ihrer jüngeren Tochter und ihm deren Freude darüber zu bestätigen, »daß Sie ihr erlaubt, wieder zu Ihnen zu kommen, hat sie uns in allen Redeformen kundgethan«[51]. Goethe nutzte den Geburtstag Henriette von Pogwischs, ihr ein Exemplar des gerade erschienenen »West-östlichen Divans« zum Geschenk zu machen und schrieb dazu: »Mit den besten und aufrichtigsten Wünschen zum heutigen Tage, dancke, theuerste Freundin, noch mals zum schönsten, daß Sie mir Ulriken solange gönnen wollen; ich gestehe gern, daß ich sie, nach einem langen Zusammenseyn, sowohl in Jena als in Carlsbad vermisst habe. Zu ihrer Wiederkehr ist ein Ball versprochen. Möge es ihr überall wohl ergehen!«[52]

Erst als Ulrike von Pogwisch im Januar des folgenden Jahres wiederum verreiste, wagte sie, selbst an Goethe zu schreiben und ihm zu sagen, was ihr bislang nicht über die Zunge wollte.

Mit diesem Brief vom 25. Januar 1820 aus Dessau beginnt ein Konvolut von 24 Schriftstücken, bestehend aus Briefen, Briefen auch in Tagebuchform und Billetts, die Ulrike von Pogwisch an Goethe schrieb, ergänzt durch acht Schriftstücke Goethes, sechs Briefe und zwei Billetts, mit denen er direkt antwortete, so daß für einen engeren zeitlichen Rahmen vom 7. Dezember 1823 bis zum 18. Juni 1831 von einer unmittelbaren Korrespondenz gesprochen werden kann.

Das Gesamtkonvolut – der Ulrike betreffende Anteil wurde bislang nicht veröffentlicht – dokumentiert eine unprätenziöse und gänzlich unliterarische, jedoch herzliche persönliche Verbundenheit beider Briefpartner.

Ulrike war sich ihrer Schwäche in der Beherrschung schriftlicher Kommunikationsmittel bewußt, ebenso ihrer weitgehenden Unwissenheit auf dem Gebiet der Literatur und demzufolge auch der ihr angemessenen Position in der familiären Hierarchie, die sie nüchtern einzuschätzen wußte. Sie konnte nicht annehmen, dem Dichter, Gelehrten und Staatsmann eine Briefpartnerin im Sinne eines geistvollen Gedankenaustauschs zu sein, und das wurde auch nicht von ihr erwartet. Ihre Orthographie verrät den fast völligen Mangel an Schreibkultur. Oft schreibt sie »wie man spricht« und das vielleicht noch dialektisch gefärbt und erinnert uns an Briefe von Goethes Mutter oder von seiner Frau Christiane. Man spürt lediglich, daß sie wohl wenigstens gelegentlich einen Privatlehrer gehabt haben könnte. Im Vergleich zur Schwester Ottilie hat man anscheinend an diese mehr unterrichtliche Zeit verwendet. Zumindest wissen wir, daß ihre Mutter in für Ulrike geeigneten Jahren keine Zeit hatte, sich intensiv mit der jüngeren Tochter zu beschäftigen. In der Interpunktion überläßt sich Ulrike ebenfalls ihrem Gefühl, hat man den Eindruck, und noch zu Beginn ihrer Zeit im Goethehaus hat sie kaum eine Ahnung, welche einmalige Chance zur Erweiterung ihrer Bildung diese Jahre gerade ihr schenken werden. Wohl wissend, daß sie in der Corona junger Mädchen, die ihre Schwester an sich gezogen und um den Hausherrn versammelt hat,[53] dennoch sich seiner offenbar besonderen Wertschätzung erfreuen darf, bleibt sie ständig besorgt, ihn etwa mit ihren Briefen langweilen oder gar in seiner Arbeit stören zu können. Respektvolle Scheu ist Tenor ihrer Briefe. Ihr stehen nicht dieselben Freiheiten zu wie Ottilie als Schwiegertochter, aber die gleiche Dankbarkeit erfüllt sie einem Manne gegenüber, der auch sie in sein Hause aufgenommen und ihr erlaubt hat, ihn »Vater« zu nennen.

Wenn tatsächlich, wie Goethes Tagebuch zu entnehmen ist, vor Jahresausklang 1818 ein Treffen der Schwiegerväter von Pogwisch und Goethe stattgefunden haben sollte[54] und beide Mädchen vielleicht auch dem leiblichen Vater begegnet wären, so wissen wir darüber jedoch nichts zu berichten, sondern können nur annehmen, daß es gerade für Ulrike eher der Anblick eines Fremden gewesen sein muß, den Vater zu nennen ihr schwerer gefallen sein dürfte als der älteren Schwester. 1820 wurde die Ehe der Eltern rechtskräftig geschieden, 1836 starb der Major von Pogwisch, ohne von seinen Kindern vermißt zu werden.

Dagegen genoß Ulrike es als höchst erfreuliche Zugabe, mit dem Schwager August von Goethe quasi einen um acht Jahre älteren »großen Bruder« gewonnen zu haben. Man verstand sich überraschend gut über viele Jahre hinweg, ergänzte sich in der Hauswirtschaft, Versorgung der Kinder, Vertretung der »Dame des Hauses«, besuchte gemeinsam das Weimarer Theater, und in ihm fand Ulrike auch gelegentlich den wünschenswerten Tanzpartner bei Redouten oder Hofbällen, wenn Ottilie kränkelte oder abwesend war.

Ganz sicher beobachtete Ulrike auch die von Jahr zu Jahr schwieriger werdende Ehe der jungen Goethes mit Sorge und wußte ihre Schwester in erheblichem Maße mitschuldig am deutlichen Auseinanderleben der Ehepartner. Sie sah ihre durchaus geliebte und bewunderte Schwester keineswegs unkritisch, wenngleich sich als Kritik interpretierbare Äußerungen keinesfalls häufig in uns bekannter Korrespondenz niederschlug, schon

August von Goethe.
Kreidezeichnung von Johann Joseph Schmeller, 1825.
Stiftung Weimarer Klassik/Museen

gar nicht gegenüber Dritten. Ein Brief Ulrikes an Ottilie, etwa zwischen 1829 und 1838 geschrieben – es ging darum, ob und wann Ottilie nach Weimar kommen würde, um die gerade anwesende Adele Schopenhauer anzutreffen –, enthält einige Zeilen, die Ulrikes grundsätzliches Verhältnis zur Schwester erahnen lassen: »Was das Besprechen mit Dir betrifft, über Deine Pläne, liebe Beste, – sage mir wann hätten Ratschläge oder dergl von Deinen Freunden den geringsten Einfluß auf Dich gehabt? ich habe gar nichts dagegen, daß Du thust was Du willst aber warum sollen andere ewig rathen und sich abquälen wenn es ganz vergeblich ist (übrigens thue ich es in aller Stille immer wieder wie alle die Dich lieben) ... Dein Kommen, Dein Fehlen, Dein Bleiben hing ja nie von uns ab und auch noch nicht; aber unsere Schuld ist es nicht wenn Dein Bleiben hier nicht recht lang gemüthlich wird u war denn wie lange haben wir Dich gebeten auf Dich gehofft wie lange immer umsonst, ich weiß freilich was Dir alles dazwischen lag, auch. –«[55]

Die Schreiberin, die Mutter und späterhin die eigenen Kinder, eigentlich sämtliche Freunde und Freundinnen gerieten zeitlebens zuweilen in Phasen regelrechten Zornes, mindestens aber der Fassungslosigkeit gegenüber unverständlicher Eigenwilligkeiten im Denken und Handeln Ottilies, einer ausgesprochenen Egozentrikerin, um dann doch ihrer Liebenswürdigkeit und geistigen Überlegenheit zu erliegen, zumal sie in ihren edelsten Eigenschaften wie Großmut, Ehrlichkeit und stets abrufbarer Hilfsbereitschaft kaum übertroffen werden konnte.[56] Das ungeschriebene Recht zu offener Kritik, von dem Mutter Henriette und Schwester Ulrike allen Freunden voran häufig Gebrauch zu machen pflegten, basierte auf einem Fundament unzerstörbarer gegenseitiger Liebe, ganz im Sinne der anderen, fiktiven Ottilie in Goethes Roman »Die Wahlverwandtschaften«, wo man lesen konnte, gegen große Vorzüge eines anderen gebe es »kein Rettungsmittel als die Liebe«.[57] Nicht weniger bedurfte wohl die Erfahrung ständiger Wirkungslosigkeit eigenen Einspruchs gegen die Unvernunft dieses »Rettungsmittels«, um nicht in Desinteresse zu erstarren.

An liebevoller Solidarität mit der oft unvernünftig eigenwilligen Schwester ließ es daher Ulrike so wenig fehlen wie an Bekundungen dankbarer Liebe zum »Vater«. Im Umgang mit ihm war ein erhebliches Maß an Einfühlung gefragt, galt es, sein Wohlbefinden und die gute Laune zu erhalten. Ernstzunehmende kraftvolle Zornesausbrüche, wenn gegen seine Anordnungen scheinbar oder wirklich verstoßen oder nicht schnell genug reagiert wurde, waren relativ selten, aber eben deshalb von allen Mitbewohnern des Hauses am Frauenplan gefürchtet, vom Souterrain bis zur Mansarde, und darum war es ratsam, Unmutszeichen wie einen aufmerksamen, durchdringenden Blick oder ein Stirnrunzeln möglichst nicht erst zu provozieren. Geistige, charakterliche oder finanzielle Selbständigkeit ausspielende Frauen des Adels wie des Bürgertums nahmen nach der Jahrhundertwende noch eine geradezu exotisch anmutende Ausnahmestellung ein, die sie nur dank ihrer starken Persönlichkeit durchsetzen konnten. Witwenschaft, ein außergewöhnlich liberaler Ehemann, vielleicht auch dessen Scheidungswilligkeit und dazu ein tragfähiges Vermögen konnten gesellschaftliche Unabhängigkeit erleichtern.

Die Briefe Ulrike von Pogwischs an Goethe, den Hausherrn, Ersatz- und Übervater der Pogwisch-Töchter, durchzieht daher auch immer noch die übliche Nomenklatur weiblicher Abhängigkeit.

Sie bittet um die Genehmigung zu einer Reise (obwohl ihre Mutter die Unkosten trägt), um Erlaubnis, dem »Vater« schreiben zu dürfen (wohl wissend, daß er es absolut wünscht, informiert zu werden), um Entschuldigung für ihr Fernbleiben bei Tisch oder vielleicht einen zu lang geratenen Brief (im sicheren Gefühl, daß er nichts so gern hört und liest wie Gesellschaftsklatsch), um fernere Befehle (bereitwilligsten Gehorsam signalisierend) und schließlich in immer neuen Wendungen um den Erhalt seines Wohlwollens, seiner Liebe, der sie sich stets bedürftig bekennt. Das allerdings darf man ihr ohne Zweifel als ehrliches Empfinden abnehmen, weshalb ihr der rituelle Gebrauch devoter schriftlicher wie mündlicher Umgangsformen nicht so schwer geworden sein dürfte und nicht nur als pure Berechnung positiver Wirkung auf den reagierenden Patriarchen interpretiert werden sollte.

Am 28. August 1821 wagte sie erstmals, dem »Vater« einen Geburtstagsbrief zu schreiben (er erhielt ihn laut Tagebuch erst am 5. September in Eger), weiß sie ihn doch auf lange Wochen in Marienbad und Eger. Mit kindlicher Naivität erinnert sie ihn daran, ihr die Fortsetzung seiner Arbeit am 2. Teil von »Wilhelm Meisters Wanderjahre« versprochen zu haben und liefert damit ein erstes und einziges Mal in ihrem gesamten Briefverkehr mit Goethe einen Hinweis auf eines seiner Werke. Dieses Phänomen bedarf deshalb unserer Aufmerksamkeit, weil die Literatur im allgemeinen wie im besonderen zwischen ihr und Goethe kein Thema war. Wir dürfen daher annehmen, daß es ihr weniger um den Roman ging als darum, Mitempfinden und Zuspruch, fast eine bewußte Ermutigung erkennen zu lassen, denn es war auch ihr nicht entgangen, wie sehr ihn das Erscheinen eines Buches mit gleichem Titel durch einen zunächst anonymen Autor kurz vor dem seinen und die Reaktion der Öffentlichkeit deprimierend getroffen hatte. Es handelte sich um eine eher satirische Fortsetzung von Goethes »Wilhelm Meisters Lehrjahre«, wozu sich der Autor erst drei Jahre später als Johann Friedrich Wilhelm Pustkuchen-Glanzow, Theologe und Schriftsteller, Pfarrer in der Provinz, zu erkennen gab. Erstaunen und Verwirrung des Publikums waren gleich groß, zu allem Überfluß fanden nicht wenige den »falschen« Meister-Roman lesbarer als den Goetheschen. Den ganzen Sommer hindurch blieb diese Herausforderung Goethes öffentlich wie intern Tagesgespräch. Freunde und Familienmitglieder wußten, daß ihn die offene, handfeste und zudem bösartige Kritik in Gestalt eines literarischen Konkurrenzunternehmens zutiefst verletzen mußte, er aber zu stolz sein würde, sie offiziell zur Kenntnis zu nehmen. Dieser Schuß aus dem Hinterhalt gab das Signal für die nicht mehr aufhörende Hatz einer jungen Literatengeneration gegen die ihr unerträglich erscheinende Dominanz des Alten vom Frauenplan. Goethe war sich seiner Isoliertheit im literarischen Tagesgeschäft durchaus bewußt, aber auch der Bedeutung seiner Einmaligkeit und zog aus ihr die Kraft zur Umarbeitung und Fortsetzung seines Romans, so daß acht Jahre später eine Neufassung in drei Büchern erscheinen konnte – nur drei Jahre vor seinem Tode. Nichts hätte Goethe veranlassen können, sich in die Diskussion um den

»falschen Meister« einzumischen, nichts aber auch, die Vollendung seines Lebenswerkes auszusetzen.

Die Familie konnte davon ausgehen, den Vater weiterhin souverän agieren zu sehen, und Ulrike von Pogwisch durfte sich erneut glücklich schätzen, ihm als Einzige aus dem Kreis der Musen-Freundinnen[58] gelegentlich auch naiv begegnen zu dürfen, sozusagen als seine »Quäl-Muse«. Längst war sie sein »Verzug« geworden, und eine Reise nach Berlin, die sich 1821 auch für Ulrike ergab, gönnte er ihr gern, zumal Freund Zelter sie nach einem vierzehntägigen Weimaraufenthalt im November als kurzerhand einladender Gastgeber gleich auf die Rückreise nach Berlin mitnahm.

Zelter war – wie schon berichtet – nicht allein gekommen, Felix Mendelssohn Bartholdy, seinen begabtesten Schüler, und die Tochter Doris wollte er in das Goethehaus einführen. »Eine poetisch schöne Zeit«, so hielt Adele Schopenhauer diese zwei Wochen in ihrem Tagebuch fest und fand sich »unbeschreiblich wohl« in der Atmosphäre, die Goethe und Zelter um sich verbreiteten.[59] Der musikalische workshop, wie man heute eine so konzentrierte Beschäftigung mit der Musik nennen könnte, war so ganz nach dem Geschmack des Hausherrn und geeignet, den gerade erst in Leipzig erworbenen Streicherschen Flügel unter den Händen des begnadeten zwölfjährigen Pianisten erklingen zu lassen.[60] Auch Ulrike genoß die zwei musikerfüllten Wochen, in denen sie zum alten Verehrer Zelter im frühreifen Felix Mendelssohn Bartholdy einen jungen hinzugewann.

Am 19. November verließ die kleine Reisegesellschaft Weimar, um über Leipzig schließlich am 24., früh nachmittags, in Zelters Wohnung anzukommen.

Einige erhaltene Tagebuchseiten Ulrikes[61] verraten noch die Euphorie der gerade erlebten Wochen und die Fortdauer des dankbar empfundenen Glücks, die Metropole Preußens auf sich einwirken zu lassen und die überwältigende Gastfreundschaft erfahren zu dürfen: »Ich war gleich hier wie zu Hause, und es

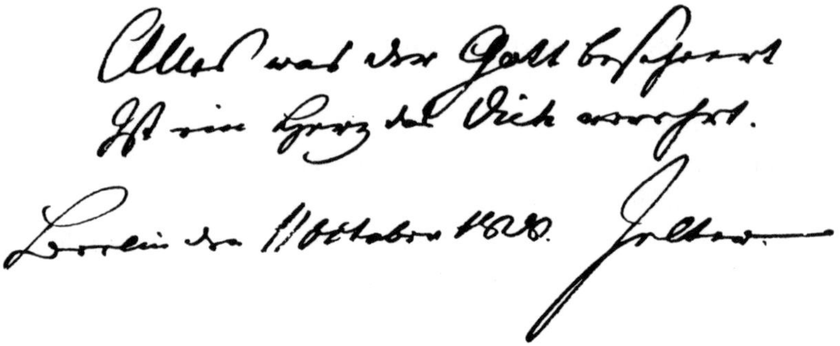

Aus Ulrike von Pogwischs Stammbuch:
Carl Friedrich Zelter, 1821:
»Alles, was dir Gott beschert/Ist ein Herz das dich verehrt.«
Berlin, den 11 Octobre 1821, Zelter.
Stiftung Weimarer Klassik/Museen

wäre wohl auch nicht anders möglich bei dem freundlichen und herzlichen Benehmen gegen mich«, kann sie schon am ersten Tage festhalten. Bereits am nächsten Morgen konnte sie die Familie Nicolovius kennenlernen, »Tante Treskow«, eine Stiefschwester ihrer Mutter, besuchen und war bei den Mendelssohns zum Mittagstisch eingeladen. »Er [Abraham Mendelssohn] ist ein äußerst gebildeter und interessanter Mann der mir sehr gut gefällt, wir lachten viel zusammen; es ist nicht möglich bei ihm den Juden herraus zufinden weder im Äußeren noch Sprache. – Die Frau [Lea Mendelssohn] ist sehr artig, doch wird man nicht so leicht mit ihr bekannt und die die Jüdin nicht verleugnen kann. Die älteste Tochter [Fanny Mendelssohn] ist ein freundliches zuvorkommendes Mädchen, und ihre jüngeren Geschwister sehr hübsche Kinder«,[62] lesen wir von diesem Tage und werden daran erinnert, daß Ulrike von Pogwisch mit Sicherheit hier erstmals eine kultivierte aufgeklärte jüdische Familie, noch dazu eine der angesehensten Berlins, kennenlernte. Die ihr möglicherweise schon bekannten Bankgeschäfte der Weimarer Schutzjudenfamilien Elkan und Callmann – Henriette von Pogwisch wie auch

Goethe selbst gehörten zu ihrer Klientel – konnten noch nicht den geringsten Vergleich zum Status der Mendelssohns in Berlin wagen, zwischen ihnen lagen Welten.[63] Vom berühmten Großvater des kleinen Felix, Philosoph der Aufklärung und Freund Lessings, Vorbild des »Nathan« in dessen Toleranzdrama, dürfte sie zu diesem Zeitpunkt noch wenig erfahren haben. Es wird ihr auch kaum bewußt geworden sein, daß Lea Mendelssohn, Enkelin Daniel Itzigs, des fast legendären Bankiers Friedrichs des Großen und Mutter der musikalisch so begabten Geschwister Felix und Fanny, ihre strenggläubige jüdische Erziehung zu äußerster gesellschaftlicher Zurückhaltung veranlaßte. Sie verkörperte nicht den Typ der weitestgehend emanzipierten »Salonière« und Zeitgenossin Rahel Varnhagen, sondern den der nur mäßig aufgeklärten jüdischen »Mamme«,[64] die eine außergewöhnliche Bildung, beispielsweise ihre Mehrsprachigkeit, das Lesen Homers im griechischen Urtext, und ihr Cembalospiel weitgehend versteckte, aber mit ihrem Mann die Verehrung Goethes teilte. Abraham Mendelssohn hatte schon als junger Mann Goethe in Frankfurt am Main kennengelernt. Er gehörte zu den führenden Köpfen der jüdischen Kolonie Berlins, die im Geiste Lessings und Moses Mendelssohns, seines Vaters, im goetheschen Humanismus die gesellschaftliche und kulturelle Integration anstrebten. Für sie bildete Goethe im Prozeß ehrgeiziger Emanzipation von jüdisch-orthodoxer Herkunft einen Fixpunkt ihrer Orientierung, sie erhoben ihn zur Kultfigur. Ulrike von Pogwisch durfte sich der ausgesuchtesten Gastfreundschaft bei den Mendelssohns sicher sein. Carl Maria von Webers »Freischütz«, gerade erst uraufgeführt, bewegte die Berliner. Felix hatte in Weimar schon daraus vorgespielt, so daß Ulrike, gut in die Musik eingeführt, eine Aufführung genießen konnte. Natürlich wird auch sie, wie zuvor Schwester Ottilie, in Berlins Prominenz herumgereicht. Goethes Visitenkarte ist die ihre geworden, seine Empfehlungen und Zelters Kontakte öffnen Tür und Tor in Berlins namhafter kultureller »high society«.

Nachdem Ottilie geschrieben hatte, Ulrike möge sich doch »gelegentlich mal« überwinden, dem Vater einige Worte zu schreiben, was gewiß von guter Wirkung wäre, vergaß sie denn auch nicht, ihm zu berichten, wie allgegenwärtig sein Name hier stets genannt werde. Noch eine Empfehlung hatte Ottilie hinzugefügt: »Quäle ihn nur, daß er [Zelter] Dich singen läßt und sage ihm, daß wir den Vater durch den großen Nutzen, den Dir diese Reise in dieser Hinsicht brächte, beschwichtigten.« Folgsam notierte Ulrike schon am 28. November im Tagebuch, das der Vater selbstverständlich lesen würde: »Welche Freude mir der Unterricht bei Zeltern gewährt kann ich nicht beschreiben; denn er ist mir gar zu angenehm und ich ängstige und freue mich immer darauf.« Gewiß mußte sie bei der abendlichen Geburtstagsfeier für Fanny Mendelssohn – diese wurde 17 – weniger Angst haben, etwas falsch zu machen, denn »es wurde getanzt und war sehr hübsch. Mit Felix tanzte ich den Kottillon wurde aber gleich in der ersten Tour 6mal hintereinander geholt«.

Beide Schwestern Pogwisch waren gute und sehr begehrte Tänzerinnen, denen man das Dauertraining auf den zahllosen Festivitäten am Hofe Carl Augusts von Sachsen-Weimar-Eisenach wohl anmerken konnte. Auf den mehrfachen Diners, zu denen Ulrike in Berlin eingeladen wurde, empfahl sich angesichts der Fülle von kulinarischen Herausforderungen eher größere Mäßigung, abzulesen aus einer von ihr festgehaltenen Menüfolge: »1 Suppe 2 zubereitete Muscheln 3 Rindfleisch mit Sauce 4 Austern 5 Spargel mit Kottelets von Wildfleisch 6 frischen Lachs mit Muscheln 7 Trüffeln in Calvadosg. 8 [in der Handschrift nicht zu entziffern], – Wein Gelee, Kuchen, Himbeer Eis, Ananas, Weintrauben, Aepfel. –« Kein Wunder eigentlich, daß sich der Aufenthalt auf acht Wochen ausdehnte! Der Empfehlung Ottilies – »Lebewohl liebe Ulle und empfinde ganz das Glück in Berlin zu sein.« – hätte es nicht bedurft.

Um zwei Zähne, die sie sich hatte ziehen lassen müssen, war sie zwar ärmer geworden, aber um unverlierbare Eindrücke, neue

Freunde und – zwei Paar neue Schuhe reicher, als sie die Rückreise wieder antrat.

Übrigens ließ Zelter seinen Gourmet-Freund in Weimar auch keineswegs verhungern, sondern erfüllte dessen Wünsche nach Spezialitäten wie Hamburger Rauchfleisch, Dessertweine, Gänsebrüste und Hummer, sofern die Jahreszeit den Transport erlaubte, auch in diesen Tagen. Teltower Rübchen hatten schon lange das Privileg, unangemeldet jederzeit im Haus am Frauenplan willkommen zu sein.[65]

Ulrike betrat das Haus wieder am 21. Januar, und der »Vater« wußte »tout Berlin« artig zu danken für die »gute und liebevolle Bewirtung des lieben Kindes« und die Teilnahme, die sie bei den Zelters und auch in anderen Familien erfahren hatte: »Grüße auch Herrn Schinkel zum allerschönsten und danke ihm, daß er dem guten Kinde das Theatergebäude im einzelnen vorzeigen wollen; sie wird mir, hoffe ich aufs treulichste bei Tische referieren.«[66] Noch einmal kam er einige Wochen später darauf zurück, nachdem Ulrike wohl bereits etliche Male Berlinerlebnisse detailgetreu zum besten gegeben hatte: »... den schönsten Dank für die liebreiche Bewirtung des werten Kindes; sie ist glücklich angekommen und erzählt recht viel. In ihrer guten und natürlichen Art sieht sie die Dinge recht klar und deutlich, und so bleiben sie auch vor ihr stehen, immer als gegenwärtig; man kann nicht sagen, daß sie urteilt, aber sie vergleicht gar einsichtig. Es wundert mich, daß sie nicht gleich geschrieben hat, denn sie ist in Gedanken noch immerfort bei euch. Grüße Doris zum schönsten und danke ihr für die freundliche Teilnahme, Fördernis und Geleit.«[67]

Mit wenigen Worten beschreibt Goethe die Grenzen der geistigen Aufnahmefähigkeit Ulrikes: Sie erkennt und weiß zu vergleichen, was sie gesehen und erlebt hat, aber sie reflektiert es nicht. Noch eine andere Passage in diesem Brief an den Freund in Berlin weckt unsere Aufmerksamkeit: »Meine Gegner irren mich nicht, wer müßte dies nicht in der Welt, besonders aber in Deutschland gewohnt werden! Die edlen physischen Widersacher besonders kommen mir vor wie katholische Pfaffen, die einen Protestanten aus dem Tridentinischen Konzilium widerlegen wollten.« Das zielt auf den noch immer anonymen Angriff im »falschen Meister«, der sich wesentlich auf Goethes angeblich »fehlende Demut vor dem Göttlichen« und den Mangel an Helden von sittlicher Strenge und des Glaubens bezog.[68] Goethe sollte noch weitere Jahre die kritischen Sentenzen des eifernden Theologen gegen seine »Wilhelm Meister« ertragen müssen.

Hatte Goethe die achtwöchige Abwesenheit Ulrikes offenbar nur mit der listigen Begründung, ihr Gesangsunterricht bringe Vorteile für seine Hauskonzerte, toleriert, so schien Zelter noch im Februar nicht recht einsehen zu wollen, warum das »Fräulein Huldreich« so zur Rückreise gedrängelt worden sei, sie habe doch »von Berlin so viel wie nichts gesehen«[69], was allerdings eine freundliche Untertreibung war. Glauben kann man ihm jedoch ungeprüft, daß sie sein »Häuschen aufs anmutigste belebt« habe. Schließlich dankte er noch Wochen später »Unserer schönen guten Huldreich« für ihr nachträgliches Geschenk an den Gastgeber mit einer Kavalierseloge: »Es war Zeit, daß sie fortging, denn ich fing in der Tat an, verliebt zu werden, wie ich es freilich war und noch bin; da aber ganz Berlin es auch ist und ich mich nicht mit ganz Berlin schlagen kann, wie ich denn schon mit kranken Fingern hinlänglich geschlagen bin, so ist das Unglück nicht größer als das Glück.«[70]

Ulrike brauchte die engeren Berliner Freunde nie lange zu entbehren. Nicht nur war sie, ebenso wenig wie Schwester Ottilie, letztmalig in Berlin gewesen, schon im gleichen Sommer kam Zelters Tochter Doris wieder für einige Zeit nach Weimar, auch Felix Mendelssohn Bartholdy machte auf der Rückfahrt mit Eltern und Geschwistern durch die Schweiz noch im Oktober wieder Station am Frauenplan.[71] Nimmt man gelegentliche Besuche der Brüder Nicolovius hinzu, läßt sich sagen, daß die Kontakte zu den nächststehenden Berlinern bis zum Tode Goethes nie abrissen, eher wurden sie noch bereichert durch gelegentliche Korrespondenzpartner Goethes, die zwar den Hausherrn mehr berührten als die junge Generation im Mansardengeschoß,[72] aber fast immer die familiäre Mittagstafel belebten.

Jedoch keinesfalls blieben dieser so aufeinander abgestimmten Hausgemeinschaft ernste Krisen erspart, konnten sie sich doch allein schon aus akuten Gesundheitsstörungen des Hausherrn ergeben, deren Zeugin auch Ulrike von Pogwisch wurde.

Goethe war nach eigener Aussage nur während seines Italienaufenthaltes 1786 bis 1788 wirklich frei von physischem Unwohlsein gewesen.[73] Kuraufenthalte in böhmischen und anderen Bädern, zwischen 1785 und 1823 bereits 21 an der Zahl, hatten seine Beschwerden und bereits chronische Leiden stets nur geringfügig gemildert und kaum über die Dauer einer Kur hinaus gewirkt. Wetterempfindlichkeit, Nierenkoliken, bronchiale Infektionen, Stoffwechselstörungen, Schwindelanfälle und mit zunehmendem Alter Herzinsuffizienz, arteriosklerale und Angina pectoris-Beschwerden gehörten zu seinem Gesundheitsstatus seit Jahrzehnten, von schmerzhaften Zahnproblemen und der ebenso zeitbedingten Hilflosigkeit der Ärzte zu schweigen. Grundsätzlich verdankte er einer erstaunlich widerstandsfähigen Konstitution sein Alter und war auch zeitweilig sich selbst der erfolgreichste Arzt, wenn der eigentlich stets leidende Körper eruptionsartig die nötige Aufmerksamkeit verlangte.[74]

Mit einem solchen akuten Krankheitsausbruch begann das Jahr 1823 und entwickelte sich zu einer deutlichen Zäsur in Goethes Leben, aber auch für jedes Mitglied seiner Familie. Es begann wie so oft mit einer Infektion der Atemwege, steigerte sich in eine fieberhafte Lungenentzündung, Atemnot und unerträgliche Herzschmerzen brachten ihn in Todesängste, seine Ärzte in hilflose Verzweiflung. Eine lebensgefährliche Herzbeutelentzündung schien sich auszubreiten, heute werden die nachweisbaren, genannten Symptome eher als ein Herzinfarkt gedeutet, dem mit den Blutegeln, Zugpflastern, Meerrettich-

Kompressen und Arnika kaum zu begegnen war. Nicht umsonst pries der Kranke einen von der Oberkammerherrin Caroline von Egloffstein herbeigeschafften Lehnstuhl als ein Geschenk des Himmels, in dem er sitzend endlich Erleichterung verspürte. In der Öffentlichkeit kursierte bereits die Nachricht vom kurz bevorstehenden Exitus, weil der Kranke zeitweilig das Bewußtsein verlor. Am neunten Tage wendete sich das Blatt, in der Krise brach sich der Lebenswille des Patienten eine Bahn zur langsamen Genesung. Goethe, der ein ausgesprochen ungeduldiger Patient sein konnte und dann sarkastisch und harsch im Umgang mit seinen Ärzten war, deren Heilkunst er nur begrenzt Vertrauen schenkte, war sich der Schwere dieser Attacke auf seine Physis bewußt und erkannte sie als einen Kampf auf Leben oder Tod. Als die Ärzte nach dieser Wende ihm ein Glas Kreuzbrunnen (Marienbader Quelle) versagen wollten, verlangte er den Trank mit nicht mehr erwartetem Ungestüm und im Befehlston und lieferte dazu auch den Kommentar: »Wenn ich nun doch sterben soll, will ich auf meine eigene Weise sterben.«[75] Das Glas Mineralwasser bekam ihm glänzend.

Uneingeschränkte Anerkennung fanden hingegen die Schwiegertochter Ottilie und ihre Schwester Ulrike, die den Patienten nicht aus den Augen ließen und zusammen mit seinem Diener Stadelmann jegliche denkbare Bequemlichkeit richteten, Getränke und Medizin reichten und liebevoll um ihn bemüht waren. »Nun, ihr Seidenhäschen, wie schleicht ihr so leise herbei«, konnte Ottilie von ihm hören. Ulrike berichtete von seinen Fieberphantasien: »Ach, du glaubst nicht, wie die Ideen mich quälen, wie sie sich durchkreuzen und verwirren.«[76]

Anfang April sah man ihn wieder spazierenfahren – noch einmal so eben davongekommen – und er wußte es nur zu gut. Als das Schicksal ihm am 10. Juni den neunundzwanzigjährigen Johann Peter Eckermann vor Augen führte, einen angehenden Literaten, dessen Lyrik und Prosa er bereits kannte und schätzte, ergriff er mit sicherem Instinkt die sich darbietende Hand, um einen qualifizierten freien Mitarbeiter für den redaktionellen Abschluß seines Lebenswerkes, die Ausgabe Letzter Hand, zu gewinnen und merkte schon bald, daß dieser sensible, verständige und leise Mann ihm unentbehrlich werden würde.[77] Nach wenigen Wochen erfüllte sich auch Eckermanns Sehnsucht, dem bewunderten großen Dichter nahesein zu dürfen, und er gestand einem Freunde: »Es dünkt mich oft, als ob ich nun fürs ganze Leben genug hätte ...« Sein Glücksempfinden trog ihn ebenfalls nicht. Von Stund an war er aufgenommen in den engeren häuslichen Kreis, gern und häufig gesehen am Mittagstisch, in verläßlicher gegenseitiger Freundschaft bald der jungen Generation im Goethehaus verbunden. Ottilie wie Ulrike wußten ihn schnell auch für sich zu beanspruchen. Als später seine »Gespräche mit Goethe«[79] sich anschickten, in der auf Goethe bezogenen Weltliteratur dessen autobiographische Schriften zu ergänzen und einen ehrenvollen Platz einzunehmen als das »beste deutsche Buch, das es gibt«[80] und als das meist zitierte Werk Goethes in die Rezeptionsgeschichte einzugehen,[81] erfuhr eine breite internationale Öffentlichkeit erstmals, daß es in der familiären Hausgemeinschaft des alten Goethe auch eine Ulrike von Pogwisch gegeben hatte.[82] Tagebücher und Briefe Goethes, die das bestätigen konnten, erschienen erst am Ende des Jahrhunderts in der Weimarer Ausgabe (Sophien-Ausgabe) seiner Werke.

Im Frühsommer 1823 stand es für die Ärzte Goethes und für die Familie fest, daß eine Kur im böhmischen Marienbad die Rekonvaleszenz beschleunigen würde, wußte Goethe doch selbst nicht nur die medizinische Wirkung einer Trinkkur auf seine Beschwerden zu schätzen, sondern fast noch mehr die ihn stets belebende Geselligkeit der dort den Sommer verbringenden Kurgäste von hohem gesellschaftlichem Rang, für Goethe ein nicht zu unterschätzender psychosomatischer Effekt.

Man sah ihn daher mit großen Erwartungen Weimar verlassen, wohl wissend, daß ihn dorthin das Wiedersehen mit alten

Freunden und Bekannten lockte, darunter auch die häusliche Vertraulichkeit[83] mit Amalie von Levetzow, ihren drei Töchtern und deren Großeltern Brösigke, hatte er doch einst der Mutter in Karlsbad die Cour gemacht.[84] Ihrer ältesten Tochter Ulrike war er in Karlsbad 1821 erstmals begegnet und spontan bemüht gewesen, das Herz der Siebzehnjährigen zu gewinnen. Beispielsweise bei einer Besichtigung eigener Gesteinsfunde aus der Umgebung kam ihm die charmante Idee, für sie und die Schwestern, die sich für Mineralien weniger interessierten, an einer Stelle zwischen zwei Exponaten Schokoladentafeln aufzubauen. Darauf fand Ulrike von Levetzow dann ein Papier mit seiner Handschrift: »Genieß das auf deine eigene Weise, wo nicht als Trank, doch als geliebte Speise. G.«[85]

Ohne Zweifel gab es schon 1821 mindestens eine Namensassoziation, als er seinem Sohn August schrieb: »Grüße Frau und Kinder, auch Ulriken, wenn sie gegenwärtig ist. Zufälligerweise findet sich eine recht artige Ulrike hier im Hause, so daß ich auf eine und die andere Weise immer ihrer zu gedenken habe.« Und nur vier Tage später: »Von der neuen Ulrike ward mit einigem Bedauern geschieden; ich hoffe, daß mich die erste desto zärtlicher empfangen soll.«[86]

Niemandem war verborgen geblieben, daß Goethe auch 1823 besonders Ulrike von Levetzow hofierte und keine Gelegenheit ausließ, sie vor der Gesellschaft auszuzeichnen. So war denn die Überraschung und die Reaktion der Familie in Weimar entsprechend heftig, als man erfuhr, der vierundsiebzigjährige Hausvater beabsichtige, die neunzehnjährige Ulrike von Levetzow zu heiraten.

Das Gerücht verbreitete sich noch effektiver, als es sich herumsprach, der in Marienbad anwesende Großherzog Carl August habe den Brautwerber gemacht. Sehr verschieden auslegbare Andeutungen Goethes in Briefen an Ottilie trugen nicht zur Beruhigung der Weimarer Familie bei, auch wenn sie ein bevorstehendes Ende des »Märchens« prophezeiten.[87] Amalie von

Levetzow, erfahrene Frau und Mutter, verstand es offenbar, mit bewundernswertem Takt die brisante Situation zu steuern und den »Korb« des Nichteinverständnisses – der Großherzog gab ihn wohl an den Freund weiter – so zu »garnieren«, daß keiner der Betroffenen das Gesicht verlor. Die Entscheidung könnte um den 15. August herum zwischen Mutter und Tochter gefallen sein.

»So war es abgemacht«, legte Ulrike von Levetzow das Erlebnis in ihren späteren Erinnerungen nieder, »Goethe selbst sprach nie darüber, weder mit meiner Mutter noch mit mir, wenn er mich auch seinen Liebling nannte, doch meist sein liebes Töchterchen ... keine Liebschaft war es nicht.«[88]

Liest man in den Dokumentationen dieser Tage, so verbergen sie unter dem Schleier der Diskretion mehr als sie zu vermuten erlauben und legen eher Zeugnis ab für etwas, das heute nicht mehr gebräuchlich, auch kaum nachvollziehbar erscheint, für Contenance, dargeboten wie ein Lehrstück zur Leichtigkeit des Seins mit unerschütterlicher Heiterkeit als Ausdruck geistiger Verarbeitung des Geschehens. So war es möglich und erlaubt, auch Goethes 74. Geburtstag noch mit den Levetzows gemeinsam als einen »Tag des öffentlichen Geheimnisses« mit einem Lächeln zu feiern.[89] Mit einem Lächeln sollte der Abschied aus dem Paradiese gelingen. »Auch Buddha und die Weisen des alten China lächelten«, bemerkt der Goetheforscher Erich Trunz an geeigneter Stelle.[90]

Es war für Goethe das Lächeln über einem Abgrund, in dem für ihn die Hoffnung auf wiederholbare Jugend, deren Symbol Ulrike von Levetzow gewesen war, versank. Er brachte sich selbst ein in den Kreis der Entsagenden, aber ihm gab ein Gott zu sagen, was er leide. Hatte er zu Beginn der Marienbader Kur noch an der Novelle »Der Mann von fünfzig Jahren« gearbeitet[91], so stand am Ende eine Elegie, in der er seine letzte große Leidenschaft beschwor und an der er noch in der Kutsche, nach Weimar zurückkehrend, feilte.[92] Am 13. September traf Goethe bei seinem alten Freund Knebel wieder ein. August von Goethe war seinem Vater entgegengefahren, nicht nur um unangenehme Nachrichten aus dem Universitätsleben zu überbringen, was schon an sich eine schwierige Aufgabe war, sondern er hoffte auch verbindlich zu erfahren, wie der Vater sich wohl im privaten Bereich entschieden habe.[93] Er konnte lediglich mit leichtem Optimismus Goethes Schweigen nach Weimar melden, und natürlich war es ihm nicht erlaubt, das heikle Thema selbst anzuschneiden. Als Goethe drei Tage später wieder in sein Haus am Frauenplan zurückkehrte, konnte er in seinem Tagebuch festhalten, daß ihm ein »Freundlicher Empfang ...« geworden war.[94]

Auch in Weimar kannte man die ungeschriebenen, jedoch unverzichtbaren Regeln gesellschaftlicher Noblesse, und außerdem hatte sich der familiäre »Sturm« bereits etwas gelegt. Ein Ernüchterungsschock blieb auf beiden Seiten noch lange spürbar, wenngleich Goethe nun bemüht war, sich mit Hilfe seiner Elegie verständlich zu machen, die, mehrfach abgeschrieben und kunstvoll eingebunden, den nächsten Angehörigen und Freunden vorgelegt wurde wie eine Art selbstsprechendes Zeugnis und Alibi erlittener Freuden und entsagungsvollen Verzichts. Auch die Familie verzichtete letztlich auf einen schon in Aussicht genommenen Umzug nach Berlin. Kanzler von Müller versuchte sich in der Vermittlung des Verständnisses zwischen den Fronten, mußte aber selbst zugeben: »Die Frauen mögen nicht Unrecht haben, wenn sie meinen, Goethe gefalle sich darin, noch die Leidenschaftlichkeit eines Jünglings darzustellen und die Art und Weise, wie er seine Elegie an die Levetzow produziere, beweise das.«[95] Als eigene Meinung fügte er hinzu, das gesteigerte Bedürfnis Goethes, sich mitzuteilen und Mitgefühl erwarten zu dürfen, sei wohl mehr die Ursache als etwa Ulrike von Levetzow persönlich. Ihm gegenüber interpretierte Goethe sein Erleben zu einem ihm eigenen »Hang«, der ihm wohl noch viel zu schaffen machen werde, aber er werde darüber hinwegkommen. Kanzler von Müllers sarkastischer Kommentar, »Iffland könnte ein charmantes Stück daraus fertigen, ein alter Onkel, der seine junge Nichte allzuheftig liebt,«[96] läßt Goethes letzte große Illusion fast als Boulevardtheater erscheinen. Weimars sonst so gut informierter Kanzler konnte noch nicht wissen, wie nahe er damit dem Geschehen in Goethes Novelle »Ein Mann von fünfzig Jahren« gekommen war, woran ihr Autor immer noch arbeitete. Frühestens im März des nächsten Jahres, als Goethe sein Gedicht »An Werther« schrieb und mit der vorjährigen »Elegie« und dem Gedicht »Aussöhnung« zusammenstellte zu einer »Trilogie der Leidenschaft«, wurde deutlich, wie tief die Geschehnisse des Jahres 1823 Goethe getroffen hatten.[97]

Das Schlußgedicht der Trilogie (»Aussöhnung«) war der polnischen Pianistin Marie Szymanowska gewidmet. Sie hatte seiner resignierenden Sehnsucht noch in Marienbad mit ihrem Klavierspiel den Ausdruck verliehen, den er in Worten zu finden suchte: »... daß es ewig bliebe! – Das Doppelglück der Töne wie der Liebe.«[98] Goethe vergaß es nicht, sondern dankte den Trost in größter Seelennot mit seiner Gastfreundschaft, als die Künstlerin mit ihrer Schwester zwei Wochen in Weimar verbrachte, einige Male in seinem Haus konzertierte und auf Goethes Betreiben am 4. November auch ein öffentliches Konzert gab. Der tränenreiche Abschied tags darauf[99] besiegelte sozusagen »Das Ende von Etwas«[100], das sich tief in des Dichters Empfinden gesenkt hatte und seiner Mitwelt nur so schwer verständlich zu machen war. Sie erlebte vielmehr einen deutlich von der fortgesetzten »Relation der Verwirrung letzter Tage und Stunden«[101] innerlich zerrissenen alten Herrn, dessen Physis denn auch prompt mit einem ernsten Rückschlag reagierte.

Wieder verbrachte er über zwei Wochen hinweg die Nächte im Sessel anstatt im Bett und unter Begleitumständen, die heute mit dem medizinischen Begriff eines dekompensierten Herzinfarkts bezeichnet werden. Als Zelter am 24. November in Weimar ankam, fand er einen Diener, der den Kopf hängen ließ, Ottilie war abgereist nach Dessau, wo Onkel Hagen gestorben war, Ulrike pflegte bettlägerig ihre bei einem leichten Kutschunfall erlittenen

Blessuren, und August bestätigte ihm, daß der Vater sehr krank sei. Schnell begriff Zelter den psychosomatischen Kern des Übels und trieb Teufel mit Beelzebub aus,[102] indem er den Patienten die »Elegie« mehrfach lesen ließ und auch ihm selber vortrug, das Erlittene ins Bewußtsein hebend. Gleichzeitig assistierte er ihm bei der Durchsicht seines Briefwechsels mit Schiller für die künftige Edition. Als dann auch Ottilie und Ulrike wieder mit am Mittagstisch saßen, konnte Eckermann dem Freund vorgestellt werden[103] und Zelter schließlich, ohne Gewissensbisse haben zu müssen, am 13. Dezember wieder abreisen.

Für den nächsten Tag liest man in Goethes Tagebuch: »Unterhaltung mit meinem Sohn. Über verschiedenes Vergangene, Geleistete, Genossene und Gelittene.« Goethe war wieder Herr seiner Selbst und seiner Geschäfte, selbst für eine Aussprache mit August reichte seine Kraft wieder. Arbeit hatte er mehr als genug vor sich, Abwechslung für einen ausgleichenden Gemütsbedarf im engen Weimar zu wenig. Schon unmittelbar nach seiner Rückkehr aus Marienbad mochte er geahnt haben, daß Resignation ein lebenserhaltendes Element seiner seelischen Verfassung werden würde. Als Kanzler von Müller ihn zu den üblichen täglichen Spazierfahrten mit Ottilie oder Ulrike ermuntern wollte, bekam er in gereiztem Tone zur Antwort: »Wen man täglich von früh bis Abend sieht, der kann uns nicht mehr verführen! Ja, ich bin wohl und heiter heimgekehrt drei Monate lang habe ich mich glücklich gefühlt, von einem Interesse zum andern, von einem Magnet zum andern gezogen, fast wie ein Ball hin und her geschaukelt, aber nun – ruht der Ball wieder in der Ecke, und ich muß mich den Winter durch in meine Dachshöhle vergraben und zusehn, wie ich mich durchflicke!«[104]

Kanzler von Müller beobachtete durchweg die Geschehnisse und Personen im Goethehaus, in dem er fast täglich ein- und ausging, mit kritischer Aufmerksamkeit. Goethe selbst bescheinigte ihm nicht ohne Ironie ein außerordentliches Maß an »physischer und moralischer Beweglichkeit«[105] und empfand des

Kanzlers agiles Umherwieseln gelegentlich als lästig, aber seine allwissende Informiertheit und juristische Kompetenz ließen es schließlich selbstverständlich erscheinen, daß ihm die spätere Testamentsvollstreckung zufiel. Nach Kanzler von Müllers Eindruck hatten sich Goethes Sohn und Ulrike von Pogwisch in der Krisensituation des Sommers und Herbstes 1823 nicht angemessen verhalten, ersterer zeige eine »rohe und lieblose Sinnesweise« und Ulrike »schroffe Einseitigkeit und gehaltlose Naivität«[106].

Für beide Beobachtungen gibt es keine andere Quelle als die vielfach in der Weimarer Gerüchteküche kolportierte Meinung Müllers. Wahr und belegbar ist lediglich, daß Goethe mit der indirekten Hilfe des Kanzlers ihm unliebsame Familiengespräche so lange hinausschob, bis sie sich quasi durch Müllers Weitergabe von Informationen aus Gesprächen mit Goethe von selbst entschärft hatten. Der Kanzler konnte sich schon intimer Mitwisserschaft Goethescher Ansichten und Absichten erfreuen, bevor er ausführlich und als erster »vertraulichste Mitteilung« erfuhr,[107] während Ottilie noch fast zwei Wochen und der eigene Sohn anscheinend sogar bis fast Mitte Dezember darauf hatten warten müssen.[108]

Natürlich wurde Ulrike nur über die Schwester informiert, und selbstverständlich dürfte es ihr ebenso wie dieser und dem Schwager unmöglich erschienen sein, sich die neunzehnjährige unbekannte »Namensschwester« als künftige Dame des Hauses vorzustellen. Mehr noch als Ottilie von Goethe drohte ihr verlorenzugehen, was sie im Geburtstagsbrief dankbar erwähnt hatte, das Glück einer Heimstatt in seinem Hause. Wie Ulrike von Pogwisch im besagten Brief zu erkennen gab, daß sie informiert war, ließ jedoch offen, was und wieviel sie wußte, etwaige Zukunftsängste nicht einmal erahnen und entsprach ganz dem scherzenden, leicht flirtenden Umgangston, der zwischen ihr und dem Hausherrn üblich war und sich ihrer Position in der Hierarchie des Goetheschen Hauswesens anpaßte. Die Schlußformel »Es küßt Ihnen die Hände Ihr treu Sie liebendes Ulkariekche«

wurde perfekt der Respektsperson Goethe gerecht, und ebenso betonte sie die zärtliche Nähe zum »Vater«.

Am 3. Dezember verabschiedete sie sich,[109] um der soeben verwitweten Tante in Dessau und auch der dort schon anwesenden Mutter bis zum Jahresende beizustehen. Kurz nach ihrer Ankunft berichtete sie Goethe ausführlich von einem Unglücksfall, der sich in Berlin zugetragen hatte und von dem alle Welt sprach.[110] Ihre liebenswürdig als Wunsch vorgetragene Sorge um Goethes gesundheitliches Befinden – wie es ihm gehe, möge er doch schreiben –, fand Gehör. Mit dem Datum des 10. Dezember erhielt sie den ersten an sie gerichteten Brief Goethes. Mit geradezu schwarzem Humor, ganz im Sinne des zwischen ihnen üblichen Konversationstones, dankte Goethe für ihre Berichterstattung und versicherte zugleich, daß ihm verordnete häusliche Bäder gut bekämen. Er endete mit der Hoffnung, daß man einander wieder »recht schmuck« begrüßen werde. Hatte sie sich zuvor als seine »zärtlichst liebende Ulrike« empfohlen, so er nun als ihr »treuer Vater«. Das konnte getrost als eine beruhigende schriftliche Bestätigung ihres Verbleibs unter seinem Dach gelesen werden. Ulrike war glücklich, so beschenkt worden zu sein. Sie deutete die Heiterkeit seiner Reaktion als gutes Omen für seine sich offensichtlich bessernde Gesundheit und freute sich darauf, von ihm »so freundlich wie immer« empfangen zu werden als »Sie zärtlich liebende und verehrende Tochter Ulrike«.[111]

Als Ottilie von Goethe am 28. Dezember endlich eine mit Rücksicht auf den kranken Schwiegervater verschobene Reise nach Berlin antrat, wo sie die Gastfreundschaft der Familie Nicolovius erwartete, umsorgten Ulrike und ihr Schwager wieder einmal den immer noch gesundheitlich labilen Vater, holten sich bei ihm Rat für einen bevorstehenden fürstlichen Maskenball und unterhielten ihn mit »Stadt-, Hof- und Tanzgeschichten«, die in der Fastnachtssaison reichlich abzufallen pflegten.

Ohne Frage: Ulrike von Pogwischs Beziehung zum Vater hatte das kritische Jahr 1823 unbeeinträchtigt überstanden. Sie blieb

Spazierfahrt Goethes mit Johann Peter Eckermann,
Ottilie von Goethe, Ulrike von Pogwisch
(Goethe gegenüber sitzend), Mai 1824.
Lichtdruck nach einem Gemälde von Elmar von Eschwege
(1856–1935). Museum im Marstall, Winsen/Luhe

auf dem Niveau gegenseitiger Sympathie, unterhaltsamer Spazierfahrten und gelegentlicher Reiseberichterstattung.

Der gestörte Haussegen der jungen Goethes konnte dem Vater nicht vollständig verborgen bleiben, mußte aber, wenn überhaupt, auf kleiner Flamme gehalten werden. Ottiliens Alleinreise sollte ihrer Entspannung im doppelten Sinne dienen, denn die Marienbader Familienkrise konnte als überwunden gelten, des Vaters Rückfallerkrankung ebenfalls. Der unter den jungen Damen Weimars grassierenden »englischen Krankheit« hoffte August wohl noch begegnen zu können, indem er seine Frau sozusagen vom Ansteckungsherd eine Weile entfernte. Gemeint war die Invasion junger Herren aus gutem Hause irischer, schottischer und dänischer Abkunft, die seit etwa 1821 über ein Jahrzehnt hin hier in Weimar sich kurz und auch längerfristig niederließen. Göttingens Universität und Weimars Ruf als Kulturhauptstadt der Nichtnation Deutschland regten zu einer Art Studienaufenthalt der Söhne des gutsituierten Bürgertums und der Lordschaften auf dem Kontinent an. Sie waren beliebt, und das nicht nur bei den jungen Damen von Stand, sondern auch als wirtschaftliche und gesellschaftliche Belebung der thüringischen kleinen Residenzstadt.

Im Mai 1823 hatte ein smarter Ire, Sohn des britischen Konsuls in Genua, am Frauenplan angeklopft und sich mit einem persönlichen Schreiben Lord Byrons an Goethe empfohlen. Byron, der einzige Dichter seiner Zeit, den Goethe neben sich gelten ließ[112] und dessen Wahlverwandtschaft er zu fühlen glaubte, stand in seinem inzwischen ohnehin anglophilen Hause hoch im Kurs. Keinen besseren Boten als den »dämonischen Jüngling«, den neunzehnjährigen Charles James Sterling, hätte Byron aus seiner Verehrerschar schöner Jünglinge wählen können, sogar Kanzler von Müller, der ihn auf großer Gesellschaft bei Goethe kennenlernte, gefiel er. Goethe bekräftigte denn auch noch aus Marienbad seine Freude auf Sterlings künftige Anwesenheit und über die bereits bestehenden freundschaftlichen Kontakte zu den jungen Goethes. Er erhoffte sich sogar von ihm eine wünschenswerte Belebung der häuslichen Szene. Sterling brachte inzwischen »Goethes Gruß an Lord Byron«, ein dreistrophiges Gedicht, auf den Weg zum Empfänger, der sich noch kurz vor seiner Einschiffung nach Griechenland in Livorno am 24. Juli 1823 dafür mit einem Brief bedankte und seinen Besuch in Weimar ankündigte, sollte er »jemals zurückkommen«.[113]

Lord Byron starb am 19. April des folgenden Jahres; der Trauergesang für Euphorion in Faust II wurde Goethes Totenklage.[114]

Charles James Sterling bekam die Goethesche Elegie mit Ottilie zusammen vom Autor selbst vorgelesen, eine Auszeichnung, die ihm im Verein mit der ihn umgebenden Byron-Aura und der allgemeinen Sympathie nur noch gefehlt hatte, um für Ottilie von Goethe völlig unwiderstehlich und damit zum Verhängnis zu werden. August von Goethe wurde sich der Gefahr für seine Ehe erst bewußt, als Sterling ohne jede Rücksicht auf Freundschaft oder Gesellschaft noch im Februar Ottilie nach Berlin heimlich nachreiste, wobei sich der Verdacht, sie könne ihn dazu aufgefordert haben, nicht ohne weiteres entkräften ließ. Sterling erhielt Haus- und Korrespondenzverbot, Ottilie sollte keine englische Lektüre mehr zur Hand nehmen, was sich allerdings am wenigsten verbieten ließ, und wurde noch im gleichen Sommer zu ärztlicher Behandlung verschiedener Leiden gegen ihren Willen auf eine Bäderreise nach Frankfurt, Bad Ems und Schlangenbad geschickt. Sie sah Sterling erst nach Goethes Tod wieder.[115]

Die sich deutlich verschlechternde Ehe der Schwester brachte Ulrike von Pogwisch in eine schwierige Lage. Ihr gutes Verhältnis zum »Vater« wie auch zum Schwager, Basis ihrer Wohngemeinschaft, vertrug keine konspirative Solidarität im Hause Goethe. Ulrike warnte denn auch die Schwester vor Indiskretionen, die unter Umständen August zu Ohren kommen konnten. Eine direkte Einflußnahme war für sie so gut wie unmöglich. Die besorgte Mutter Henriette von Pogwisch, von Ottilies Seelenzustand stets offen informiert, beschwor ihre ältere Tochter, den Gedanken an eine Scheidung doch wenigstens noch für zwei Jahre zurückzustellen. Ein Damoklesschwert, das nicht zuletzt auch Ulrikes Existenz im Goethehaus bedrohte und vielleicht, möglicherweise unbewußt, dazu beitrug, daß sie wie fast alle Freundinnen der »englischen Krankheit« ebenfalls erlag. Auch ihr müßte es wünschenswert erschienen sein, eine Heirat nicht grundsätzlich auszuschließen, ganz abgesehen von der Sinngebung eines eigenverantwortlichen Lebens. Sie galt als eine vorzügliche Tänzerin, lernte zu dieser Zeit gerade – wie alle ihre Freundinnen – Englisch und verliebte sich in den Neffen des Herzogs von Wellington, Captain Fredéric Culling Smith, jung, hübsch und von nobelster Wohlerzogenheit. Vermutlich infolge seiner Ungeschicklichkeit während einer Redoute auf dem Stadthause fielen beide zu Boden. Ulrike erlitt eine schwere Gehirnerschütterung und behielt eine Stirnnarbe, die sich jedoch mit einer Schleife verdecken ließ, schlimmer waren zeitweilige Hirnfunktionsstörungen wie Schwindel, mangelhafte Orientierungsfähigkeit und starke Kopfschmerzen, die sie zunächst zwangen, häufig das Bett zu hüten. Bei Abwesenheit Ottilies stellte das durchaus auch eine Belastung für August von Goethe dar, der weder Vater noch Schwägerin allein lassen mochte. Als Ulrike am Jahresende, noch nicht voll genesen, wieder an Bällen teilzunehmen suchte, verlor sie erneut das Gleichgewicht und verletzte sich beim Fall auf das Parkett. Kopfschmerzen und plötzliches Unwohlsein blieben nun für geraume Zeit ein Störfaktor auch des familiären Klimas, das sich ohnehin ständig in der Ungewißheit des labilen Gesundheitszustandes Goethes befand. Ulrikes Unfälle betrübten ihn und brachten ihn aus dem gewohnten Tagesrhythmus. Man sei ja schließlich nicht aus Eisen, hörte man ihn sagen. Letztlich unterblieb 1824 die geplante Reise nach Marienbad, und dabei blieb es bis zu seinem Tode. Amalie von Levetzow und ihre Töchter sah er nicht wieder.

Ottilie hatte in Bad Ems erfahren, daß ihr leiblicher Vater, Major von Pogwisch, auf Schloß Randen in Kurland bei einem Baron von Osten-Sacken lebte und inzwischen eine Präbende erhalten hatte. Den Abstieg der preußischen Linie seines holsteinischen Uradels verhinderte das nicht mehr, finanzielle Abhängigkeit blieb sein Schicksal wie die schon 1820 geschiedene Ehe. Seine Töchter beschäftigten bereits andere Sorgen.

Schlimmer noch als Ulrikes Mißgeschick erwies sich im November 1824 Ottilies schwerer Sturz vom Pferde. Ein Nasenbeinbruch, Schwellungen und eine offene Wunde, die genäht werden mußte, verursachten nicht nur Schmerzen, sondern auch gewisse Entstellungen, so daß Goethe, tief betroffen, für einige Tage darum bat, sie nicht ansehen zu müssen, weil er fürchtete, den Anblick nicht vergessen zu können. Noch Monate später

Souvenir de la Cour de Weimar.
Stich nach einer Zeichnung von Bernhard von Arnswaldt,
um 1835. Stiftung Weimarer Klassik/Museen

wanderten Knochensplitter aus der Wunde heraus, und Ottilie glaubte, für immer entstellt zu sein, was ihr dann in so dramatischer Version aber doch erspart blieb.

Ulrike fand erst am 4. August 1825 wieder Gelegenheit, dem »Vater« einen brieflichen Reisebericht aus Dessau zu schicken. Ob und wie die darin erbetene Erklärung einer ihr rätselhaften Medaille an sie gelangte,[116] ist nicht mehr feststellbar, aber dieses Jahr unterschied sich erfreulich von den langen Schatten des Vorjahres, stand es doch ganz im Zeichen des 50. Dienstjubiläums des Großherzogs Carl August im September und Goethes im November.[117] War allein schon ein erneuter Besuch Felix Mendelssohn Bartholdys im Haus Goethes als ein erfreulicher Frühlingsbeginn anzusehen,[118] so erfüllten sich Goethes dringende persönliche Wünsche sicherlich mit der Genehmigung eines künftigen Schutzprivilegs seiner Werke in allen deutschen Ländern.[119] Ein Großbrand vernichtete in der Nacht vom 21. zum 22. März das Hoftheater total und traf die Weimarer wie ein böser Schock. Goethe sah die Brandstätte als das Grab seiner Erinnerungen, während Ottilie und Ulrike eiligst Erinnerungsstücke aus dem Schutt zusammenklaubten. Hier hatten sie bereits unendlich viele erlebnisreiche Stunden als begeisterte Besucher in des Vaters Loge verbracht. Schon lange vorher waren sowohl Goethe als auch der Großherzog mit dem Gedanken an ein moderneres Theater beschäftigt gewesen, so daß vorliegende Pläne es erlaubten, nach nur sechsmonatiger Bauzeit einen Neubau zu präsentieren. Auf ihr geliebtes Theater mußten daher weder Hofgesellschaft noch das inzwischen verwöhnte gebildete Bürgertum Weimars lange verzichten, konnte man doch schon am Tag nach der Katastrophe meinen, daß es doch eigentlich keine gewesen war. Eher sah man in dem Ereignis den Auftakt zu einer wünschenswerten neuen Ära, in der namhafte Schauspieler und Gastregisseure um so lieber sich in Weimar würden hören und sehen lassen können.[120]

Ungetrübt konnte man nun den Fest- und Feierlichkeiten entgegensehen, die das Doppeljubiläum in diesem Jahr noch bringen würde, für dessen anspruchsvolle Inszenierung der organisationstüchtige Kanzler von Müller verantwortlich zeichnete. So sei »noch kein Dichter, kein Weiser, kein Staatsdiener seit Adam und Eva« geehrt worden, ließ er einen Freund wissen. Einem Festspiel nie zuvor gesehener Idolation hatte er seine Fähigkeiten geschenkt, wie ein Puppenspieler die im Erstarren verharrenden Marionetten bewegt, dem Volke zum Gaudium, den Hauptfiguren zur Ehre. Mit Ehren geizte auch die Universität Jena nicht, indem sie Goethe den Dr. h.c. der juristischen Fakultät verlieh und zwei weitere Ehrendoktorate für seine Mitarbeiter zur Verfügung stellte. Riemer und Eckermann erhielten die Auszeichnung. Für den letzteren zwar ein zu dünnes Mäntelchen, um vor »Puffen« in einer standesbewußten Gesellschaft schützen zu können, aber auch nicht zu verachten als vorausschauende Anerkennung unbezahlter Mitarbeiterschaft an Goethes Lebenswerk oder auch künftiger Lebensplanung.[121]

Zum Jahresende hätte man aufatmen können.

Nicht so Ottilie und Ulrike, die ihre intimen Probleme, unbeeinflußt von den Aktivitäten der Gesellschaft, mit in das Jahr 1825 genommen hatten. In Goethes Tagebuch findet sich mit einem Datum kurz vor den Jubiläumsfeierlichkeiten die Anmerkung »Ulrikens Händel mit dem Neffen«, bezogen auf ein Gespräch am Mittagstisch »unter uns«.[122] In einer Tagebuchausgabe der Werke Goethes liest man, daß es sich um Goethes Großneffen Alfred Nicolovius in Berlin handele, mit dem Ulrike »ein Verhältnis« gehabt habe.[123] Der in Berlin seit 1808 ansässige Staatsrat Nicolovius war mit der Tochter von Goethes Schwester bis zu deren Tod 1811 verheiratet gewesen. Von seinen vier Söhnen sah man Franz (geb. 1797), Heinrich (geb. 1798) und Alfred (geb. 1806), alle drei Studenten der Jurisprudenz, am häufigsten in Weimar als gern gesehene Gäste, namentlich für Ottilie und Ulrike boten sie sich als willkommene Flirt- und Tanzpartner und zur gesellschaftlichen Unterhaltung geradezu an, zumal der Verwandtschaftsgrad eine gewisse Unbefangenheit erlaubte. In Berlin dienten sie bereitwilligst als Gesprächspartner und Cicerone. Für ein besonderes »Verhältnis« Ulrikes zu einem von ihnen, das aus dem Rahmen der üblichen Tändeleien gefallen wäre, gibt es nicht den geringsten Hinweis. Die »Händel« könnten als Ausläufer von Ulrikes Einmischung in die Sterling-Affäre Ottilies vom Vorjahr denkbar sein, als Heinrich Nicolovius mit Indiskretionen aus Ottilies Schwatzhaftigkeit deren Ehekrise bloßgestellt hatte und Ulrike des Schwagers Warnung mit einer eigenen Empfehlung an Ottilie, mehr Vorsicht walten zu lassen, unterstrich. Dann aber wäre Heinrich statt Alfred N. der hier nach weit über Jahresfrist Gemeinte.[124] Welcher »Neffe« und welche »Händel« es Ende 1825 auch gewesen sein sollten, der

Neffe Wellingtons, Capitain Smith, beschäftigte Ulrike von Pogwisch zu diesem Zeitpunkt ohne Zweifel ernsthafter.

War es eine schwärmerische Liebschaft, die ernsthafter sich zu entwickeln drohte? Natürlich konnte die offensichtlich zunächst noch freundschaftlich-intime Beziehung nicht verborgen bleiben. Nicht ohne Sorgen beobachteten die nächsten Freundinnen, Schwester Ottilie inbegriffen, das Geschehen und, wie es scheint, auch zu Recht, denn Capitain Smith, von längerer dienstlicher Abwesenheit herkommend und auf dem Weg zum Manöver in Berlin, meldete sich am Nachmittag des 24. August 1826 bei Ottilie zu einem Gespräch an, das ihre Befürchtungen bestätigte. Wohl auf eine Vermittlung durch die ältere Schwester hoffend, gestand er seinen Eindruck, Ulrike mache sich zu viele Gedanken über ihre Beziehung zu ihm. Er bewundere ihre Haltung nach dem Unfall und überhaupt ihren ausgezeichneten Charakter, hege aber nichts als die innigste Freundschaft für sie und habe zu mehr Erwartung auch keinerlei Veranlassung gegeben, stünde er doch erst am Anfang seiner Karriere. Gern sähe er bei ihrer bevorstehenden Durchreise in Berlin, wohin er umgehend beordert sei, auch Ulrike, sogar vielleicht im Anschluß daran in Weimar. – Ganz offensichtlich war das ein Rückzieher, in die höflichsten Redewendungen verpackt. – Ottilie antwortete für ihre Neigung zu sentimentalen Dramaturgien erstaunlich präzise: »Ich sagte ihm, daß, obgleich ich mir nicht ein bestimmtes Urtheil über die Gefühle meiner Schwester anmaßen könnte, ich doch überzeugt sei, daß weder sie noch meine Mutter noch ich je etwas Anderes von ihm erwartet hätte als die innigste Freundschaft, daß also von einer Täuschung nicht die Rede sein könnte; und daß im Fall die Welt eine andere Ansicht über sein Verhältniß zu meiner Familie gefaßt haben sollte, diese Meinung verschwinden müßte, sobald sie uns alle gleich freundlich gegen ihn bleiben sehe.«[125]

Ulrike war in ihren Empfindungen stets ernster zu nehmen als Ottilie, man mußte ihr Enttäuschungskummer ersparen. Da es aber anscheinend in beider Absicht lag und beide betont Wert darauf zu legen schienen, einander in Berlin zu begegnen, mag Ottilie etwa beabsichtigte Warnungen an die jüngere Schwester einstweilen milde abgefaßt oder auch ausfallen lassen haben. Am Tage dieses Gespräches war Ulrike gerade von einer Reise nach Franzensbad mit der sechsundsiebzigjährigen Großmutter, Gräfin Henckel von Donnersmarck, zurückgekehrt, wo auch für sie, angesichts der kaum überwundenen Unfallfolgen, einige Kuranwendungen vorgesehen gewesen waren. Mit der »Exzellenz« zu verreisen, bedeutete für ihre Enkelinnen immer ein kostengünstiges und gesellschaftsträchtiges Ereignis. Die böhmischen Bäder boten dem deutschen, österreich-ungarischen und italienischen Hoch- und Hofadel ein begehrtes sommerliches Ambiente, auch bereits für zahlungskräftige Mitglieder der nachrevolutionären Bourgeoisie. In Begleitung der Großmutter winkte jedoch statt liberaler Geselligkeit ein nahezu strenges Hofreglement, Vergnügen im Sinne der »jungen Welt« war nicht unbedingt zu erwarten, Repräsentation dagegen in Fülle.

Schon einen Tag nach der Ankunft im böhmischen Modebad schickte Ulrike ein Lebenszeichen nach Weimar, natürlich, wie es sich ziemte, zuerst an den »Vater« und mit den besten Empfehlungen der Großmutter. Letztere schrieb ohnehin ungern in deutscher Sprache, hatte doch ihr Dienst beim Bruder des großen Preußenkönigs mehr das Französische gefördert. Ulrike erhielt zu ihrer Freude schon mit dem Datum des 22. Juli einen »Retourkutschen«-Brief von Goethe mit den neuesten Informationen aus Weimar, namentlich den besonders begehrten über die jungen Herren der Weimarer englischen »Kolonie«, für die Schwester Ottilie als »Consul«, so der von Goethe »verliehene« Titel, emsig tätig war. Mit spürbarem Augenzwinkern hatte Goethe an den Schluß seines Briefes die frohe Botschaft gesetzt, »ein gewisser Capitain Smith« sei vermutlich beim Berliner Manöver anzutreffen. Umgehend revanchierte sich Ulrike mit einem charmanten Recontre, indem sie die übliche Beteuerung ihrer töchterlichen Liebe als etwas formlose Nachschrift lieferte, als sei die scheinbare Herabsetzung des eigentlich Wichtigen scherzhaft beabsichtigt. »Die darf das«, hätte vermutlich der Alte kommentiert, wie man auch sonst seinen eigenen Briefen anmerkte, daß zwischen ihnen der heiter temperierte Umgangston die Regel war und eine ganz eigene persönliche Nähe festigte. Ulrike schienen Langeweile und Heimweh umzutreiben, so daß sie im Auftrag anderer der Postkutsche aus Richtung Weimar gerne auf der Chaussee entgegenging, konnte doch auch ein Brieflein für sie dabei sein. War das nicht der Fall, so reichte es bei der Rückkehr in ihr Logis doch immerhin für einen Brief an den Vater mit Angabe des Abreisetages. Das enthob den Empfänger einer umständlichen Entgegnung, bescherte Ulrike aber einen kostbaren handgeschriebenen Goetheschen Willkommensgruß, den er ihr angesichts der langen Poststrecke noch entgegenschickte. Das Billett – alle Briefe an Ulrike in dieser Korrespondenz wurden, wie bei Goethe üblich, ansonsten an Schreiber diktiert – wurde als Geste liebevoller väterlicher Güte zum Mittelpunkt der Korrespondenz zwischen Goethe und Ulrike von Pogwisch.

Wenige Tage zuvor hatte ihr bereits des längeren Ottilie geschrieben und bestätigt, daß Capitain Smith, derzeit noch in Dublin, bei der großen Revue in Berlin anwesend zu sein hoffe, vielleicht auch sogar noch zusätzlich in Weimar werde bleiben können. »Glaube mir liebe Ulle, ich verstehe Deine Freude und Furcht zugleich sehr gut«, hatte Ottilie dieses Thema abgeschlossen, wohl in Erinnerung an eine besondere Eigenheit Ulrikes. Diese glaubte ihr ganzes Leben hindurch nie ohne Zweifel an bevorstehende Freuden oder dauerhaftes Glück, sondern war stets der Meinung, es könne noch irgend etwas geschehen, das eine günstig erscheinende Konstellation verderbe und ihr zum Unheil ausschlage. Die mehrfachen Abschiede von der Mutter während ihrer Kindheit hatten sich zu einem psychischen Trauma verdichtet, das sie seelisch instabil hatte werden lassen.

Nur die um zwei Jahre ältere Schwester war seit frühester Zeit immer zur Stelle gewesen, wenn die Mutter abwesend war, manchmal für lange Perioden ihr »Kommando« an Ottilie abgebend. Ottilie bedeutete für sie die Mutter, Schwester und Freundin zugleich, der einzige erprobtermaßen verläßliche Partner, und daran sollte sich auch bis ins Alter nichts ändern, trotz späterer mühsam gewonnener, jedoch begrenzter Eigenständigkeit.

Bezeichnend für dieses Verhältnis erscheint die Nachschrift Ottilies aus dem soeben zitierten Brief: »... brauchst Du Geld so schicke mir für 3 rh (Reichsthaler) Wolle, und behalte 2 rh für Dich, finde ich nur irgendeine Gelegenheit so sende ich Dir ein paar rh. Wie trostlos ich über Dein Unwohlsein war kann ich nicht aussprechen, Du wirst mich nicht täuschen, ich weis wie krank Du warst.« Soweit die mütterlich sorgende Schwester, während im Brief selbst die schwesterliche Freundin dominiert, die von den Ereignissen daheim berichtet, wie beispielsweise von einer schweren Nierenkolik Augusts, die zwar der neue Hausarzt Dr. Vogel rechtzeitig zu beheben gewußt habe, den Vater jedoch verschreckte: »Bei dieser Gelegenheit hat man recht gesehen wie lieb ihn der Vater hat, denn er war sehr besorgt, und kömmt täglich herauf.«

Den Sohn entbehren zu müssen, der ihm als vertrauenswürdiger Privatsekretär, offizieller Stellvertreter in amtlichen Belangen, Haus- und Schatullenverwalter und Verhandlungsführer bei Verlagsfragen, als Organisator des täglichen Haushaltes ganz unverzichtbar geworden war, das schien Goethe so unvorstellbar wie seine Liebe nur schwer den ihm nächststehenden Menschen leiden sehen konnte.

Ottilie wiederum gesteht der Schwester, wie sehr sie noch unter ihrer Gesichtsnarbe zu leiden habe, mit der sie doch den Widerwillen ihrer Mitmenschen erregen müsse. Die Blessuren ihres Reitunfalls verstärkten ihre Depressionen angesichts der Probleme ihrer Ehe. Nur wenn August sich scheiden lasse, eröffnete sie ihrer Schwester die eigene Seelenlage, könne sie in irgendeinem ruhigen Winkel, entfernt von Weimar, leben, ohne ihm mit ihrem Trübsinn lästig zu fallen. Die Scheidung lehne August aber ab, obwohl sie es als »Verarmung« ansehe, nicht einmal alte Freundinnen wiedersehen zu können. Ihren »consularischen« Tätigkeiten ging sie allerdings wohl unverdrossen nach, wie die zahllosen englischen Namen in ihrem Brief erkennen lassen. Ein Widerspruch, der zu Ottilies Wesen gehörte und ihre Unberechenbarkeit ausmachte, mit der sie oft ihre Freunde irritierte, jedoch kaum noch Ulrike.

Diese kehrte am 18. August über Eger von der Kur in Franzensbad zurück. Zwischen Ankunft und erneuter Abreise lagen nur noch zwei Wochen. Es scheint, daß ein nicht mit der Jahreszahl versehener Brief Ulrikes, von ihr an Goethes Geburtstag in Weimar geschrieben, auf 1826 zu datieren ist; anscheinend befand sie sich nicht im Goethehaus. Das könnte seinen Grund finden in den Renovierungsarbeiten, die August in seiner Etage stattfinden ließ und deretwegen sie vielleicht vorübergehend zur Mutter ausgewichen war. Dienstag, den 2. September, sollte jedoch endlich die schon länger geplante Reise mit der Mutter nach Berlin beginnen, weshalb Ulrike im Brief auch dem Vater anbot, für den Freund Zelter etwas mitnehmen zu wollen. In den Tagebüchern Goethes taucht sie mit Erzählungen von Franzensbrunn bei einem Spaziergang am 21. August des Jahres auf und dann erst wieder am 4. Oktober: »Fräulein Ulrike kam an. Mittag dieselbe und Eckermann, viel von Berlin erzählt.«

In der Tat erwies sich diese zweite Berlinreise Ulrike von Pogwischs als besonders interessant und erlebnisreich, ganz abgesehen davon, daß sie Capitain Smith und seinem Freund, wie verabredet, auch begegnete. Die Reise führte schon nach einer Berliner Woche über Preußens Hauptstadt hinaus in eine ihr noch unbekannte Landschaft, in das vorpommersche Stettin und das unweit davon gelegene Rittergut Nassenheide, wo man sich mit der Großmutter, Gräfin Eleonore Henckel von Donnersmarck, und anderen Familienangehörigen in einer Erbschaftsangelegenheit treffen sollte. Berlin bildete gewissermaßen nur den Rahmen für diesen eigentlichen Reiseanlaß.

Ulrike berichtete Goethe in zwei Briefen und einigen tagebuchartigen Aufzeichnungen, von denen sich acht Seiten erhalten haben.[126]

Am Grenzübergang nach Sachsen, Eckartsberge, staunte Ulrike leicht amüsiert, was von ihrem Gepäck für »steuerbar«, also zollfähig erklärt wurde und was nicht. Nach einer Mittagspause in Naumburg und insgesamt bereits elfstündiger Fahrt erreichte die kleine Reisegesellschaft, zu der auch Pauline Schwendler, Tochter eines hohen Weimarer Regierungsbeamten gehörte, durchgerüttelt von ausgefahrenen Chausseen endlich das Tagesziel: Merseburg. Hier lernte Ulrike den ihr bis dahin noch unbekannten jüngeren Bruder der Mutter kennen, Leo Viktor Henckel von Donnersmarck, und dessen Frau Theresia geb. von Bothmer. Die neue Tante gefiel ihr ausgesprochen gut als eine »sehr angenehme Erscheinung«, in derem häuslichen Umfeld alles »so hübsch und nett« erschien. Für dergleichen Eindrücke entwickelte Ulrike mehr noch als Ottilie, die schon am Tage ihres Einzugs in die Mansardenetage des Goethehauses für die erreichte Wohnlichkeit gelobt worden war, einen besonderen Blick. Von der Merseburger Tante gab es ein Porträt des Weimarer Malers Johann Joseph Schmeller, Goethes höchsteigenem »Hofmaler«, zu sehen, das Ulrike auch sehr ähnlich fand – bis auf die Nase. Vielleicht wußte sie auch, daß zum gleichen Zeitpunkt Schmeller erneut Goethe porträtierte.[127]

Die nächsten zwei Tage führten über Bitterfeld und Wittenberg endlich am 4. September nach Potsdam.

Potsdam und Berlin lösten in Ulrikes Mutter immer ein Gefühl von Heimat aus. Nicht alle Erinnerungen mochten so wertvoll für sie sein wie die ersten Begegnungen mit dem Major Wilhelm von Pogwisch, von dem sie nun schon seit sechs Jahren rechtsgültig geschieden lebte, aber ein Besuch in Berlin versprach auch ihr stets einen anregenden Aufenthalt.

In Potsdam zog es sie sofort zu einem Spaziergang auf die Pfaueninsel, deren Blumenpracht zu sehen sie gern der Großherzogin von Weimar gewünscht hätte, zu deren Hofdamen sie jetzt gehörte.

Am nächsten Nachmittag erreichte man endlich Berlin und das Hotel de Brandenbourg. Nur zwei Tage blieben ihnen für den ersten Aufenthalt, und so galt es, in zügiger Folge die Tante Treskow aufzusuchen, ebenso Zelters und die Familie Nicolovius, wo man überall liebevoll und freundlich empfangen wurde.

Natürlich wurden Einkäufe getätigt wie Stickmuster für Handarbeiten, und auch die Putzmacherin durfte man nicht vergessen, aber der Abend gehörte selbstverständlich der Oper, zumal im Königstedter Theater Carl Maria von Webers Oper »Oberon« gerade Premiere gehabt hatte und mit der berühmten Tibaldi zu hören und zu sehen war. Von ihrer leidenschaftlichen, glutvollen Stimme zeigten sich Mutter und Tochter gleichermaßen entzückt. »Eine wundervolle zum Herzen dringende Stimme. Ich glaube alt«, wußte Ulrike dem Vater zu schreiben und daß man es für die Rückreise einrichten möchte, diese Stimme noch einmal zu hören. Außerdem sah man im Hoftheater den auch in Weimar geschätzten Schauspieler Ludwig Devrient in »Der Freimaurer« und das Schauspiel »Preciosa« in der Einstudierung von Pius Alexander Wolff.[128] Ulrike versprach dem Vater, über die Schauspieler beider Bühnen mündlich noch mehr zu berichten. Am Tag vor der Weiterreise wollte sie einen soeben aus Lissabon zurückgekehrten Prediger im Gottesdienst hören, der wohl gerade das Berliner Tagesgespräch füllte, aber schon vor 9 Uhr morgens gab es in der Kirche nur »einen Stehplatz ganz hinten«, und so blieb dieser Wunsch unerfüllt.

Am 8. September verließen Mutter und Tochter zunächst mit dem Etappenziel Tangermünde ihr Berliner Hotel, um am darauffolgenden Tag sich auf ungepflasterten Wegen wieder durchschütteln zu lassen, »abscheulich und nur unserm sehr guten Kutscher verdanken wir, daß wir nicht umgeworfen wurden«.

Sofort beschloß Mutter Henriette, auf der Rückfahrt lieber den Fünf-Meilen-Umweg über Stettin in Kauf zu nehmen, als dieses Risiko noch einmal einzugehen. Schließlich konnte Ulrike nicht mehr verhehlen, daß ihr die Füße bereits zu sehr geschwollen waren – ein Ergebnis langer Kutschfahrten –, um ihre Verwandten auf einer Promenade im Garten von Nassenheide begleiten zu können. Von »Tante, Cousine, und ihren zwei sehr hübschen Jungen« war man mit inniger Herzlichkeit empfangen worden. Ulrike schloß ihren Reisebericht, wohl ahnend, daß in Nassenheide dafür kaum viel Zeit bleiben würde: »Nun mein geliebtester Vater küsse ich Ihnen tausendmal die Hände. Erfreuen Sie recht bald durch ein paar Zeilen Ihre Sie verehrende und liebende dankbare Tochter Ulrike« – eine gelegentlich benutzte Schlußformel, die erkennen läßt, mit welchem respektvollen Zeremoniell man sich als junge Dame auch aus dem engeren Familienkreis dem Hausvater näherte: per Handkuß, nachfolgende Umarmung nicht ausgeschlossen, falls der so Begrüßte diese signalisierte und damit erlaubte.

Noch weitere zwei Wochen verbrachte Ulrike von Pogwisch mit Mutter und inzwischen eingetroffener Großmutter auf dem Rittergut Nassenheide, das letzterer, Eleonore Henckel von Donnersmarck geb. Lepel, sowie deren jüngerer Schwester, Frederike von Schmeling, und dem älteren Bruder Wilhelm von Lepel[128] zu je einem Drittel gehörte. Dieser war nun gestorben, und so waren jetzt die beiden Schwestern zu gleichen Teilen Besitzerinnen des Kunkel-Lehens geworden.[129]

An der Beschaffenheit des Gutes und der Erbfolge war Goethe besonders interessiert. Nicht nur hatte er selbst einst, 1798, das Gut Oberroßlar bei Apolda für sich erworben und war mit der Bewirtschaftung gescheitert, so daß er es nach knapp vier Jahren wieder verkaufen mußte, also aus eigener Erfahrung mit derartigen Risiken vertraut war; am Horizont noch ferner Zukunft zeichnete sich als denkbare Möglichkeit immerhin die Erbanteilschaft seiner Enkel ab. An Ulrikes Berichterstattung war ihm also durchaus gelegen. Das geschah denn auch in einem Brief vom 18. September 1826 und setzte sich mündlich schon am Tage der Ankunft und in folgenden mehrfachen Unterhaltungen fort, unter anderem auch am 22. Oktober, wie Goethes Tagebuch bestätigt.[130] Die Nassenheider Liegenschaften bestanden aus den Rittergütern Nassenheide und Boeck mit etlichen Vorwerken und Pachtgrundstücken auf zusammen rund 13 000 Morgen Fläche, mehr als zur Hälfte Forstbestand. Weide, Acker, Wiesen und Moor bedeckten etwa 5 000 Morgen, der Rest verteilte sich auf Wege und Gräben, Gärten, Hof- und Baustellen sowie den Großteil eines Sees.[131] Leider litt die Bewirtschaftung des umfangreichen Gutsbetriebes und die Instandhaltung der Baulichkeiten immer wieder unter oft langer Abwesenheit der Gutsherrschaft, denn die Henckel von Donnersmarck, die künftig den Betrieb führen würden, waren fast ausnahmslos im Hauptberuf Offiziere, Hofbeamte oder Diplomaten, studierte Juristen, bestenfalls respektable Botaniker von Rang, aber nie Landwirte, und vor allem immer nur kurzfristig auf ihrem ererbten Gut anwesend.

Auch der gerade Verstorbene hatte zumindest in den letzten Jahren seines Lebens sich um Nassenheide kaum noch kümmern können und nicht mehr dort gewohnt. Ulrike erlebte daher keinesfalls ein lebendiges Gutsleben. Vom herrschaftlichen Wohngebäude gewann sie den berechtigten Eindruck bereits mehrjähriger Verlassenheit. Im erwähnten Brief versprach sie, zwei Ansichten von Nassenheide mitzubringen, von denen sich jedoch nur eine Zeichnung bisher auffinden ließ. Man möchte bezweifeln, daß es sich dabei um das Herrenhaus handelte, das sie mehr umschrieb als beschrieb, in einem Park liegend, »so lang wie bis ans römische Haus [der Weg vom Frauenplan bis zum römischen Haus in Weimar, d. V.] aber etwas schmahl ... so unwohnlich wie nur möglich eingerichtet«. Vom Zimmer der Großmama bis zum Schlafzimmer der Mutter seien allein 15 Türen zu passieren, die schönsten Schränke (Repositorien) stünden leer, Gipsabdrücke der Juno und des Jupiter seien zu sehen, auch ein kleiner Merkurkopf, »den ich sehr hübsch finde, doch früge es sich ob Sie meiner Meinung«. Zumindest die langen dunklen Flure werden glaubhaft, wenn man die von Ulrike angekündigten Ansichten betrachtet. Die Unwohnlichkeit des 1826 vorgefundenen Wohnhauses ergab sich allein schon aus der Tatsache, daß der verstorbene Graf von Lepel zahlreiche wertvolle Exponate seiner Sammlungen – Bibliothek, Gemäldesammlung, Kupferstiche, Gipskabinett mit antiken Abdrücken, Naturalien – bereits vor langer Zeit gegen ein Legat von 600 Reichstalern jährlich dem preußischen Staat vermacht und schon über Jahre hin selbst nicht mehr dort gewohnt hatte, wenngleich sich die ersten Anbauten für seine Sammlungen auch auf seine Investitionen zurückführen ließen. Auf jeden Fall gibt die Zeichnung aus dem jetzigen Nachlaß einen Zustand aus der Zeit vor 1861 wieder, vermutlich die noch sehr schmucklose Westseite mit dem Kunstsammlungs-Anbau, die auf einer Aufnahme von 1860, also nach großem Umbau noch erkennbar bleibt. Auf diesem Foto sieht man am rechten Bildrand den einstöckigen Bibliotheks- und Wohnbau, der einen Terrasseneingang vom Rosengarten aus erhielt, linker Seite vor dem Haupteingang hielten die Kutschen, und von dort betrat man eine alte, zunächst noch dunkle Halle mit Kreuzgewölbe, wohl der älteste Kern des Hauses, vor Jahrhunderten ein Kirchlein. Diese Ansicht konnte Ulrike von Pogwisch jedoch noch nicht beschreiben. In der Bildergalerie gefiel ihr offenbar besonders ein Bild von Angelica Kauffmann (1741–1807), »eine trauernde weibliche Figur mit einer Vase darstellend«. Die Kopie der Originalhandschrift Ulrikes zeigt einen mit Bleistift geschriebenen Vermerk an dieser Stelle ihres Reiseberichts: »in meinem Besitz. Leo.« Vermutlich stammte diese Randnotiz vom letzten Herrn auf Nassenheide aus dem Geschlecht der Henckel von Donnersmarck, Leo Amadeus Maximilian Graf H. v. D. (1829–1895). Er war der Initiator des großen Umbaus, der ein schloßähnliches Herrenhaus entstehen ließ, und

Nassenheide. Herrenhaus nach mehrfachen Erweiterungs- und Umbauten. Lithographie. Stiftung Weimarer Klassik / Museen

in seine Hände kam der schriftliche Nachlaß Ulrike von Pogwischs, entweder nach ihrem Tode (1875) oder spätestens zehn Jahre später, nach dem Tode Walter von Goethes, ihres Patenkindes (1885). Vor der Weitergabe des Konvolutes von Handschriften Ulrikes wird Leo Amadeus Graf Henckel von Donnersmarck eine kritische Durchsicht vorgenommen und diese Randbemerkung geschrieben haben.

Er lieferte Mitte des Jahrhunderts einen offiziellen Zustandsbericht der Liegenschaften, die unter dem zusammenfassenden Begriff Nassenheide zu verstehen waren, exakt auf der Mitte einer Linie von Stettin nach Uckermark gelegen.[131] Nicht nur, was dieser relativ nüchterne Bericht an Flora und Fauna in beachtlicher Vielfalt aufzählt, läßt die reizvollsten Landschaftsidyllen unterschiedlichen Charakters annehmen, sondern deckt sich auch zuverlässig mit den Beschreibungen, die am Ende des Jahrhunderts Elizabeth von Arnim in ihren Büchern von Nassenheide gab, das sie zwölf Jahre lang mit ihrem Mann Henning von Arnim bewohnte und bewirtschaftete.[132] Es blieb ihr ein unruhiges Leben hindurch als ein irdisches Paradies in sehnsuchtsvoller Erinnerung.[133]

Die neuen Erben von 1826 interessierte mehr der Gewinnertrag des Wirtschaftsbetriebes. Der war letztlich nicht befriedigend gewesen, aber berechtigte doch zu guten Hoffnungen, sprich Investitionen. Ulrikes Onkel Leo Viktor Felix Graf H.v.D. und danach ihr Vetter Leo Amadeus Maximilian, der Berichterstatter von 1865, bemühten sich erfolgreich, in Gestalt von Umbauten und Erweiterungen auch wieder einen repräsentativen Rittergutsbesitz zu entwickeln und dessen Profit zu erhalten, wenn nicht zu steigern.[134]

Henriette von Pogwisch schied offenbar 1847 aus der Erbfolge durch eine Abfindung aus. Ihr Enkel Walther von Goethe, der sich später gern dort eingekauft hätte, scheiterte an finanziellen Problemen der Goethefamilie.[135] Er hatte sich für die einzigartige Landschaft und das romantische Ambiente von Haus und Hof begeistert und wohl gehofft, in dieser pommerschen Oase eine Nische für sich, weit weg von Weimar, zu finden. Für Ulrike von Pogwisch blieb Nassenheide 1826 eine Reise, von der man im Gespräch hinreichend und leichter berichten konnte als in einem Brief.

Der Hafen von Stettin bot ihr zunächst interessante Eindrücke, und natürlich freute sie sich schon wieder auf die Abreise am 24. September und nicht zuletzt auf das bevorstehende Wiedereintauchen in das pulsierende Leben der Großstadt Berlin für noch einmal fast eine Woche.

Der »Vater« kannte seine »gute Ulrike« und beeilte sich, ihrer Rückkehr mit einem Brief entgegenzukommen und Grüße an die große Zahl der Berliner Freunde mitzuschicken. Den lebhaften angelsächsischen Reisestrom in Richtung Weimar deutet er im Brief vom 25. September in kurzer gesellschaftlicher tour d'horizon an, auch von Mord und Totschlag auf der Weimarer Theaterbühne ist die Rede,[136] und schließlich legte er noch ein »Gedichtblättchen« in den Brief ein. Mit diesem half er sich fortan, der Unzahl von Geburtstags- und sonstigen Gratulationen zu begegnen, ein gedruckter Dank, den im gleichen Jahr übrigens auch Frau von Stein erhielt.[137]

Ulrike hatte in Anbetracht der Reisevorbereitungen ihrer Mutter den 77. Geburtstag Goethes nicht mitbegehen können. Dafür hatte Goethe das zu bezweifelnde Vergnügen gehabt, Bettina von Arnim, 1811 von ihm mit Hausverbot belegt und erst seit 1824 vorsichtig geduldet, an seiner Geburtstagstafel zu sehen. Während ihres zweiwöchigen Aufenthalts in Weimar genoß sie mehrfach auf dünnem, sprödem Eis Goethes Nähe, eine scheinbare Harmonie beschwörend, die dann doch erneut einbrach.[138] Zu den Versäumnissen, die Ulrike durch ihre Reise entstanden waren, gehörte auch die vielbeachtete Anwesenheit Franz Grillparzers, der auf der Höhe seines Ruhmes noch wenige Tage vor Ulrikes Rückkehr Goethes Aufmerksamkeit hatte erleben dürfen. Da Goethe ihm ein Gala-Herrenessen offerierte, war auch Ottilie von Goethe beim Empfang dem berühmten Gast nur vorgestellt worden; sie begegnete ihm im Wien der vierziger Jahre unter anderen Vorzeichen wieder.[139]

Gemeinsam mögen Ulrike und Henriette von Pogwisch es wesentlich bedauert haben, das einmalige Gastspiel der gefeierten Sängerin Henriette Sontag in Weimar nicht erlebt zu haben, besonders den anschließenden glanzvollen Empfang im Hause Goethes.[140] In Goethes Tagebuch liest man dazu: »(4. 9.) Um Mitternacht ging man auseinander.« Eine Sternstunde im Goethehaus war den beiden Pogwisch-Damen entgangen.

Konnte es entschädigen, daß Goethe noch im Oktober Ulrike und Ottilie – in dieser Reihenfolge genannt – seine Revision des Helena-Aktes im 2. Teil des »Faust« vortrug?[141] Nicht nur »Der Mann von 50 Jahren« und die Jagd-Novelle im Wilhelm-Meister-Roman beschäftigten Goethe bei der Redaktion für die Werkausgabe »Letzter Hand« 1825 und 1826, sondern zeitweilig sogar vorrangig die Arbeit am »Faust«, die Korrekturen nahmen kein Ende.

Das Gespräch mit Freunden und engen Mitarbeitern löste ihm Probleme des Versmaßes oder reimloser Rhythmik: Zelter, Riemer, Meyer, Eckermann, Wilhelm von Humboldt – sie mußten ihm vorlesen, oder er las ihnen die problematischen Abschnitte vor, Abschriften wurden an Freunde außerhalb Weimars geschickt und deren Anteilnahme und Meinung gesucht. Es war ihm klar, daß man immer noch etwas zu bemerken und zu ändern finden könnte und wohl eigentlich nie fertig werden würde, aber es gehörte zu seinem Arbeitsstil, sich aussprechen zu müssen, um das Feuer geistiger Aktivität nicht erlöschen zu lassen. Mit Riemer, seinem engsten und philologisch versierten Mitarbeiter, war er schon im September 1826 den Helena-Akt »durchgegangen, bis wir müde wurden«[142]. Und nun, einige Wochen später, sind die Schwestern Pogwisch aufgefordert, sich Goethes Lesung dieses Faust-II-Abschnittes anzuhören.

Was konnte sich Goethe von ihrer Reaktion erwarten?

Nur eine Neigung ist ihnen gemeinsam: die Liebe zum Theater. So wie die noch kindlichen Enkel Goethes bereits kaum eine irgend geeignete Aufführung in Weimars neuem Theater ausließen, sah man Ottilie wie Ulrike als die denkbar fleißigsten und begeistertsten Theaterbesucher, die zudem im Freundinnenkreis der Mutter wie im eigenen die hitzigsten Diskussionen nach Premieren oder spektakulären Rollenbesetzungen führten, manche Aufführungen mehrfach sahen und immerhin seit einer Reihe von Jahren auch entsprechenden Tischgesprächen in Goethes Gegenwart beiwohnten. Sie hatten Vergleichskriterien entwickelt und waren keinesfalls kritiklose Unterhaltungskonsumentinnen. Literatur, Kunst und Theater bildeten selbstverständlich die zentralen Gesprächsthemen der kulturtragenden Gesellschaftsschicht in Hofnähe.

Ulrike von Pogwisch, ohne Verlangen nach tiefschürfenden Analysen und Vergleichen, gänzlich unintellektuell, blieb dennoch davon nicht unbeeinflußt, aber nur dieses eine Mal taucht sie in Goethes Tagebüchern im Zusammenhang mit einem literarischen Thema auf, einem der bedeutendsten obendrein, und wird – unbewußt vielleicht – vor Ottilie genannt. Der Schwiegertochter hätte dieser Platz gehört, eine sozusagen delikate Etikettenfrage, aber dergleichen hatte für Goethe auch im Tagebuch stets einen extrem hohen Stellenwert und geriet ihm so gut wie nie außer Kontrolle. Zu bedenken wäre auch in diesem Sinne, daß Tagebucheintragungen schließlich immer erst nach erlebtem Geschehen entstanden, wurden sie doch nach einem gewissen zeitlichen Abstand annotiert und noch später einem Schreiber diktiert.[143]

Man darf den Eindruck gewinnen, daß Ulrikes Anwesenheit für Goethe hier eine Bedeutung besaß, die ihn ihren Namen zuerst nennen ließ. Die Szene erinnert an eine uns bekannte Konstellation: Goethe las auch seiner Frau Christiane früher Passagen aus seinen Arbeiten vor, um aus ihrer spontanen, unbefangenen Reaktion eigene Förderung zu erfahren. War sie auch eingestandenerweise keine Leserin, so doch eine regelmäßige Theatergängerin und aufmerksame Zuhörerin. Zur Bühnenwirksamkeit von Dialogen und der Gegenüberstellung von Charakteren wußte sie viel zu sagen. Ihr von Theorien unbeeinflußter Theaterverstand wurde von ihm geschätzt. Zahllose Beispiele ihrer Anteilnahme lassen sich in Goethes Tagebüchern, aber auch im Briefwechsel mit Christiane finden, besonders nach 1806, als Caroline Ulrich als Christianes Gesellschafterin in Goethes Haushalt kam. Beide Frauen befreundeten sich schnell, Carolines Lese- und Schreibqualitäten ließen sie bald zur heimlichen Sekretärin des Ehepaares werden.[144] Goethe pflegte nun den »Frauenzimmern« gemeinsam vorzulesen und orientierte sich an beider Reaktionen, wenn er beispielsweise aus Jena in Raten Manuskriptabschriften aus den »Wahlverwandtschaften« schickte und dazu von beiden Frauen erwartete:

»1. Daß Ihr bei verschlossenen Türen lest.

2. Daß es niemand erfährt, daß Ihr's gelesen habt.

3. Daß ich es künftig Mittwoch wieder erhalte.

4. Daß mir zugleich alsdann etwas geschrieben werde, von dem, was unter Euch beim Lesen vorging.«[145]

Weibliche Einfühlsamkeit und Theatererfahrung waren gefragt. Bis zu Caroline Ulrichs Heirat funktionierte diese ihm wichtige Arbeitsergänzung problemlos, danach verschlechterte sich Christianes Zustand so rapide und wesentlich, daß dergleichen ohnehin nicht mehr in Frage kam. Seitdem Ottilie im Haus war und auch ihre Schwester Ulrike hinzukam, änderte sich der Rhythmus des Haushalts, und Goethes Lebensweise ließ mancherlei Geselligkeit zu, die einen weitläufigeren Gedankenaustausch ergab, wenn Goethe das wünschte, namentlich seit Eckermann neben Riemer zum engsten Mitarbeiterstab zählte.

Die Kenntnis verschiedenster Versmaße oder sonstiger philologischer Finessen erwartete auch von Ottilie und Ulrike niemand. Ulrikes Vorzug, sich über Theateraufführungen dank einer guten Beobachtungsgabe und damit auch Situationsaufnahme eher mündlich als schriftlich äußern zu können, deckte sich vollständig mit den Eigenschaften, die Goethe auch an Christiane zu schätzen gewußt hatte.

Es kam ihm unter anderem darauf an, die Wirkung der Chöre und Lieder im 3. Akt von Faust II zu erfahren, die Reaktion völlig unbefangener, aber sensibler Zuhörerinnen auf die Verschmelzung von dramatischen opernhaften Szenen mit reimloser Rhythmik und das Erfassen von angestrebter Sinnlichkeit von ihren Gesichtern ablesen und von ihren Äußerungen ableiten zu können.

Um ein ähnlich geartetes Echo vielleicht auch von seinem Sohn zu hören, bemühte sich Goethe erst im April des nächsten Jahres[146] – anscheinend mit dem erwarteten geringen Erfolg, denn das Manuskriptpaket für den Cotta-Verlag war seit dem 25. Januar versandfertig,[147] und Goethe hatte begonnen, sich auf den Druck und ein mögliches Bühnenerlebnis zu freuen. Einer wie Mozart oder Meyerbeer sollte das komponieren können, wurde fortan sein Wunschtraum, »ein recht großer Komponist«. Das werde sich schon finden, daran hegte er keinen Zweifel. Belebt von der Euphorie der endlich geglückten Lösung vom Stoff, schien ihn geradezu diebisch die Pointe zu freuen, ja zu amüsieren, daß der trojanische Mädchenchor am Ende des Helena-Aktes nicht wieder zurück in die Unterwelt will, sondern »auf der heiteren Oberfläche der Erde sich den Elementen zuwirft«. Er hatte ihnen ein Dasein als Nymphen an des Lebens Quellen gegönnt.[148]

Am nachdrücklichsten belegt Goethes Tagebuch Lakonie am Tag der Versiegelung, das befreite Aufatmen nach jahrzehntelanger schöpferischer Prozedur: »Helena eingepackt. Mit den Kindern im Schlitten nach Belvedere gefahren.«[149]

Die wirkliche Vollendung des Faust II blieb noch für drei weitere Jahre sein »Hauptgeschäft«, dessen Fortgang vor allem Eckermann voranzutreiben suchte. Erst im Sommer 1831 konnte Goethe sagen, zahllose schlaflose Nachtstunden gut genutzt zu haben und nun sei es »im Grunde ganz einerlei ob und was ich noch etwa tue«[150]. Und dennoch öffnete er im Januar 1832 noch einmal die Versiegelung, las mit Ottilie noch einmal problematische Passagen kritisch durch, ehe er am 29. Januar, sieben Wochen vor seinem Tode erst, das korrigierte Ergebnis dessen, was er vor mehr als 60 Jahren begonnen hatte, endgültig abschloß. Im gleichen Jahr noch erschien Faust II als Band I seiner Nachgelassenen Werke. Der Zweiundachtzigjährige hatte sich nicht mehr die Zeit genommen, vielleicht ahnend, daß sie ihm nicht beschieden sein würde, noch einmal wertesten Freunden die Korrekturen vorzustellen. »Mein Trost ist jedoch«, schrieb er an Sulpiz Boissereé, »daß gerade die, an denen mir gelegen sein muß, alle jünger sind als ich und seiner Zeit das für sie Bereitete und Aufgesparte zu meinem Andenken genießen werden.«[151]

Ulrikes zeitlebens wirksames Goetheerlebnis kristallisierte sich deutlich mehr in der Gestalt des gütigen, ihr besonders zugetanen »Väterchen«, und ihm lieferte sie im Sommer 1827 umfangreiche böhmische »Hofberichte«[152], zunächst aus Karlsbad und dann aus Teplitz, wohin sie wieder einmal die Großmutter begleiten, aber auch angesichts ihrer angegriffenen Gesundheit selbst Kuranwendungen in Anspruch nehmen sollte.

Diesmal brachten Zöllner am Grenzübergang ins Sächsische erhebliche Unruhe, denn »Exzellenz« Henckel von Donnersmarck vermißte ihren erst wenige Wochen alten Reisepaß. Retter in der Not – man war auf gut Glück einfach weitergefahren – wurde in Zwickau ein Rektor Haertel, in dem Ulrike einen ehemaligen Tanzpartner wiedererkannte, der einst in Weimar Hofmeister bei der Familie Heigendorf gewesen war und seinerseits die Großmutter kannte, so daß er einen neuen Paß bewerkstelligen konnte. Die Straßen, seit einiger Zeit vorwiegend befestigte Chausseen, und das Wetter hatten eine zügige Fahrt erlaubt. Ulrike konnte am Nachmittag des vierten Tages der Mutter in Weimar die Ankunft in Karlsbad melden. Die »Oberkammerherrin« Caroline von Egloffstein mit ihrer Nichte Julie begegnete den Neuankömmlingen zu deren Freude gleich am ersten Tage, wahrlich keine Fremden.

Über Jahre hin hatte die jetzt sechzigjährige »Oberkammerherrin« außer ihren Nichten Line und Julie auch Ottilie und Ulrike von Pogwisch an ihrem Mittagstisch gesehen, während Goethe die vier Mädchen neben anderen gern als Verstärkung seiner Hausmusiken empfangen hatte.[153] Inzwischen diente Line, neun Jahre älter als Ulrike, der Erbgroßherzogin Maria Paulowna als Hofdame; Julie, sechs Jahre älter, seit dem Vorjahre in gleicher Stellung der Großherzogin Luise. Hofdamen- und Kammerherrenstellen, ein Versorgungsreservoir für den verarmten, abhängig gewordenen Adel, waren als sichere Pfründe heiß begehrt, jedoch nicht geliebt und als ein Standort von Neid, Intrige und Mätressenwirtschaft an den zahllosen Fürstenhöfen in Deutschland berüchtigt. Ehrliche Freundschaften gediehen nur selten in solchem Klima. Die Egloffsteins, aus altem reichsritterschaftlichem Adel, und die Pogwischs aus dem Uradel Schleswigs[154] verband Freundschaft auf der Basis gleichwertiger Herkunft, langjähriger Kollegialität und gleicher bitterer Lebenserfahrungen. Außerdem war Henriette von Egloffstein, Mutter der Töchter Line und Julie, zu dieser Zeit in zweiter Ehe in Misburg bei Hannover lebend, von Goethe einst als seine Partnerin in einer »Cours d'amour« auserwählt und zur Belebung anspruchsvoller Geselligkeit ausersehen worden. Sie hatte gerade erst wieder seine Aufmerksamkeit durch eine kluge Rezension des Helena-Aktes erregt, die ihn durch Kanzler von Müllers Indiskretion erreichte. Julie durfte sich seiner Förderung ihres Maltalents erfreuen. Die »Oberkammerherrin« schließlich, so erinnern wir uns, hatte sich vor wenigen Jahren Goethes tiefe Dankbarkeit verdient, als sie seine schwere nächtliche Herzattacke mit einem Hochlehnersessel erleichtern half.

Die Egloffstein-Töchter aus erster Ehe ihrer schönen, von vielen verehrten Mutter genossen in Goethes Haus fast eine Art Familienanschluß, so oft ihre beruflichen Verpflichtungen es zuließen. Für die Pogwisch-Schwestern blieben sie in allen Verhältnissen zuverlässige Freundinnen und, wo immer man sich begegnete, eine freudige Überraschung.

Eine längere Abwesenheit von Weimar, wie jetzt im Sommer 1827 zu erwarten, verursachte bei Ulrike fast immer ein gewisses Heimweh, vor allem, wenn es ihr nicht gelingen wollte, die passende Gesellschaft zu finden. Karlsbad, obwohl sommerlicher Treffpunkt des europäischen Adels, versetzte diesmal Ulrike in heftige Hypochondrie und Melancholie mangels fehlender Kontakte nach ihrem Geschmack, außerdem strengten sie sogenannte Sturzbäder über Kopf sehr an. Die Begleitung einer zweiundsiebzigjährigen, etwas skurrilen Großmutter wirkte viel zu hemmend, als daß sich die Türen der Gesellschaft für Ulrike von Pogwisch, besonders die zu ihrer eigenen Generation, von selbst geöffnet hätten. Es gibt von dieser Reise keine direkten Briefe, aber 43 Seiten Brieftagebuch, die in zwei Sendungen an Goethe gelangten. Natürlich beschrieb sie die lange Reise ausführlich, gab auch zu, es mit dem Quartier im Hotel »Milordstempel« gut gefunden zu haben, schließlich aber, nach mehr als einer Woche, mußte sie ihren Kummer einmal loswerden: »Die ersten Tage ließ ich mir das Umherwandeln unter lauter fremden Menschen gefallen; bald dachte ich kennst du nun auch alle diese Menschen und gesellst dich zu diesen fröhlichen Gruppen. – Als aber 8 Tage verstrichen waren und ich noch gar Niemand hatte kennen gelernt, da wurde es mir so traurig. Hat ein Jahr Krankheit mich denn so verändert, daß ich nicht vermag mich mit den Leuten in gewöhnliche Bekanntschaft zu bringen. Ich kam mir wie ausgesetzt vor. – ... Wäre eine junge Frau oder Mädchen von meinen Bekannten hier so wäre es anders. Ich bin nun überzeugt aus Carlsbad wegzugehen ohne die junge Welt zu kennen. Doch nun ist es mir recht; bin ich doch 2 Jahr in Ems gewesen und habe nur 4 Personen kennen gelernt. Ich bin nun zufrieden, seitdem ich die dumme Idee aufgegeben mich recht in Gesellschaften herumzutreiben. – Armer Vater, da sind zwei unnütze Seiten; doch Sie mußten ja genau erfahren wie es mir hier geht.«

Endlich, am 11. Juli, lernt sie nach Tische eine Engländerin kennen, Mrs. Blakeston »ungefähr von meinem Alter, eine wunderhübsche Frau, obgleich ihre älteste Tochter bereits 13 Jahr alt ist. – Wir machten dann visite bei der Fürstin Rohan.« Von nun an taucht dieser Name öfter auf und werden Ulrikes Tagebuchberichte lebhafter. Der russische Ball vom 14. Juli bricht aber nur mit Hilfe der selbstbewußteren Engländerin die unsichtbaren, doch fühlbaren Mauern. Ihre Schilderung ist es wert, ungekürzt zitiert zu werden, zeigt sie doch eindrucksvoll, daß nicht einfach mit Arroganz abgetan werden kann, wenn Ulrike nicht selbst auf andere Menschen zugeht, sondern deren Entgegenkommen erwartet. Ihr fehlten Eloquenz und Selbstbewußtsein noch im 29. Lebensjahr weitgehend. Dem russischen Ball im grünen Saale fehlten aber offenbar auch die Tänzer, jedenfalls berichtete sie nur von einem großen alten Mann »mit grauen Haaren, Augen wie Rauch, aber übrigens schöner und dann sind zwei Portugiesen hier, da möchte ich wohl ein Exemplar kennen, doch wird beides nicht geschehen«. Ihre Unbeholfenheit traf sich hier mit der Tatsache, daß auf internationalem Parkett die von Pogwischs keine Rolle spielten und selbst die Adresse Weimar nur dort, wo des Großherzogs militärischer preußischer Rang bekannt war und die Beziehungen derer Henckel von Donnersmarck reichten.[155] Das sollte sich später noch in Teplitz deutlich zeigen.

Zwar konnten die Weimarer Damen am 18. Juli von Ulrikes Zimmer aus den sensationellen Aufstieg zweier Heißluftballone beobachten, und Ulrike erinnerte sich, daß August »ja fest überzeugt ist, daß man noch erfinden wird Luftreisen zu machen«, aber sie schloß die erste Tagebuchserie am Ende des Monats doch recht melancholisch: »Nun Adieu bestes Väterchen, lassen Sie mich bald hören, daß Sie noch ein bischen lieb haben Ihre innigst liebende und verehrende Ulrike.« Der Empfänger verstand die Moll-Töne der vor ihrem Unfall noch so unbeschwert gewesenen Ulrike und beeilte sich schon vier Tage nach deren Erhalt mit einer Antwort, deutlich bemüht, sie ein wenig zu unterhalten und aufzuheitern.

Am 1. August erhielt sie den herbeigesehnten Brief Goethes, spät abends, »wie glücklich, daß wir noch nicht abgereist waren, sondern ich noch die große Freude in Carlsbad hatte«.

Der Quartierwechsel nach Teplitz konnte erst am 3. August stattfinden, endlich würde das ungeliebte Karlsbad hinter ihr liegen. Noch am Tag zuvor brachte sie ihre Antwort in die zweite Tagebuchserie, nicht ohne ihr Patenkind Walther dabei besorgt in Schutz zu nehmen vor der Bevorzugung seines Bruders Wolfgang, den das Schicksal ungerechterweise zu begünstigen schien. Ungerechtigkeiten sind ihr grundsätzlich zuwider und Anlaß zu lautem Einspruch ohne Angst vor Fürstenthronen.

Man spürt, des »Väterchens« liebevoller Wiederbelebungsversuch und die Aussicht, Karlsbad am nächsten Tag verlassen zu können, beflügeln ihr Pflichtprogramm. Vom Reisetag selbst konnte sie außerdem eine gewiß für Mutter und Schwester aufregende und für Goethe interessante Nachricht übermitteln: die Reisenden waren einem in Weimar wohlbekannten Freund begegnet, einem einst im Goethehaus gerngesehenen Gast: Ferdinand Heinke mit Frau und zwei Töchtern auf dem Weg nach Karlsbad. Weimar, das Goethehaus und seine Bewohner waren ihm vertraut, wie kaum einem anderen.[156]

Als Student der Jurisprudenz in Halle hatte er zwischen 1802 und 1804 schon Christiane Vulpius im Lauchstädter Theater und in Weimar die Cour gemacht und Goethe kennengelernt. 1813 sah ihn Weimar als tapferen Premierleutnant und Quartiermacher des 8. Schlesischen Landwehr-Kavallerie-Regiments, der nach der Völkerschlacht bei Leipzig den Hausherrn am Frauenplan energisch und erfolgreich vor marodierenden Don-Gardekosaken rettete. Den gutaussehenden Offizier umgab die Glorìole des Freiheitskämpfers, und die hatte eine ganz besondere Anziehungskraft auf das preußisch gesinnte siebzehnjährige Fräulein Ottilie von Pogwisch. Um es vorwegzunehmen: Ottilie und Ferdinand Heinke verband ein Leben lang eine große, unerfüllte Liebe. Heinke war durch Elternwort an eine gutsituierte Breslauerin versprochen, Ottilie bereits von Goethes Sohn umworben, und damit beiden keine Liebesheirat beschert worden. Für Ottilie blieb Heinke eine Art lebender Talismann auf die Hoffnung, irgendwann werde ihrem Traum von glücklicher Ehe die Realität folgen. Seitdem feierte sie mit Ulrike, ihren Freundinnen und ihren Kindern den Sylvesterabend so, wie sie ihn beim Abschied von Heinke 1813 begangen hatte. Sogar ihren Verlobungstag mit August von Goethe hatte sie bewußt zur Erinnerung an Heinke auf Sylvester 1816 verlegt.

Ulrikes Begegnungsbericht von 1827, bei einer Rast zwischen Karlsbad und Teplitz, würde in Weimar für Gesprächsstoff sorgen:

»Freitag den 3ten. Um 5 bestiegen wir den Kirchberg, fuhren dann bis Beuchar wo zwar angehalten wurde wir aber nicht ausstiegen. Eine Station weiter wurde Mittag gemacht; als wir eben wieder fort wollten, ließ sich der Regierungspräsident Heinke aus Berlin melden. – Wie gerne wäre ich wenigstens einige Tage mit ihm zusammen in Carlsbad gewesen wohin er mit seiner Frau und Töchtern reist. – Kaum blieb ihm so viel Zeidt sich genau nach allen Bekannten zu erkundigen. Großmama empfing ihm sehr freundlich, ich bat ihm mich zu seiner Frau zu führen, die jedoch zu unwohl war mich annehmen zu können, er bat hingegen Großmama ihr seine beiden kleinen Töchter vorstellen zu dürfen, was mit Freuden bewilligt wurde. – Die ältere Cordelia ungefähr 7-8 Jahr alt, ein artiges Kind sieht aber sehr schwächlich aus, die kleine Ottilie hingegen 3-4 Jahr alt (Ottilie von Goethe war Patin), ist ein wunderhübsches kleines Trutschelchen mit schöne schwarze Augen, mit denen sie munter und freundlich herumschaut. – Er trug mir auf ihm Ihnen zu Füßen zu legen, und für meine Mutter und Schwester die herzlichsten Grüße auf, so wie an alle die sich seiner erinnern.« –

Inzwischen hatte Ulrikes Onkel Wilhelm (Ludwig Viktor Graf Henckel von Donnersmarck) sich um ein Quartier bemüht für seine Mutter und die Nichte und war den Neuankömmlingen mit Frau und Tochter Pauline entgegengefahren. Im Hotel »Zu den 3 Königen«, nahe dem Schloßgarten, fanden sie denn auch »ein sehr hübsches Quartier«. Ulrike glaubte schon nach wenigen Tagen »in den Himmel versetzt zu sein«. Der Umgangston schien ihr deutlich angenehmer, auch spürte sie nichts von »Steifheit oder Rohheit«. Das sollte wohl heißen: »Man« war endlich unter sich.

Es sollte sich gelohnt haben, der Großmutter »43 Kleider« (von Ulrike im Brief dreifach unterstrichen) sorgfältigst eingepackt zu haben, denn hier wehte die wirkliche »Hofluft« und drohte das Hofzeremoniell: König Friedrich Wilhelm III. von Preußen war mit seinem Sohn Prinz Wilhelm ab dem 7. August der höchstrangige Kurgast in Schloß Teplitz, letzterer, wie man hörte, auf Brautschau.[157] Zwar wurden Damen nach den Regeln des Protokolls offiziell nicht dem König vorgestellt, aber immerhin verpflichteten die Verdienste derer Henckel von Donnersmarck die anwesenden Hoheiten zu besonderen höflichen Gesten.

Ulrike kannte beide von ihrem Aufenthalt als junges Mädchen im preußischen Hauptquartier des Onkels, damals General in Ems, und seit der Ordenszeremonie in Sedan 1817 im noch besetzten Frankreich. Prinz Wilhelm, nur ein Jahr älter als Ulrike, erinnerte sich sofort an sie und fragte den Onkel schon mittags an der Tafel des Königs nach ihr. Auf dem Ball am 12. August 1827 sprach er sie mit einem Kompliment ihres Wohlaussehens an, indem er sich entschuldigte, sie deshalb nicht gleich erkannt zu haben. Ihrer noch angegriffenen Gesundheit wegen sollte sie möglichst nicht tanzen, und so hatte sie ein »schönes Rosenkleid« angezogen, das sich offenbar nicht für moderne Walzer eignete. Nun konnte sie nur zweimal eine Polka riskieren und feststellen, das falsche Kleid gewählt zu haben, »zum Zusehen eigentlich sehr schade«. Am Tag darauf traf sie im Schloßgarten erneut Prinz Wilhelm und unterhielt sich, wie später noch einige Male bis zu seiner Abreise, recht angeregt mit ihm, meist über die von seiner Wahl bevorzugten Damen, besonders die älteste Tochter der Fürstin Clary. Vom Prinzen Wilhelm sagte man, daß er schon 14 Prinzessinnen in Augenschein genommen und nun Prinzessin Augusta von Weimar und Prinzessin Paul von Württemberg in die engere Wahl gezogen habe. Letztere sei zwar »sehr hübsch, angenehm, gut liebenswürdig – aber etwas taub«. Ulrike zeigte sich entzückt, ihn sagen zu hören, »bei uns in Weimar«.

In der Tat heiratete Prinz Wilhelm zwei Jahre später Prinzessin Augusta von Sachsen-Weimar-Eisenach, sie wurde 1861 preußische Königin und 1871 deutsche Kaiserin. Der Austausch von böhmisch-preußischem Hofklatsch 1827 und die Kontakte zum preußischen Herrscherhaus waren für die Pogwischs keineswegs unnütz. Als Wolfgang von Goethe 1853 eine Festanstellung im preußischen diplomatischen Dienst als Legationssekretär beim Vatikan erhielt, verdankte er das nicht nur dem permanenten Bemühen seiner Mutter Ottilie um Unterstützung durch Alexander von Humboldts Fürsprache beim derzeitigen preußischen König,[158] sondern auch Ulrike von Pogwischs persönlicher Intervention bei Prinz Wilhelm, der sie dazu eigens in ihrem Berliner Hotelquartier aufsuchte, wenige Jahre bevor er für seinen erkrankten Bruder die Regentschaft übernehmen sollte.[159]

Für Ulrike von Pogwisch hatte sich der zweiwöchige Aufenthalt in Teplitz 1827 als bester Kurerfolg erwiesen. Soireen, Reunionen, Bälle, anspruchsvolle Laientheater im Zirkel des hohen Adels, Ausflüge in die Umgebung und manche andere Ablenkung hatten keine Langeweile wieder aufkommen lassen, die Anzahl der neuen und alten Bekannten von gleichem Stand und Lebensstil ließ keine Wünsche mehr übrig. Sogar aus dem russischen Adel in Karlsbad kamen viele nach Teplitz, wie Graf Stroganoff oder der schon erwähnte Graf Woronzow, der 1815 beim Einmarsch in Paris das russische Armeekorps angeführt hatte. Diese waren einst »Kollegen« ihres Onkels gewesen, sie wußten, wer die Henckel von Donnersmarck waren, und nahmen auch die Enkelin der »Exzellenz« wohlwollend zur Kenntnis. Merkwürdigerweise zeigte es sich, daß allgemein die russischen Gäste beim Adelsklüngel deutscher Kleinstaaten als trennende Konkurrenz angesehen wurden. Lediglich Preußen und das Großherzogtum Sachsen-Weimar-Eisenach pflegten ihre russischen Beziehungen unbekümmert, und das nicht nur aus gewesener Kriegsgemeinschaft. Schließlich war Prinz Wilhelms Schwester Charlotte seit 1817 Gattin des Zaren Nikolaus I., und in Weimar führte der Erbprinz Carl Friedrich mit seiner Gattin, Maria Paulowna, Großfürstin von Rußland, Enkelin Katharinas der Großen und Schwester des regierenden Zaren, eine eigene, höchst delikate und respektierte Hofhaltung. Nicht zuletzt dieser verwandtschaftlichen Verpflichtung und der daraus sich ergebenden politischen Bedeutung verdankte das Großherzogtum seine Existenz, den Status und den Hauch von Internationalität.

Ulrike von Pogwisch wird Teplitz in besserer Erinnerung behalten haben als zuvor Karlsbad, war sie doch hier ganz und gar nicht übersehen worden. Schon sechs Tage vor der Abreise, am 25. September 1827, beendete sie ihre Reiseberichterstattung, »da ich mich anziehen muß bleibt mir so viel Zeidt Sie zu bitten August und die Kinder tausendmal zu grüßen und Sie mein geliebtes Väterchen recht zärtlich zu umarmen. Ihre Ulrike.«

Zehn Tage später meldet Goethes Tagebuch ihre Rückkehr nach Weimar, und im unmittelbaren Anschluß finden sich persönliche Gespräche.

Um einen Tag nur versäumte Ulrike, wovon in Weimar noch tagelang gesprochen wurde, denn auch hier hatte man sich in königlichem Glanze sonnen dürfen. In ganz Deutschland berichteten die Gazetten von der Ehrung Goethes durch den Besuch König Ludwigs I. von Bayern an Goethes 78. Geburtstag im Haus am Frauenplan und entsprechender Ordensverleihung in Begleitung des Großherzogs und eines Großteils der Hofgesellschaft.[160] Ganz so erschöpft, wie man hätte annehmen können, fand Ulrike den alten Herrn aber doch nicht vor, denn schon am nächsten Tage fuhr er noch vor Tisch mit ihr spazieren und erschien auch anderen Gästen wieder recht vergnügt. Vom großen Erlebnis fanden sich alle an- und aufgeregt, weshalb die Tafelrunde lange vieles zu erörtern wußte. Immer wieder kam man darauf zurück, zumal Goethe zugestand, es sei »nichts Kleines, einen so großen Eindruck, wie die Erscheinung des Königs, zu verarbeiten, ihn innerlich auszugleichen«. Er überlegte, wie er sich dankbar erweisen könnte. Schließlich fand er eine noble Geste, indem er seinen Briefwechsel mit Schiller, der im nächsten Jahr erscheinen sollte, dem König von Bayern widmete.[161]

Goethes gesprächige Aufgeräumtheit bei Tische erklärte sich von selbst, Ulrikes gute Laune ebenfalls, auch Ottilie zeigte sich freundlich, obwohl ihr seelisches Gleichgewicht nicht vorausgesetzt werden konnte, denn sie war hochschwanger und sollte in Kürze ihr drittes Kind erwarten. Eine junge Frau im gleichen Zustand war Bayerns König bei dessen Besuch im Schillerhaus als Bewohnerin der oberen Etage begegnet. Seine an sie gerich-

Brief von Ernst Theodor Henke an seine Mutter.
(Jena, 3. September 1827 über den Besuch des Königs Ludwig I. von Bayern bei Goethe an dessen Geburtstag 1827.).
Stiftung Weimarer Klassik/Museen

teten Abschiedsworte »Gesunde Kinder, leichte Wochen« waren immer noch Gesprächsthema. Einige in der Tischrunde Goethes empfanden diesen aus Königsmund etwas burschikosen Kurzkommentar als unpassend. Goethe selbst verteidigte ihn als »Majestätsrecht, von natürlichen Dingen natürlich zu sprechen«. Es war dann Ulrike, die äußerte, es sei »unzart und beleidige die Frauen«, daß der König sich dieses Rechts bediene.[162]

Dem Leser unserer Tage sind die ungeschriebenen Regeln der Gesprächsführung in einer deutlich hierarchisch strukturierten Gesellschaft kaum noch nachvollziehbar, die sich für die jungen Damen des Adels in der Goethezeit aus dem Vorbild ihrer Mütter und Großmütter definierten, also aus Lebensformen, die nur noch für die Adelsschicht und eine gewisse Hofnähe galten, während das Bürgertum sich bereits emanzipierte und die fortschreitende Industrialisierung neue Strukturen und neue Verhaltensweisen entwickelte. Die Pogwisch-Damen, Mutter wie Töchter, konnten sich glücklich schätzen, im vergleichsweise liberalen Weimar eine Nische gefunden zu haben, die ihnen soziale Demütigungen ersparte. Es blieb noch länger schwierig genug, das Gesicht zu wahren. Selbst Goethes Enkel ließen sich, allen Sympathien für weniger Privilegierte entgegen, den aus Großvaters Adelspatent abgeleiteten erblichen Freiherrnstand noch 1859 vom regierenden Großherzog erneut offiziell bestätigen, mehr als ein Jahrzehnt nach der Revolution von 1848.[163]

Von »Problemen« der Etikette wurden die Töchter des Adels noch lange nicht befreit. Ohne Zweifel gehörte es zur Tragik beider Pogwisch-Schwestern, daß ihre Vorstellungen von partnerschaftlicher Ehe nach einer Liebesheirat noch jeglicher rechtlicher Basis entbehrten und keinen Platz in den Träumen der Herren des Adels fanden. Je mehr sie nach obligatorischem Studium eine Karriere anstrebten, desto enger wurde der Entfaltungs- und Wirkungskreis für ihre künftigen Frauen, zumal ihnen beruflicher Gelderwerb schon von Standes wegen nicht möglich war. Selbst in die Ehe eingebrachtes Vermögen der Frau unterstand mit der Eheschließung der Verfügungsgewalt des Mannes, weshalb beide Pogwisch-Töchter keine wünschenswerten Partien sein konnten, bei ihnen gab es nichts zu verfügen.

Es scheint, daß Ulrike von Pogwisch sich früher und nüchterner als ihre ältere Schwester auf diese Situation einstellte. Zwar hatte sie seit 1818 unbeschwerter als diese im Hause Goethes wie in einer sturmgeschützten Enklave leben können, aber es war nun wohl an der Zeit, den Realitäten des Lebens ins Auge zu sehen und sich mit Begriffen wie Entsagung vertraut zu machen.

Am 29. Oktober 1827 wurde Alma von Goethe geboren. Der »Apapa« zeigte sich entzückt: »Als er das erstemal heraufkam, sie zu sehen, beugte er sich mit auf den Rücken zusammengehaltenen Händen, wie es seine Art war, zu ihrer Wiege hinab und sagte, nachdem er sie lange betrachtet hatte: Alma soll sie heißen.«[164] Es gibt keinerlei Hinweis dafür, daß Ottilie von Goethe zu diesem Zeitpunkt noch ein drittes Kind gewünscht haben könnte. Schon nach der Geburt des ersten Sohnes hatte sie mit dem Gedanken an die Scheidung gespielt. Während dieser dritten Schwangerschaft kreisten alle ihre Phantasien um einen anderen Mann, den englischen Diplomaten Charles de Veux, der sich im Hause besonderer Sympathien erfreute, zumal er mit Ottilies Hilfe Goethes »Tasso« und etliche Gedichte ins Englische übersetzte. Kurz nach der Geburt Almas, zu deren Paten er zählte, verlobte er sich und heiratete einige Jahre später. Wenn auch nur einer der Ehepartner, Ottilie oder August von Goethe, mit dieser späten Geburt eine Entspannung oder gar eine positive Wende in ihrer für beide unerträglich gewordenen Ehe erhofft haben sollte, so blieb diese Möglichkeit völlig illusionär, allzu weit hatte man sich in zehn Ehejahren voneinander entfernt.

Der glücklichste Passagier im »Schiffchen« – so nannte Goethe die Mansardenetage des Hauses – war auf jeden Fall die kleine Alma, die mit großen, dunklen Goetheaugen, von allen bewundert und geliebt, ihre Umwelt zu begreifen suchte. Blieb der Kontakt zu ihrer Mutter auch bis ans Ende ihres kurzen Lebens etwas unterkühlt und schwierig, so begegnete ihr doch das Leben am erfreulichsten. Die Erwachsenen erwartete 1828 ein Sommer, den sie nicht vergessen und dessen Ereignisse niemanden im Goethehaus unberührt lassen sollten. Für Ulrike von Pogwisch stellten sie eine ernste Zäsur ihres Lebenslaufes dar.

Goethe in ganzer Figur.
Lithographie von Daniel Maclise, 1832, nach der im gleichen Jahr bei seinem Besuch in Weimar entstandenen Zeichnung von Thackeray. Goethe-Museum Düsseldorf

Es begann mit dem unerwarteten Tod des Großherzogs Carl August von Sachsen-Weimar-Eisenach, seit über vier Jahrzehnten generöser Freund Goethes in guten wie in schlechten Zeiten und Deutschlands liberalster Landesherr. Auf dem Rückweg von einer Reise nach Berlin war er unerwartet am 14. Juni bei einer Rast auf Schloß Graditz einem plötzlichen Herzversagen erlegen.

Stets waren sich Goethe und der Großherzog mit herzlichem Wohlwollen und Respekt begegnet. Carl Augusts Großherzigkeit, die Goethe zugewandte Sympathie der Herzogin Luise, wie auch zuvor der Herzoginmutter Anna Amalia, hatten den Dichter an Weimar gebunden, einen Staatsmann aus ihm gemacht und den zu Beginn ihrer engen menschlichen Beziehung noch völlig unbedeutenden Ort zu einem »Ilm-Athen« werden lassen. Schon vor Jahrzehnten hatte Goethe seiner Dankbarkeit ein epigrammatisches Maß gegeben[165] und alle Welt wissen lassen, daß er Freiheit und mäzenatisches Entgegenkommen hier erfahre wie sonst nirgendwo denkbar. Napoleons Einladung, sich in Paris niederzulassen, hatte er ausgeschlagen, dem Werben der Hauptstadt Preußens war er ausgewichen. Schließlich bestand keine Notwendigkeit mehr, in die Hauptstädte europäischen Geistes zu reisen – ihre Protagonisten kamen zu ihm nach Weimar.

Ruhm, Ehre und den Neid von 38 deutschen Bundesstaaten hatte Carl August von Sachsen-Weimar-Eisenach dafür geerntet, daß er Wieland, Herder, Schiller und Goethe als eine geistesgeschichtliche Quadriga seiner Regierungszeit geltend machen konnte.

Von einer schweren Herzinsuffizienz des einundsiebzigjährigen Großherzogs hatte man gewußt, dennoch kam sein Tod überraschend. Nicht ohne Grund sorgten sich die Familienmitglieder des Hauses Goethe um die möglichen Auswirkungen eines Schocks für den Vater, dessen Animosität gegenüber Krankheit und Tod für sein gleichfalls geschwächtes Herz fürchten ließ. Mit erstaunlicher Selbstbeherrschung verbrachte Goethe den Abend nach Erhalt der Trauerbotschaft still in sich gekehrt, um sich dann auf die Erfüllung seiner Pflichten bei der Zusammenstellung des Reglements der offiziellen Trauerzeremonien zu konzentrieren. Ulrike begleitete ihn so oft wie möglich auf abendlichen Spazierfahrten, denn Ottilie befand sich mit der Großmutter in Karlsbad. Nur die engsten Mitarbeiter wie Eckermann und Riemer waren in diesen Tagen willkommen.

An den Zeremonien nahm Goethe selbst nicht teil, sondern verließ am 7. Juli Weimar in Richtung Dornburg, nachdem der bayerische Hofmaler Josef Stieler noch den Auftrag seines Königs zu einem Goetheporträt hatte beenden können.[166]

Nach dem Stielerschen Porträt – es wurde das Goethebild des Jahrhunderts – und nach Eckermanns Buch »Gespräche mit Goethe« bildete man sich künftig in aller Welt eine Vorstellung von der Person des Dichters. Goethe, der eine Kopie erhielt, war zufrieden, sein ironischer Kommentar traf den Maler wie den Gemalten: »Sie zeigen mir wie ich sein könnte. Mit diesem Manne auf dem Bilde ließe sich wohl gerne ein Wörtchen sprechen. Er sieht so schön aus, daß er wohl noch eine Frau bekommen könnte. Vortrefflich, dies ist nicht mehr gemalt, es ist ein Körper, es ist das Leben.« Die nach Goethes Rückkehr noch im gleichen Jahr von Christian Daniel Rauch gefertigte Statuette (31 Zentimeter hoch), Goethe im Hausrock und in der für ihn typischen Körperhaltung mit Händen auf dem Rücken, erschien ihm dagegen zu realistisch; er fand sich zu dick, ließ etwas nachmodellieren und stellte das Objekt schließlich abseits mit der Bemerkung: »Man steht doch nicht immer so.«[167] Vielleicht war er vom langen Aufenthalt auf den Dornburger Schlössern, den ihm die Großherzogin-Witwe verständnisvoll gewährt hatte, etwas zu gut verpflegt und erholt zurückgekehrt. Ein Eindruck, den Eckermann nach der Rückkehr Goethes am 11. September bezeugte: »rüstig und ganz braun von der Sonne«.

Zwei Tage nach Goethes Abreise war am Tag der Beisetzung des Großherzogs Ottilie von Goethe mit der Großmutter aus Böhmen zurückgekehrt, um »ein Haus ohne den Vater zu finden; es sagt mir so wie es künftig sein wird«.[168] Tags darauf verließ Ulrike mit der Großmutter Weimar, um in der Sommerresidenz Wilhelmsthal bei Eisenach der Großherzogin-Witwe Luise nahe zu sein; Henriette von Pogwisch befand sich bereits dort, Großmutter und Mutter waren im Dienst. Für die Tage vom 10. bis 17. Juli kennen wir einen Tagebuchbrief Ulrike von Pogwischs an Goethe, der damit über die Situation am Hofe in Wilhelmthal informiert wurde. Unter dem 12. Juli findet sich ein Satz, der uns vermuten läßt, was sich in Weimar während der Abwesenheit der drei Damen abgespielt haben muß: »Lord Charles hatte früh die Mutter besucht und mir meine Sachen überbracht.« Außerdem gab Ulrike zu erkennen, daß sie für weitere acht Tage wohl einer Einladung nach Eisenach folgen, der Hof aber noch etwa vier Wochen in Wilhelmsthal bleiben werde. »Meine Sachen …«, darunter sind Ulrikes tragbare Habseligkeiten zu verstehen, denn August von Goethe hatte ihren Auszug aus dem Goethehaus veranlaßt, und das ganz offensichtlich unmittelbar nach des Vaters Abreise, hastig und rüde, jedenfalls ohne Ottilie oder seine Schwiegermutter Henriette von Pogwisch persönlich zu informieren und auf diese Maßnahme vorzubereiten. So war denn eine überaus peinliche Lage entstanden. Ulrike und ihre Mutter fanden sich gedemütigt und zudem vor unerwartete ökonomische Probleme gestellt. Der verwitweten Großherzogin Luise verdankten es beide, daß es Ulrike entgegen den Bestimmungen für Bedienstete des Hofes erlaubt wurde, ins Fürstenhaus einzuziehen, wo Henriette von Pogwisch eine Dienstwohnung zur Verfügung stand. Nun war zu klären, ob und wann Ulrike bei Hofe eine tägliche warme Mahlzeit würde haben können, ihr Mobiliar war ins Fürstenhaus zu transportieren, aus der Wohnung der Mutter waren gleichermaßen Möbel in eine Abstellkammer zu schaffen, um so Platz für zwei Personen zu gewinnen. Der Schloßwart mußte einen Ofen neu instandsetzen, Ulrikes Klavier sollte für möglichst 50 rth/sächsisch verkauft werden, und schließlich mußte man das von Ulrike heißgeliebte Schlafsofa, obwohl unhandlich und unpassend, in die Schlafstube der Mutter befördern. Bares Geld für eine passablere Logierung konnte nicht investiert werden, außer daß man vorhandene Gardinen den höheren Fenstern im Schloß durch Stückelung anpaßte. Nicht zu unrecht erhob Mutter Henriette gegen ihre ältere Tochter den Vorwurf, ihr nicht schon früher gesagt zu haben, daß Ulrikes Gegenwart dem Vater und August lästig sei, was Adele Schopenhauer schon einmal angedeutet habe, »da sie aber gewöhlich aus einer Mükke einen Elephant macht habe nicht darauf gehört in der festen Überzeugung du hättest mich u meine Ehre lieb genug um mich keiner Beschimpfung auszusetzen«.[169]

Es war der Huldigungstag für den neuen Großherzog Friedrich August und dessen Gemahlin Maria Paulowna, an dem Henriette von Pogwisch ihrer älteren Tochter ihren Unwillen nicht verschwieg, auch nicht ihre Antipathie gegenüber dem neuen Landesherrn. Von nun an wollte sie die Stunden zählen, bis endlich an einen Urlaub zu denken sei, der sie und Ulrike nach Berlin und Stettin führen sollte. Nur weg, aber nicht zurück nach Weimar, das war Ulrikes innigster Wunsch. Sie bedrängte die Mutter, sich doch eine erlogene Begründung für den schnellen Umzug auszudenken.

Wenn wir die Reaktionen der Pogwisch-Damen vorsichtig zu deuten versuchen und dazu den Ehebriefwechsel der jungen Goethes von 1817 bis 1830 unterlegen, vielleicht auch noch entsprechende Beobachtungen von Zeitgenossen und Freunden,[170] dann war August von Goethes Leidensfähigkeit 1828 ohne Zweifel an ihre Grenzen gestoßen, seine Handlungsweise in diesem Fall ein Verzweiflungsakt. Völlig überfordert von beruflicher Pflichterfüllung, gleichzeitiger geschäftlicher Assistenz für den Vater und der fehlenden Harmonie seiner Ehe, befand sich August von Goethe auf dem Höhepunkt einer gesundheitlichen Krise. Zur Gewohnheit gewordenes Ertränken von Frust und Streß in Alkohol hatte ihn, körperlich sichtbar, dem physischen Zusammenbruch nahegebracht. Der Vater verweigerte seinem Sohn einen regenerierenden Italienaufenthalt, weil er diese positive Wirkung für nicht glaubwürdig hielt und im Falle von Augusts Abwesenheit über längere Zeit seine Arbeit und Geschäfte, dazu auch sein Hauswesen, im Chaos versinken sah, ohne selbst noch die Kraft zu haben, das Steuer allein zu bedienen.

Ottilie befand sich in einer hilflosen Lage, sozusagen zwischen allen Stühlen. Mutter und Schwester konnte sie nur den Transport von Mobiliar ins Schloß organisieren helfen, bei August erreichte sie keine mildernde Geste und den Vater in dieser Sache um Hilfe anzusprechen, verbot sich von selbst. Der wenige Tage später das 79. Lebensjahr Vollendende war inzwischen abhängig von der dienstlich-administrativen wie haushälterisch-ökonomischen Mitwirkung seines Sohnes, dessen schwierige persönliche Lage ihm wohl bewußt war, und auch von der organisatorisch-repräsentativen Mitarbeit seiner Schwiegertochter. Beide hielten ihm den Rücken frei, um sein Lebenswerk abrunden und das Gleichgewicht der Kräfte bewahren zu können.

Die Abwesenheit des Vaters, von der man anfangs noch kein Ende absehen konnte, und die Bindung von Schwiegermutter und Schwägerin an den Hof in Wilhelmsthal mußte August ausnutzen, wenn er seine eigene Häuslichkeit ohne entnervende Debatten und schnell in andere Fahrwasser bringen wollte: Alma benötigte eine eigene Kinderstube und ein Kindermädchen, die Räumlichkeiten dafür waren nur durch Ulrikes Ausscheiden zu gewinnen. Dieses würde zugleich die enge Beziehung und tägliche Kommunikation der Schwestern einschränken und vielleicht seiner Ehe einen neuen Entfaltungsspielraum geben.

So könnte August von Goethe vor dem Vater argumentiert und dessen Zustimmung noch vor der Abreise auf die Dornburger Schlösser gefunden haben, wobei es denkbar wäre, daß er nur das Argument der fehlenden Räumlichkeit vortrug und die Hoffnung auf Lösung seiner Eheprobleme für sich behielt. Ohne Genehmigung des Vaters hätte er wohl kaum gehandelt, aber es gab auch für diesen keinen Grund, eine derartige Veränderung abzulehnen.

Die Mißbilligung und der emotionale Wirbel der Pogwischs ließ sich als beinahe unvermeidlich einkalkulieren. Ulrike war dem Vater wohl kaum lästig, schließlich galt sie ihm als angenehme Unterhalterin und Begleiterin bei Spazierfahrten, kümmerte sich dankenswert um die Enkel, mehr als deren Mutter. Ihre Stellung zum Vater, die intime häusliche Nähe als Schwägerin seines Sohnes, erregten bei den Freundinnen der Pogwisch-Schwestern bekanntlich häufig Neid. Adele Schopenhauer war keineswegs frei von dergleichen Regungen, ihren diesbezüglichen Äußerungen ist durchaus mit Vorsicht zu begegnen.

Goethe kehrte am 11. September nach Weimar zurück, und für den Tag darauf steht in seinem Tagebuch zu lesen: »Besah meines Sohnes neue Einrichtung. Besprach verschiedene Verhältnisse.« Konnten diese auch Ulrikes Beziehung zum Vater geändert haben?

Schon wenige Tage nach Goethes Ankunft in Dornburg hatte er über seinen Sohn an Ulrike signalisiert, daß es ihm lieb sei, wenn sie und die Kinder ihm schreiben wollten, denn Ottilie befand sich in Karlsbad. Er werde dann auch Nachricht von seinen Zuständen geben. Fast gleichzeitig, diesen Wunsch wohl schon ahnend, begann Ulrike ihren Tagebuchbrief: »Was werden Sie gesagt haben, lieber Vater als Sie bei Ihrer Zurückkunft mich ausgeflogen gefunden haben.«

Auch sie ging offenbar davon aus, daß Goethe nur kurzfristig in Dornburg sei. Außer der Erwähnung des Lord Charles, der ihre »Sachen« bringt, findet sich vom 10. bis 13. Juli nichts, was sich auf die Umzugsaktion und Augusts Verhalten interpretieren ließe. Daraus war ein Tabuthema geworden, dessen Erörterung gegenüber dem Vater kaum denkbar war. »Contenance« und Diskretion waren wieder einmal gefragt, und Ulrike schloß ihren Brief, wie es dem entsprach: »Ich umarme Sie zärtlichst und küsse Ihnen tausendmal die Hände. Bitte Sie Ottilie August und die Kinder bestens zu grüßen von Ihrer Sie ewig liebenden und dankbar verehrenden Ulrike.« Sie legte ihren Brief in ein Kuvert des Prinzenerziehers Frédéric Soret für Goethe mit ein und vermutlich dazu noch ein zusätzliches, sozusagen inoffizielles »Blättchen«. Diese Vermutung bezieht sich auf eine Tagebucheintragung Goethes und einen Brief an Ulrike vom 18. des gleichen

Monats. Goethe schickte an diesem Tage ein entliehenes Buch an Henriette von Pogwisch zurück[171] und fügte einen Brief für Ulrike der Sendung bei. Wie immer war dieser einem Schreiber diktiert, enthielt aber diesmal einen eigenhändig geschriebenen Nachtrag,[172] in dem Goethe erklärte, daß er von ihrem »Blättchen« kein Wort verstanden habe, aber sie bitte sich zu erinnern, daß es »viele wirkliche, unvermeidliche Übel« gebe, da möge sie sich »nicht noch dazu mit eingebildeten Phantomen abquälen«. Diese persönliche Nachschrift läßt vermuten, daß Ulrike ihrer Angst, des Vaters Sympathie und Wohlwollen verloren zu haben, ausgestoßen worden zu sein, freien Lauf gelassen haben könnte. Goethes Antwort sollte gewiß nicht nur beruhigen, sondern hieß wohl auch: Dieses Thema bitte nicht noch einmal. Das besagte »Blättchen« galt schon bei Erscheinen der Werkausgabe der Briefe Goethes als unauffindbar und blieb es bis heute.

Die erneute Einladung nach Eisenach nahm Ulrike an, mußte dann aber noch für einige Zeit auf eine Berlinreise mit der Mutter warten und die neue Räumlichkeit im Schloß beziehen. Goethe hatte am 22. August ihre Großmutter, Ottilie und Walther in Dornburg empfangen, seinen Geburtstag auf eigenen Wunsch ohne die Familie verbracht, aber noch am gleichen Tage an Ottilie geschrieben: »Grüße August, Ulriken und die Kindlein, besucht mich Sonntags, da sich denn manches wird mündlich verhandeln lassen.« Das geschah am 30. August, und Goethe hielt in seinem Tagebuch fest: »Gegen Mittag kamen Ottilie, Ulrike von Pogwisch und Wolf … Ulrike wird nächstens mit ihrer Frau Mutter nach Berlin und Stettin gehen. Von manchen gewissen und wahrscheinlichen Neuigkeiten in Weimar wurde gesprochen …« Gehörte der Auszug Ulrikes aus dem Goethehaus dazu?

Keine Brief- oder Gesprächsquelle belegt Goethes Stellungnahme zum überstürzten Auszug Ulrike von Pogwischs, nichts dokumentiert uns diese Veränderung im Hause Goethe schlüssig, aber ohne Zweifel litt Ulrike unsagbar und nachhaltig unter dem Gefühl, überall im Wege zu sein, im Haushalt der Schwester und nun auch in den beengten räumlichen und finanziellen Verhältnissen der Mutter. Doch war das noch nicht das Ende ihrer Leidensstrecke 1828.

Von zwei ihr nahestehenden Menschen mußte sie in diesem Sommer endgültig Abschied nehmen. An einem heiteren Julitag überraschte ein tödlicher Herzschlag die Oberkammerherrin Caroline von Egloffstein im Park von Wilhelmsthal, ein Ereignis, das Ottilie dem Schwiegervater mit den Worten mitteilte: »... ein liebevolleres Gemüth wie das der Oberkammerherrin gab es nicht.«[173] Nicht nur die Pogwisch-Schwestern, auch Goethe selbst hatte, wie wir wissen, Grund genug, dankbar sich ihrer zu erinnern.

Wenige Tage später sah Henriette von Pogwisch sich vor der schwierigen Aufgabe, ihre jüngere Tochter wissen zu lassen, daß der Captain Frédéric Culling Smith auf der Insel Malta einem Nervenfieber erlegen sei. Ulrikes völliger physischer Zusammenbruch konnte nur durch gleichzeitige ärztliche Hilfe verhindert werden. Sie fand keine Worte, den Eltern des Verstorbenen zu kondolieren, vernichtete eine ganze Reihe ihr unzureichend erscheinender Briefentwürfe, die neben Trauer auch den Dank für mitgeschickte Erinnerungsstücke ausdrücken sollten, und bat schließlich die schreibgewandtere Schwester, es für sie zu tun: »Ach ich hab ihn so unaussprechlich geliebt und kann den fürchterlichen Gedanken noch nicht fassen ... Meine Lebensfreude ist begraben. Schreib was Dir Dein Herz eingiebt Du verlohrst ja auch einen treuen Freund.«[174]

Endlich erlaubte der Hofdienst der Mutter, mit Ulrike die ersehnte Reise antreten zu können. Beide kehrten erst im Oktober nach Weimar zurück. Goethes Tagebuch vermerkt am 17.: »War Fräulein Ulrike angekommen, dieselbe und Fräulein Adele zu Mittag.«[175] Fortan blieb Ulrike gerngesehene Begleiterin bei Spazierfahrten, nahm gelegentlich am Mittagstisch teil oder besuchte den »Vater« zusammen mit anderen und auch allein. Der reißende Strom einschneidender Ereignisse schien für dieses Jahr ein reguliertes Bett gefunden zu haben. Wenn später Felix Mendelssohn Bartholdy feststellte, »der Ernst, den sie bekommen, hat sich mit ihrem ganzen Wesen vereinigt«[176], konnte er kaum ahnen, was diese Veränderung in Ulrike von Pogwischs Erscheinung und Wesen bewirkt haben mochte.

Goethe hatte indessen kraft disziplinierter Arbeit bei größtmöglicher Abschottung vor störenden Einflüssen seine psychische Stabilität wiederhergestellt und für sich das Resümee gezogen: »… acht wöchentliche Einsamkeit fast übermäßig benutzt und mich beinahe müde gearbeitet, doch ist der Zweck erreicht.«[177] Die zweite Fassung von »Wilhelm Meisters Wanderjahren« war abgeschlossen, und die »Italienische Reise« konnte Ende des nächsten Jahres in der Ausgabe Letzter Hand erscheinen. Nun galt sein besonderes Interesse vorwiegend botanischen Fragen, wie der Übersetzung seiner »Metamorphosen der Pflanzen« ins Französische durch Frédéric Soret, der ihm ein wichtiger Gesprächspartner im naturwissenschaftlichen Bereich geworden war.

Spürbar für die Nächststehenden nahm jedoch die physische Belastbarkeit des Vaters ab. Bei Unwohlsein ging er früher als gewohnt zu Bett oder blieb auch einen ganzen Tag darin. Man erlebte ihn häufiger abends abgespannt, schläfrig und wenig gesprächig. Die Zahl der täglichen Besucher aus dem In- und Ausland – Gelehrte, Diplomaten, u. a. auch Prinz Wilhelm von Preußen – geriet in Dimensionen, die seine Arbeitskraft beeinträchtigten. Dennoch bewältigte er erstaunliche Mengen von Lektüre selbst oder ließ sie sich von Ottilie vorlesen. Da die Dornburger Arbeitswochen von 1828 abseits täglicher familiärer Besorgnisse seinen Vorhaben gut bekommen waren, versuchte er im nächsten Sommer eine Wiederholung, indem er wieder einmal einige Wochen mit Wohnen und Arbeiten im unteren Gartenhaus an der Ilm verbrachte. Wer jedoch geglaubt hatte, Goethe werde seinen 80. Geburtstag als ein rauschendes Fest begehen, sah sich getäuscht. Abgesehen von seinem ohnehin ambivalenten Verhältnis zu den eigenen Geburtstagen, denen er gern auswich, stand ihm in Erinnerung an das große Defilee des Vorjahres der Sinn nicht nach einer Neuauflage. Der Tag nimmt sich in seiner Erlebensbuchhaltung lapidar und nüchtern aus: »Zum Geburtstag Besuche und Geschenke. Der Niobe Sohn, gesendet von Ihro Majestät dem König von Bayern. War von Oberbaudirektor Coudray gar gut aufgestellt. Mittags allein. Noch spazieren gefahren in den untern Garten mit Wölfchen. Herr Oberhofmarschall von Spiegel. Abends allein. Frühzeitig zu Bette.« Beim üblichen öffentlichen Festmahl im Schützenhause hatte August von Goethe den Vater vertreten. Der Tag war ganz offenbar auf ein unvermeidliches Minimum an Beachtung reduziert worden. Erst mit dem nächsten Tage drehte sich wieder das Karussell – auch für Ulrike von Pogwisch.

Wie zum Überfluß der negativen Ereignisse verließen Johanna und Adele Schopenhauer noch im Herbst 1829 Weimar und übersiedelten nach Bonn und Unkel am Rhein. Für die Pogwischs entstand eine empfindliche Lücke im Freundeskreis. Johanna Schopenhauer, deren literarischer Salon und schriftstellerischer Erfolg das Geistesleben Weimars schon seit 1805 wesentlich mit geprägt hatten, und die Tochter Adele, inzwischen Geschäfte und Haushalt führend, waren den Pogwischs eng verbunden. Ökonomische und familiäre Schwierigkeiten veranlaßten die Schopenhauers, die mäzenatische Hilfe einer wohlhabenden Freundin[179] anzunehmen, um zwar noch nicht »das Leben zu wechseln«[180], aber doch zunächst seinen Standort.

Anscheinend gab Goethe im Spätsommer des Jahres 1829 den Anstoß, sich ausbreitender gesellschaftlicher Langeweile mit dem Erscheinen einer internen Zeitschrift im Freundeskreis zu begegnen. Sie erschien erstmals am Sonntag – ein Sonntagsblatt war beabsichtigt –, den 13. September 1829. Dieser Erstausgabe folgten 51 weitere Nummern im 1. Jahrgang und 18 Nummern im 2. Jahrgang bis etwa zum 19. Februar 1832. Einmal wöchentlich sollte das Blatt den relativ engen Kreis erreichen und ihn damit beschäftigen, die Autoren der anonymen Beiträge zu identifizieren, wobei die Empfänger des Blattes zugleich das Autorenensemble darstellten, Auflage 28 Exemplare. Ottilie von Goethe fungierte bis Heft 16 als Herausgeberin und Chefredakteurin, danach erweiterten Johann Peter Eckermann, Frédéric Soret und James Patrik Parry, ein in Weimar lebender Engländer und Ehemann einer Enkelin der Frau von Stein, das Redaktionsteam. Beiträge zu jedem Thema, das eine einigermaßen geistreiche Unterhaltung versprach, und in jeder europäischen Sprache, die als Muttersprache des Autors gelten konnte, waren erwünscht. Das Journal von Tiefurt, von 1781 bis 1784 unter Anna Amalias Ägide erschienen, wird animierendes Vorbild gewesen sein, war jedoch von den jetzigen Mitarbeitern nicht wiederholbar. Darüber mag sich auch Goethe im klaren gewesen sein bei seinem Bemühen, unter Gästen und Freunden des Hauses bedeutende Mitarbeiter zu finden und selbst allein siebenundzwanzigmal als Autor mitzuwirken. Der Titel »Chaos«, wer immer ihn in Gründerlaune gefunden haben mag, bezeugte eine sympathische Intention nicht ohne Selbstironie und entsprach vollkommen der fehlenden redaktionellen Systematik.[181]

Der heutige Leser gewinnt so einen amüsanten wie informativen Einblick in das Treiben der in diesen Jahren zahlreich Goethes Haus belebenden Vertreter einer jungen Generation aus ganz Europa, bis hin nach Rußland. Nicht alle Veröffentlichungen konnten bis jetzt nach ihrer Handschrift oder sonstigen Quellen identifiziert werden, aber bekannt sind bereits Autorennamen wie Thomas Carlyle und William Makepeace Thackeray, Adalbert von Chamisso und de la Motte Fouque, Karl von Holtei und Felix Mendelssohn Bartholdy. Aus dem Freundeskreis des Goethehauses fehlt niemand, also auch nicht Ulrike von Pogwisch. Von ihr konnten zwei Beiträge nachgewiesen werden, darunter ein Gedicht, das in der Handschrift ihrer Mutter vorliegt und in Heft 7 des ersten Jahrgangs erschien. Offenheit und Schlichtheit dessen, was sie in Gedichtzeilen ausdrücken wollte, geben ohne Zweifel zuverlässig ihre Seelenlage 1829 wieder:

Ich träumte einst von frohen Tagen,
die mir der Freundschaft Glück verhieß.
Sie sind dahin und Tränen fragen,
warum das Traumbild mich verließ.

Zwar spricht die Weisheit aus der Ferne:
vergiß vergiß, es ist dir Pflicht.
Der Mensch kann viel, er mißt die Sterne,
doch ach! Vergessen kann er nicht.[182]

Ereignisse, die jeder gern vergessen hätte, sollten auch in den nächsten Jahren das Goethehaus und seine Freunde irritieren. Am 14. Februar 1830 erlag die Großherzoginmutter Luise einer schon lange beobachteten Herzschwäche. Ulrike von Pogwisch hatte Goethe zunächst von einem Hoffnungsschimmer infolge leichter Besserung des Befindens berichtet, aber man mußte sich darauf einstellen, den endgültigen Abschied nicht mehr aufhalten zu können. Die Besorgnis der Familie in Anbetracht der möglichen Reaktion Goethes auf den Tod der ihm seit fünf Jahrzehnten vertrauten Fürstin erwies sich als unbegründet. »Er saß vor uns gleich einem Wesen höherer Art, von irdischen Leiden unberührbar«, wußte später Eckermann zu berichten.[183] Goethe sah sich jedoch gewarnt und schien bereit, dem befreundeten Fürstenpaar zu folgen, wenn der Tod ihn rief. Auf teilnehmende Nachfrage reagierte er, indem er bat, etwaige Frager zu unterrichten, »mein Bündel sei geschnürt und ich warte auf Ordre zum Abmarsch«.[184] Seit acht Wochen beschäftigte ihn ununterbrochen die Vollendung der »Klassischen Walpurgisnacht« im Faust II, einer Arbeit, in der er sich von nichts unterbrechen ließ. Schon beim Tode des Großherzogs Carl August vor zwei Jahren hatte Henriette von Pogwisch fast neidvoll beobachtet, Goethe habe das Glück, sich von gemütsbewegenden Erschütterungen selbst ablenken zu können, indem er sich »mit ganz fremdartigen Dingen« beschäftigte.[185] Damals waren das naturwissenschaftliche Themen gewesen, jetzt konzentrierte er sich auf den Abschluß seines Lebenswerkes.

Henriette hatte mit der Großherzoginmutter eine überaus wohlwollende Dienstherrin verloren. Gegenseitiges Vertrauen war mit herzlicher Zuneigung belohnt worden und hatte die im allgemeinen ungeliebte Stellung als Hofdame erträglich werden lassen. Nun endete das Dienstverhältnis, und noch im Herbst bezog Henriette von Pogwisch mit Ulrike die ehemaligen Schopenhauerschen Wohnräume in der Esplanade A 5, heute Schillerstraße 14.[186] Mutter und Tochter, 54 und 32 Jahre alt, führten nun gemeinsam einen eigenen Haushalt. Ulrikes Mithilfe gestattete Henriette von Pogwisch, sich auf der Basis ihrer Pensionen aus dem Hofdienst in Preußen und in Sachsen-Weimar-Eisenach lange zurückgestellten Liebhabereien zu widmen: Reisen zu Verwandten in Dessau, Nassenheide, Berlin, Dresden und Leipzig, später auch Wien, Theaterbesuche und Organisation von zwei privaten Lesezirkeln für Angehörige der Weimarer Hofgesellschaft und des gehobenenen Bürgertums.

Lesegesellschaften waren schon länger üblich, und in Deutschlands literarischer Hochburg bestand zunehmend Bedarf. Es scheint, daß besonders ihre französische Lesegesellschaft bald florierte, und das über zwei Jahrzehnte hin. Goethe war schon seit 1827 Mitglied, Benutzer und Förderer. Neuanschaffungen wählte Henriette nach Messekatalogen, aktuellen Rezensionen und Empfehlungen, wie auch von Goethe selbst, allein aus, wobei es erklärte Absicht war, Originale von Neuerscheinungen zu beschaffen, um fragwürdigen Übersetzungen zu entgehen. Goethe bestellte bei ihr auch englische Literatur für den eigenen Gebrauch und für die herzogliche Bibliothek und vermittelte den Kontakt zu einer Frankfurter Buchhandlung.[187] Ohne Zweifel bestand zwischen ihr und dem Schwiegervater ihrer Tochter ein reger Kontakt, der sich im familiären Bereich fortsetzte.[188] Schon lange vor Beginn einer verwandtschaftlichen Nähe hatte Goethe die erwiesene Sachkenntnis Henriette von Pogwischs im

Bereich angelsächsischer Literatur zu nutzen verstanden.[189] Es darf auch vermutet werden, daß sich ihre Integration in das literarische gesellige Leben Weimars prägend auf Ottilie auswirkte, mit der die Mutter bis in ihre letzten Lebensjahre eine ausführliche Lektürerezeption mündlich wie schriftlich pflegte.

Am 16. März des Jahres 1830 konnte sich August von Goethe endlich über des Vaters Zustimmung und die finanzielle Ausstattung zur so lange schon ersehnten Italienreise freuen. Eckermann würde ihn begleiten, mußte sich aber noch Goethes Skepsis gegenüber diesem an Erwartungen überfrachteten Unternehmen anhören: »Man kommt gewöhnlich zurück, wie man gegangen ist, ja man muß sich hüten nicht mit Gedanken zurückzukommen, die später für unsere Zustände nicht passen. So brachte ich aus Italien den Begriff der schönen Treppen zurück, und ich habe dadurch offenbar mein Haus verdorben, indem dadurch die Zimmer alle kleiner ausgefallen sind, als sie hätten sollen. Die Hauptsache ist daß man lerne, sich selbst zu beherrschen. Wollte ich mich ungehindert gehenlassen, so läge es wohl in mir, mich selbst und meine Umgebung zugrunde zu richten.«[190]

Vier Wochen später erst konnten beide die Schnellpost besteigen, August in einem Zustand, daß er fürchtete, kaum Frankfurt lebend zu erreichen. In der Tat mußte er dort – schon vier Tage bettlägerig – einen Arzt in Anspruch nehmen, ehe er über Genf nach Mailand – 14 Tage zu je 14 Stunden Fahrt – sich erstmals bei Ottilie mit einem Brief melden konnte. Zunächst schienen sich Klima und Erlebnisse günstig auf seine Gesundheit auszuwirken. Die Familie erhielt umfangreiche Sendungen ausgefallener Souvenirs, auch der Vater wurde mit einer Sammlung von Medaillen beschenkt, und August schien eine gesunde Rückkehr für möglich zu halten. Ottilie gestand jedoch, daß sie Augusts Rückkehr eher fürchtete als für wünschenswert hielt, in ihr sei jegliche Empfindung für ihn erloschen.[191] Eckermann litt unter dem Klima, bekam Fieber und lag eine ganze Woche entkräftet darnieder, bis er schließlich am 25. Juli, morgens 4 Uhr, auf einer

Straße in Genua sich von August von Goethe verabschiedete, dieser nach Livorno fahrend, Eckermann nach Turin und zurück nach Deutschland. Am 21. November teilte ihm ein Gastwirt in Göttingen mit, was an diesem Tage die Zeitungen meldeten: Goethes einziger Sohn sei in Italien einem Schlag erlegen.[192]

Es war August Kestner, dem Geschäftsträger des Königreichs Hannover beim Vatikan, gelungen, diese Nachricht so lange zurückzuhalten, bis Goethe sie durch diplomatische Kuriere erhalten hatte. August von Goethe war am 27. Oktober 1830 in Rom einem Gehirnschlag nach akuter Pockeninfektion mit anschließender Hirnhautentzündung erlegen. Am 10. November erst konnte der Vater informiert werden. August Kestner, Sohn von »Werthers Lotte« und Goethe persönlich bekannt, ließ eine Totenmaske anfertigen, ordnete eine Sektion an und richtete dem Verstorbenen, dem er ein kundiger Cicerone sein wollte, ein ehrenvolles Begräbnis auf dem Protestantischen Friedhof gegenüber der Pyramide des Cestius aus. Allein ihm vertraute der tief erschütterte Vater sein Leid an, nachdem über Wochen niemand in seiner Nähe auch nur den Namen des Sohnes hatte aussprechen dürfen. Ein lebensgefährlicher Lungenblutsturz durchbrach am 26. November die bewußt errichtete seelische Sperre.

Die berechtigte Sorge um den Achtzigjährigen mochte das Mitleid für den zu früh Gestorbenen bei Angehörigen und Freunden des Hauses überschattet haben, zumal sein hektisch überzogener Arbeitsdrang und die gewaltsame Verdrängung jeglicher teilnehmender Ansprache für den Vater nichts Gutes ahnen ließen. Es berührt dennoch eigenartig, daß sich kaum eine Reaktion des Bedauerns für den Sohn finden läßt, der als Ehemann wie als Vater von drei Kindern und als Kammerrat im herzoglichen Regierungsapparat bis zuletzt den vielseitigen Anforderungen seiner Position gerecht geworden war. Niemand schien aber an eine positive gesundheitliche Wende geglaubt zu haben. So wurde allgemein der Vater mehr bedauert als der Sohn. Seinem Freund Zelter teilte Goethe am Jahresende mit, er befinde sich sozusagen in der Verpflichtung und »gerade« unter der Bedingung »einer ganz eigenen diätätischen Selbstverleugnung, um die vielfachen Obliegenheiten, die sich mir aufdringen, geziemend zu bestehen«. Zelter wurde aufgefordert, die von Goethe erhaltenen Briefe aus dem zu Ende gehenden Jahr sofort an Neujahr zusammenzupacken, damit der Jahrgang »alsobald ajustiert und mundiert werde«[193].

Die rechtlichen Bedingungen zur Herausgabe ihres Briefwechsels waren geregelt. Schon vor seinem Blutsturz hatte Goethe dem Kanzler von Müller bestimmte Direktiven für einen Testamentsentwurf überreicht; am 5. Januar 1831 billigte Goethe den Entwurf und hinterlegte zwei Tage später offiziell sein Testament.[194]

Es oblag Ottilie von Goethe, dem Schwiegervater die persönlichen Bedingungen für die Beendigung seiner literarischen Arbeiten zu erhalten, ihn von Besuchern zu entlasten und den gewohnten Tagesablauf, gewissermaßen als Korsett seines außergewöhnlichen Energieaufwandes, zu garantieren, immer am Rande ihrer eigenen Überforderung. »Der Vater giebt mir viele, viele Sorge; ich weiß nur zu sagen, daß er, obgleich nicht krank, doch kränkelt – doch mehr wie das ist die wunderbare Empfindung, die ich sonst hatte, als wäre sein Leben mir so sicher wie der Glanz der Sonne, aus meinem Innern verschwunden und ich blicke der Zukunft mit Angst und Bekümmerniß entgegen«, hatte sie ahnungsvoll zwei Tage vor der Nachricht vom Tode ihres Mannes an Eckermann geschrieben.[195] Dieser gefürchtete Zustand, sich allein mit den Kindern im Goethehause zu sehen, rückte in ihrem Bewußtsein bedrohlich näher.

»Ulrike geht ihren freudlosen Gang durch das Leben auf gewohnte Weise fort«, ließ sie den treuen Hausfreund im gleichen Brief wissen. Das kann man als eine für Ottilie typische Übertreibung deuten, enthält aber die Wahrheit, daß die jüngere Schwester der älteren zu diesem Zeitpunkt um eine bittere Erfahrung voraus war.

Walther Wolfgang von Goethe.
Kreidezeichnung von Johann Joseph Schmeller,
um 1830. Stiftung Weimarer Klassik/Museen

Ein jegliches hat seine Zeit: Für Ulrike von Pogwisch war die Zeit der größten Nähe zum »Vater« ebenso vorüber wie die unbefangener Mädchenträume. Noch einmal berichtete sie von einem Kuraufenthalt mit der Großmutter aus Karlsbad. Die sechs Blätter eines einzigen Tages sind die letzten aus dem uns erhaltenen Konvolut ihres Briefwechsels mit Goethe. Dieses fand, ob von ihren Nachlaßverwaltern bewußt ausgewählt oder zufällig zusammengekommen, einen würdigen Abschluß mit einem Antwortbrief Goethes, von dem man annehmen könnte, er sei intuitiv als ein abschließendes Siegel für eine liebevolle Vater-Tochter-Beziehung entstanden.

Wolfgang Maximilian von Goethe.
Kreidezeichnung von Johann Joseph Schmeller,
um 1830. Stiftung Weimarer Klassik/Museen

Auf Ulrikes Vergleich zu früher fast spröde aufgezählten Neuigkeiten geht der Einundachtzigjährige kaum noch ein, sondern läßt seine Enkel Revue passieren, um deren Nähe er seit dem Tode ihres Vaters täglich und mehr als zuvor bemüht ist. Die Jungen toben häufig ungezügelt durch das Haus, aber zeigen dem beobachtenden Großvater auch ihre Individualität, selbst die noch nicht dreijährige Alma, »ein ächt geborenes Frauenzimmer«, weiß ihn zu beschäftigen. Sie sind das Leben, stören seine Konzentration und wärmen doch gleichzeitig Herz und Seele. So weiß er nichts Wichtigeres, als Ulrike von ihnen zu erzählen, denn »daß wir uns nämlich von Herzen längst angehören«

müßte sie doch wissen, und »Alles Übrige, als wenn es nicht wäre«, kann man unerwähnt lassen, es ist nicht mehr wichtig, sie möge also »im alten treuen Sinn und Gefühl« auch künftig seiner gedenken, »and so forever. J.W. v. Goethe«.

Irgendwann, wenn nicht sofort, wird Ulrike von Pogwisch begriffen haben, aus welcher Stimmung ihr dieser tröstende Zuspruch kam und welcher Seltenheitswert damit verbunden war, zu einem Zeitpunkt, da Goethes Briefe selbst gegenüber langjährigen Freunden immer abstrakter wurden, Emotionen vermeidend oder im nominalen Stil versteckend. Wenn er schon dem Vertrautesten gestand, oft nicht einmal mehr sagen zu mögen, »wie man denkt«[196], um wieviel weniger konnte er Mutes genug sein, offen auszusprechen, was er fühlte und es als Rahmen eines ansonsten »großväterlichen« Briefes wirken zu lassen. In der gesamten und weit umfangreicheren Korrespondenz Goethes mit Ottilie von Goethe findet sich nicht eine einzige Wendung, die einem »von Herzen längst angehören« gleichkäme.

Vier Tage im Juli 1831 hatte Zelter im Goethehaus verbracht, dankbar, einer günstigen Reisegelegenheit gefolgt zu sein – »mein Auge hat das Deine noch einmal wiedergesehen«[197] –, vielleicht ahnend, daß dies die letzte Begegnung gewesen sein könnte. Ein Gedanke, der auch Goethe bewegte, wenn er seinem nächsten Geburtstag entgegensah. Wohlgemuten Huldigungen werde er früh genug ausweichen, kündigte er Zelter an: »Je älter ich werde, seh ich mein Leben immer lückenhafter, indem es andere als ein Ganzes zu behandeln belieben und sich daran ergötzen.«[198] Den Faust II bis auf geringfügige Korrekturen versiegelungsreif wissend, gestaltete der Großvater sich und seinen beiden älteren Enkeln eine Geburtstagsreise über »Sechs Tage, und zwar die heitersten des ganzen Sommers«[199] nach Ilmenau. Strahlend schöne Sommertage, für die Kinder so erlebnisreich wie nur denkbar,[200] waren gegeben, um Land und Leute mit Goethes Augen sehen zu lernen, dabei vom zuverlässigen Diener Friedrich Krause umsorgt. Am Tage vor dem Geburtstag wan-

Alma von Goethe.
Pastell von Luise Seidler, 1834.
Stiftung Weimarer Klassik/Museen

derten sie mit ihm auf den Kickelhahn, wo Goethe, mit der Kutsche nachgekommen, zu Tränen gerührt, seine Inschrift von 1783 wiederfand: »Über allen Gipfeln ist Ruh …« Der 28. August wurde mit Abstand der ereignisreichste Tag, mit Ständchen frühmorgens begonnen und ebenso am späten Abend geendet.[201] Den Kindern bescherte er am Nachmittag einen fröhlichen Ausflug zum Vogelschießen nach Langewiesen, ein typisch thüringisches Volksvergnügen. Reich beschenkt mit unwiederholbaren Eindrücken kehrte man nach Weimar zurück. Viel hatten die Kinder zu erzählen, und der Großvater mußte noch tagelang die Geburtstagskorrespondenz zu erledigen suchen.

Nach einer gesundheitlichen Krise, die ihn im Frühjahr ans Bett gefesselt hatte, befand sich Goethe von nun an bis zur Jahreswende in bester Verfassung und bewältigte ein horrendes Pensum an Lektüre, eigener Produktion und Redaktionsabsprachen mit Eckermann, Riemer und Soret, prüfte und orderte haushälterische Sparpläne, den täglichen Speiseplan und die Heizung betreffend, und gab dazu neue Anweisungen. Doris Zelter, immer gern gesehene Tochter des Freundes, belebte die familiären Tafelrunden bei ihrem Besuch in Weimar über sechs Wochen im Januar und Februar, Sigmund von Arnim, ein Sohn Bettinas, wurde ungewollt für fünf Tage im März der letzte Hausgast Goethes.[202] Nach einer Spazierfahrt in offener Kutsche, die Märzsonne überschätzend, erkrankte Goethe zunächst an einer Erkältung, die sich in wenigen Tagen über Bronchien und Lunge ausbreitete, bis schließlich ein Lungenödem und erneuter Herzinfarkt am 22. März 1832 seinem Leben ein Ende setzten.[203] Nur wenige Wochen später starb am 15. Mai Carl Friedrich Zelter.

Ulrike von Pogwisch, seiner Tochter Doris seit vielen Jahren freundschaftlich verbunden, eröffnete die Kondolenz ihrer Familie mit einem eigenen Brief. In ihrer ehrlichen unbeholfenen Art versuchte sie auszudrücken, was ihr der Verlust ihrer Freunde bedeutete: »In den Augenblick verbreited sich hier die Nachricht daß Dein theurer Vater, seinen unvergeßlichen Freund schon gefolgt sei! – Wie schön ist es für Ihm sobald mit dem den er so unendlich liebte vereint worden zu sein; aber wie hart und traurig trift Dich dieser bittre Verlust. – Ich habe an Zelter und Goethe zwei Männer verloren, von denen ich wußte sie waren mir gut. Ich hatte Ihnen nichts als meine Neigung zu geben, und weiß daß es unverdient war; doch weiß ich auch was es hieß von Ihnen gerne gemocht zu werden. Sehr selten im Leben ist mir das Gefühl geworden, dieser mag dich. Doch bei Beiden hatte ich so das Gefühl, das Nachsicht und Freundlichkeit für mich vorwalteten –.«[204]

»Erinnerungen sind das einzige Paradies, aus dem wir nicht vertrieben werden können«, so lesen wir häufig ein Dichterzitat, zugeschrieben einem Zeitgenossen der 1832 vaterlos gewordenen Goethefamilie. Für Ulrike von Pogwisch hatte das eine besondere Wahrheit, denn mit dem Tode der Mutter Henriette von Pogwisch 1851 verlor sie auch noch die eigene Häuslichkeit und gehörte fortan zum Troß der Ottilie von Goethe. Hatte sie in den letzten 20 Jahren mehr oder weniger den Haushalt der Mutter geführt, so pendelte sie nun zwischen Wien, Rom, Venedig, Weimar und Dresden, mit ihrem Realitätssinn und ihrer Tatkraft für Schwester wie Neffen unverzichtbar, trotz des gelegentlich eigenen Unwohlseins.

In der 1807 für sie bereits erfolgten und urkundlich fixierten üblichen Einschreibung in das Adelige St. Johanniskloster vor Schleswig war festgelegt worden, in welcher Reihenfolge der bestehenden Warteliste für Ulrike eine Vakanz als Konventualin zur Verfügung stehen würde. Alle zwei Jahre mußte seitdem eine Bestätigung ihrer Lebensverhältnisse an die jeweilige Priörin eingereicht werden. Zuvor hatte es übrigens eines Naturalisationspatentes des dänischen Königs Christian VII. für beide Pogwisch-Schwestern bedurft.[205] Der Zeitpunkt für eine Aufnahme als Konventualin war 1851 noch nicht gekommen. Ulrike von Pogwisch sollte noch acht Jahre darauf warten müssen, und das bedeutete, wie schon in den vergangenen zwei Jahrzehnten, das Schicksal der Goethefamilie mitzutragen bis zur letzten Konsequenz, dem erneuten Verzicht auf eine eigene Bleibe. Wahrscheinlich wußte sie zum Zeitpunkt des Abschieds von der Mutter längst, welcher Rolle im Bannkreis der Familie sie auch weiterhin ein etwaiges Verlangen nach Eigenständigkeit würde opfern müssen und dürfte der Wahrscheinlichkeit einer näherrückenden Vakanz im schleswigschen Damenstift durchaus hoffnungsvoll entgegengesehen haben. Für die Neffen und ihre nicht unbeträchtlichen Nöte, besonders für Walther, ein offenes Ohr zu haben, für die Schwester Ottilie ein nicht unkritischer Fixpunkt und doch eine zuverlässige Partnerin zu sein, hatte Ulrike von Pogwisch schon zum vermittelnden Element für die Goethefamilie und ihre harten Dissonanzen werden lassen.

Die Familie bestand seit dem Tode Alma von Goethes 1844 infolge einer Typhusinfektion nur noch aus Ottilie von Goethe und ihren Söhnen Walther und Wolfgang, letztere inzwischen 33 und 31 Jahre alt und Junggesellen. Ersterer publizierte zwar noch Liedkompositionen, gab aber jede Fortsetzung einer musikalischen Laufbahn, entgegen dem Wunsch der Mutter, auf und verließ 1852 Wien, das seit zehn Jahren Ottilie von Goethes Wohnsitz war, und blieb fortan, von Reisen abgesehen, in Weimar seßhafter Hüter des Hauses am Frauenplan und Kammerherr des Großherzogs Carl Alexander, mit dem ihn ein freundschaftliches Verhältnis verband. Diese Position garantierte einen gesellschaftlichen Rang, blieb aber stets unbezahlt. Walther lebte vom ererbten Kapital mehr schlecht als recht, eher immer schlechter. Wie wir wissen, war auch der von ihm gewünschte Einkauf in das geschätzte und geliebte Gut Nassenheide bei Stettin an finanzieller Illiquidität der Familie gescheitert.

Der jüngere Bruder Wolfgang hatte 1845 in Heidelberg sein Jurastudium mit einer Promotion abgeschlossen, erhielt 1853 ebenfalls den Status eines großherzoglichen Kammerherrn und erreichte im gleichen Jahr noch eine Festanstellung im preußischen diplomatischen Dienst als Legationssekretär in Rom, später in Dresden.

Ottilie von Goethe litt unter der scheinbaren Sinnlosigkeit ihres Lebens, eigenen Krankheitszuständen und auch unter den wechselnden Befindlichkeiten ihrer Söhne. Sie reiste von Unruhe getrieben ihren Träumen nach, den nicht realisierbaren

Vorstellungen von einer partnerschaftlichen Ehe, dabei insgesamt über fünf Jahre durch Italien. Neapel, Rom und Venedig wurden ihre bevorzugten Reiseziele, die oft über Monate hin eine Heimstatt simulierten. Begleitet wurde sie meist von der Schwester Ulrike als Reisemarschallin, aber auch zuweilen von ihren Söhnen, sofern diese es ermöglichen konnten, oder sie reiste ihnen nach. Den Wohnsitz Wien, obwohl oft nur noch eine Fiktion, gab sie erst 1866 endgültig auf. Zwischendurch, infolge Wolfgangs Versetzung nach Dresden, lebte sie auch längere Zeit dort, während ein guter Freund in Wien das Quartier für sie aufrechterhielt. Mühelos lassen sich für sie in Wien etwa sechs Adressen, in Dresden wenigstens vier ausfindig machen, symptomatisch für ein abenteuerliches, unstetes Leben, das sie und ihre Söhne schließlich um ihr Vermögen brachte, immer auf dem Wege, nie am Ziel.[206]

Nachdem auch das Erbe Almas, das an die Mutter gefallen war, sich verzehrt hatte, trugen ihre Söhne taktvoll resignierend zu Lasten ihrer eigenen Budgets dazu bei, der Mutter den gewohnten Lebensstil und die vom Prestige abhängige Gesellschaftsfähigkeit außerhalb Weimars zu erhalten. Die Folgen trafen besonders Walther, der das Haus am Frauenplan instandzuhalten versuchte, wozu auch die Einnahmen aus der Vermietung der Beletage des Goethehauses beitragen sollte, während die Familie nur das Mansardengeschoß für sich behielt, Goethes persönliche Räume unvermietbar und seit 1840 offiziell für jedermann geschlossen waren.

Endlich, im Frühsommer 1859, Ottilie befand sich mit ihrer englischen Freundin Anna Jameson[207] von Venedig kommend wieder in Wien und im Aufbruch nach Dresden, konnte Ulrike von Pogwisch ihre künftige Heimstatt in St. Johannis vor Schleswig in Augenschein nehmen. Inzwischen war sie über das sechste Lebensjahrzehnt hinaus. Sie wohnte zunächst für einige Zeit in »Rawen's Hotel«, etwa 20 Minuten Fußweg vom Kloster entfernt, ehe sie über eine Wohnung auf dem Klostergrundstück

Ulrica von Pogwisch in der Kleidung zur feierlichen
Einsegnung 1859 im Adeligen Kloster St. Johannis vor Schleswig.
Stiftung Weimarer Klassik/Museen

verfügen konnte und der Klosterprobst es ihr freistellte, sich ohne Übereilung die Wohnangelegenheiten anzusehen und dann zu entscheiden, ob sie mieten oder selbst bauen wollte. Schließlich wählte sie die Alternative, sich auf einem vom Kloster bereitgestellten Bauplatz mit einem eigenen Häuschen zu etablieren. Einnahmen aus ererbten Weimarer Aktien und die künftige Präbende des Klosters erlaubten ihr eine Investition von 600 Talern, die man nach ihrem Tode den Erben auszahlen würde, während das Haus dann dem Kloster zufiele. Die Ausgabe akzeptierte sie nicht ohne die Begründung, auf diese Weise doch

»jemand in der Welt eine Freude machen« zu können. Bau und Ausstattung beschäftigten sie zwei Jahre lang. Die nächstliegenden Sorgen betrafen jedoch das feierliche Ritual ihrer Aufnahme in den Konvent, wozu Walther von Goethe eigens anreiste. Die geeignete Kleidung und die Organisation des Festdiners: alles sollte und mußte zwar gediegen ausfallen, reputierlich, aber nicht übertrieben aufwendig. Schwester Ottilie, die ihr ohnehin noch geliehenes Geld schuldete, bekam genaue Anweisungen, was neu angeschafft werden mußte, was einfach an Vorhandenem geändert werden konnte und wieviel davon ausgegeben werden durfte, wenn es in Wien oder Dresden zu kaufen war.

Man gewinnt aus Ulrikes Briefen an ihre Schwester[208] den Eindruck, daß sie ausgesprochen freudig angeregt und offenbar mit Organisationstalent begabt, sich in der neuen Umgebung einlebte, zumal die Familien des alten adeligen Ritterstandes sie als eine der ihrigen herzlich aufnahmen, ganz offensichtlich darüber erfreut, wieder eine Pogwisch unter sich zu wissen. Man half ihr mit Rat und Tat, und sie lernte noch im ersten Jahr das alte Stammschloß Farve der Pogwischs im Holsteinischen kennen, das von 1454 bis 1662 von ihrer Familie bewohnt worden und nun Wohnsitz derer von Reventlow war.[209]

Die Damen des Konvent waren nicht verpflichtet, ständig am Ort zu sein, und daher eigentlich nur bei der Einführung neuer Konventualinnen und der Neuwahl einer Priörin in voller Zahl anwesend. Ulrike hatte sofort den Probst wissen lassen und auch ihre Familie darüber informiert, daß sie »so lange Gott Euch das Leben schenkt mit Euch bleiben« will, wenngleich sie auch erst einmal einige Monate hier verbringen wird, »um mit allem bekannt zu werden, auch alles kennen zu lernen; und ihre Interessen zu theilen, wollte jedenfalls mit dem Kloster in Zusammenhang bleiben«.

An Goethes Geburtstag war die Familie immer bemüht gewesen, gemeinsam seiner zu gedenken. 1859 verlebte Ulrike den Tag erstmals in Schleswig und schrieb der Schwester: »Unsere

Gedanken gehen heute doch gewiß wieder einen Weg; u. reihen sie manche schönen Stunden in der Erinnerung daran. – Er war, – u. er hatte uns lieb. – Wen er aber auch unendlich lieb hatte waren Deine Kinder, u. da wir ihn nicht unsere wärmsten tiefsten Herzenswünsche bringen können; so sollen die für seine geliebte Schwiegertochter u. Enkel, sie an seiner Stelle erhalten; u. des Himmels reichsten besten Seegen, will ich für diese erflehen.« Für Walther, der sich zur Kur in einem Bade aufhält, erhofft sie mehr heilbringende Wirkung als er anscheinend selbst, vor allem »dies allein sein ist nicht gut«. In Zukunft wird sie Platz genügend haben, ihr Patenkind Walther, wann immer er es will, bei sich zu Gast zu haben, auch Ottilie wird von dieser Möglichkeit später noch reichlich Gebrauch machen. Immerhin kann sie nach beendeter Bauzeit und Einrichtung Ottilie und den Neffen berichten: »Mein Haus gefällt mir sehr gut; u. jedesmal, daß ich es sehe besser.«

Am 30. August 1861 konnte sie ihr Haus stolz mit einer kleinen Gesellschaft einweihen. Acht Damen (darunter auch die Priörin) und den Probst hatte sie eingeladen, zuerst zum Tee in der Gartenstube: grüne Armleuchter, plattierte bunte Tassen, Teemaschine, silberne kleine Bestecke »alles mein Eigenthum figurierte«. Auf dem Roßmarkt in Schleswig hatte sie kurz vorher drei Schüsseln gewonnen und war nun gut versehen, um auch ein bescheidenes Diner servieren zu können: Kalbsbraten, Hasenbraten, Makrele, Kompott, weiße Mehlspeise (Pudding). Der Wein wird, wie schon bei der Einführungsfeier, von Raven's Weinhandlung geliefert worden sein. Im Hausflur hing eine Glaslampe »und sah einladend aus«. Eine große »Schüssel« mit Georginen und eine kleine mit Pälargonien hatte der Klosterprobst beigesteuert und die Mamsell des Kammerherrn von Reventlow die Tafel besorgt. Und – nicht zu übersehen und dekorativ – sah man in einem Glasschrank Goethes Werke und das Gesangbuch der Einführungsfeier stehen, obenauf, unter Glas eingerahmt, die ihr gewidmete Federzeichnung von Goethes Gartenhaus.

Park mit Goethes Gartenhaus. Stich von Karl August Schwerdtgeburth, 1822, mit Goethes Versen für Ulrike von Pogwisch. Gedichttext (1827): HA 1, 353 – die letzten zwei Zeilen scherzhaft variiert. Stiftung Weimarer Klassik / Museen

Zwei Tage später stand sie kurz vor Sonnenuntergang auf ihrer Terrasse und glaubte, »wohl nicht seit Venedig« etwas so genossen zu haben wie diesen Ausblick auf den Rasen zu ihren Füßen, die Büsche und Bäume, die Schlei ruhig wie ein See, gegenüber die alte Kirche und zur rechten Seite hin das Schloß Gottorf im Licht der untergehenden Sonne. »Etwas poetisch schöneres sah ich selten; der Duft der über dem ganzen ruht. Unzählige Schifferbote die ausfahren, u. mehrere große Seegelbote die zurückkommen.«

Eine Stimmungsskizze, die uns den Frieden ahnen läßt, den sie hier gefunden hat, noch einmal ein Paradies.

Am 29. August 1864 wählte der Konvent »Fräulein Ulrica von Pogwisch« zur Priörin des St. Johannisklosters bei Schleswig.

Die Amtsbestätigung[210] kam aus Flensburg. Ausgestellt hatte sie die Kaiserlich Königlich Österreichische und Königlich Preußische oberste Civilbehörde. Das Siegel des dänischen Königs, 1807 noch unter dem Naturalisationspatent der Pogwisch-Schwestern, war entbehrlich geworden, denn Bismarcksche Politik hatte mit österreichischer Militärhilfe Schleswig-Holstein und Lauenburg eben erst aus dänischer Administration gewaltsam zurückgeholt und unter die gemeinsame österreichisch-preußische Verwaltung gestellt.

Wenig später wäre die Urkunde zu Ulrike von Pogwischs Amtsantritt anders unterzeichnet worden, denn Österreich befand sich bereits auf dem Weg nach »Königgrätz«[211] und verlor seine Vorherrschaft in Deutschland zugunsten Preußens und der Gründung eines Norddeutschen Bundes 1866. Die Pogwischs, spätestens seit dem 18. Jahrhundert in preußischer Linie ihres Geschlechts nachweisbar und inzwischen längst preußisch-patriotisch gesinnt, fanden in Ottilie wie in Ulrike von Pogwisch zweifellos eindeutige Befürworterinnen der politischen Entwicklung, die Entstehung des zweiten deutschen Kaiserreichs 1871 unter preußischer Führung inbegriffen.

Bereits 1654 war eine Abel von Pogwisch zur Priörin des Adligen Klosters St. Johannis gewählt worden, so befand sich Ulrica von Pogwisch 1864 auch von der Stellung ihres Amtes her in der Fortsetzung einer ehrenvollen Tradition.

Gleichzeitig erhielt das Stift einen neuen Probst aus dem holsteinischen Uradelsgeschlecht von Brockdorff, einer der ritterschaftlichen Familien des 13. und 14. Jahrhunderts, wie die Pogwischs auch. Äbtissin und Probst übten mehr als ein Jahrzehnt ihr Amt in harmonischer Zusammenarbeit aus und gaben es beide erst mit ihrem Tode auf.

Ulrich von Brockdorff, in und vor Schleswig auf Annettenhöh ansässig, brachte nicht nur die historische Nähe zu den Pogwischs und eine enge verwandtschaftliche Beziehung zu den Rantzaus mit, sondern wie diese eine interessante Goethe-Be-

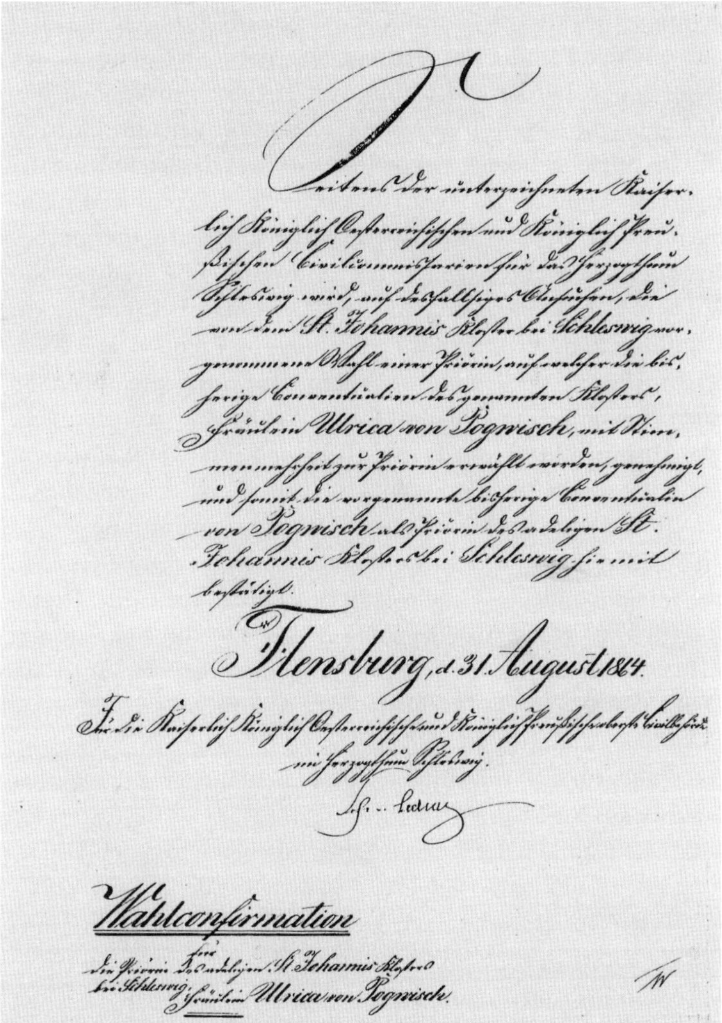

Seitens der unterzeichneten Kaiserlich Königlich Oesterreichischen und Königlich Preußischen Civilcommissarien für das Herzogthum Schleswig wird, auf deshalbsige Ansuchen, die von dem St. Johannis Kloster bei Schleswig vorgenommene Wahl einer Priörin, auf welche die bisherige Conventualinn des genannten Klosters, Fräulein Ulrica von Pogwisch, mit Stimmenmehrheit zur Priörin erwählt worden, genehmigt, und somit die vorgenannte bisherige Conventualin von Pogwisch als Priörin des adeligen St. Johannis Klosters bei Schleswig hiermit bestätigt.

Flensburg, d. 31. August 1864.

Für die Kaiserlich Königlich Oesterreichische und Königlich Preußische oberste Civilbehörde im Herzogthum Schleswig.

Wahlconfirmation

für die Priörin des adeligen St. Johannis Klosters bei Schleswig Fräulein Ulrica von Pogwisch.

Amtsbestätigung der Kaiserlich Königlich Österreichischen und Königlich Preußischen obersten Civilbehörde über die Wahl der Ulrica von Pogwisch zur Priörin des St. Johannisklosters bei Schleswig vom 31. August 1864. Personalakte des Klosters ziehung: Brockdorffs Gattin Cäcilie (geb. Kabrun, 1837–1911) kam aus der Familie des Berliner Staatsrats Nicolovius, dessen Söhne schon Ulrike und Ottilie von Pogwisch in Weimar den Hof gemacht hatten. Ihre Mutter Florentine, genannt Flora, in Ulrikes Sprachgebrauch stets »Flörchen«, war das letzte Kind des Ehepaares Ludwig Nicolovius und Louise geb. Schlosser, der einzigen Nichte Goethes. Sie hatte in erster Ehe den Rittergutsbesitzer August Kabrun geheiratet, in zweiter Ehe Ludwig von Wildenbruch, Generalleutnant und Diplomat, bekannt als ein illegitimer Sohn Prinz Louis Ferdinands von Preußen. Die Nähe der Brockdorffs zu den Hohenzollern ergab im September 1868 einen Besuch König Wilhelms I. von Preußen auf Annettenhöh. Die Äbtissin Ulrica von Pogwisch kannte ihn, wie wir wissen, schon seit ihrem 18. Lebensjahr. Durchaus denkbar daher, daß es bei Cäcilie von Brockdorff oder durch ihre Vermittlung erneut ein Wiedersehen mit dem künftigen deutschen Kaiser gegeben hat; ohnehin pflegte Cäcilie von Brockdorff auch ihre Beziehungen zum Hause Goethe intensiv. Die Goethe-Enkel waren mehrfach bei ihr zu Besuch, und schließlich gerieten auch aus Ulrike von Pogwischs Nachlaß etliche Erinnerungsstücke an sie und über sie weiter an das Städtische Museum in Schleswig, unter anderm der mit Blumen bunt bemalte Porzellanbecher Goethes aus Karlsbad.[212]

Etliche Familien der Region haben anscheinend durch Schenkung oder Kauf aus Versteigerungsmasse 1875 dergleichen erhalten, weiter vererbt oder auch weiter verkauft. Teile ihrer Habe blieben natürlich auch im Inventar des Klosters unter den nachfolgenden Priörinnen, zum Beispiel Tafelsilber, silberne Leuchter und ähnliche Gegenstände. Das Goethe-Nationalmuseum erhielt auf diesem Wege erst in unseren Tagen ein Originalgemälde des zeitgenössischen Arztes und Malers Carl Gustav Carus »Landschaft mit Kreidefelsen bei Arcona auf Rügen«, das etwa um 1860 an Ulrike als Erinnerungsstück gelangt sein könnte.[(213)] Ulrikes Wohnhaus auf dem Gelände des Klosters

Mit Blumen bemalter Porzellanbecher Goethes,
Erinnerungsstück an die Trinkkuren in Karlsbad.
Städtisches Museum Schleswig

dient noch heute der jeweiligen Priörin als Dienstwohnung. In mancher schleswigschen Familie erinnerte man sich noch lange nach Ulrike von Pogwischs Tod, am 2. August 1875, an ihre gediegenen Teestunden, zu denen sie auch bürgerliche Damen einzuladen pflegte, mit denen sie bekanntgeworden oder befreundet war. Im Verkehr mit der Familie des Arztes Dr. Heiberg hatte sie sich beispielsweise mit dessen Tochter Nanny befreundet und hätte es gern gesehen, wenn diese beim Einführungsdiner eines der vier »Konfektfräulein« gewesen wäre – so nannte man die jungen Damen, deren Aufgabe es war, nach der Zeremonie den Gästen Erfrischungen zu reichen. Da diese aber satzungsgemäß adliger Herkunft sein mußten, ließ sich das nicht verwirklichen. Nanny Heiberg, verheiratete und evtl. verwitwete Friedrichs, erinnerte sich als Neunzigjährige der schönen Tage ihrer Freundschaft mit Ulrike von Pogwisch: »Mit der neuen Priörin, die aus dem freien, fröhlichen Weimar und aus dem so regsamen Goethe-Kreise kam, zog ein ganz neues Leben in das Kloster und in die Stadt ein. Die Priörin lebte sehr gesellig, und wir freuten uns immer, wenn eine Einladung von ihr kam, denn wir wußten, daß uns genußreiche Stunden bevorstanden. Sie war musikalisch, spielte selbst Klavier und interessierte sich ungemein für die Kompositionen ihres ältesten Neffen, Walther von Goethe, der in Leipzig als Tondichter lebte, und sie brachte sie ihren Gästen oft zu Gehör. Ihre Schwester Ottilie und beide Söhne waren im Laufe der Jahre öfter zum Besuch im Priörinnenhause auf dem Kloster, und dort lernte ich sie kennen nacheinander, denn es waren nie zwei zu gleicher Zeit da. Wenn man Ulrike und Ottilie zusammen sah, dann würde man sie nicht für Schwestern gehalten haben, so verschieden waren sie schon äußerlich. Ulrike war klein und zierlich gewachsen, sie war anziehend und liebreizend, Ottilie war stattlich und selbstbewußt, und repräsentierte in jeder Weise die Schwiegertochter des großen Goethe. Beide Schwestern hatten einen besonderen Geschmack im Bezug auf ihre Kleidung, was aber bei Ulrike anmutig und eigenartig wirkte, das erschien bei Ottilie als unschön und auffallend, sie bevorzugte lebhafte, grelle Farben und trug mit Vorliebe einen seidenen, sehr bunten italienischen Schal. Ulrike war vom Scheitel bis zur Sohle die vornehme Dame, Ottilie wollte vornehm sein, und man merkte die Absicht. Als ich die Neffen der Priörin kennenlernte, standen sie in den vierziger Jahren, sie verehrten die Tante sehr, und sie hielt unbeschreiblich viel von ihnen ... In der ersten Zeit erwähnte Ulrike selten

Pogwisch-Haus auf dem Gelände des Adeligen Klosters St. Johannis vor Schleswig. Foto 1985

etwas von den häuslichen Verhältnissen ihrer Schwester, und sie war auch zurückhaltend in ihren Äußerungen über Goethe, erst in späteren Jahren wurde sie mitteilsamer und erzählte viel und gerne von dem Goethe-Kreise und der besonders liebevollen Zuneigung zwischen Goethe und ihr.«[214]

Man ahnte in Ulrikes Umkreis nach einigen Jahren, daß die finanzielle Lage der Schwester und der Neffen problematisch war und sie oft die Hilfe der Priörin in Anspruch nehmen mußten. Ihre Mutter, so die Freundin Nanny, habe Ulrike immer sofort angemerkt, wenn wieder Forderungen an sie gestellt worden waren.

Unter der Schlagzeile »Weimarisches in Schleswig« erinnerte sich 1890 eine Doris Schnittger an Ulrike von Pogwisch, »die hier mit viel Würde und Geist des Amtes einer Priörin des adeligen und Fräuleinsstiftes wartete. Ihre liebenswürdige Mittheilsamkeit kargte nicht mit dem, was ein langes Leben hindurch ihr feiner Verstand und warmherziges Empfinden unter günstigsten

Bedingungen in sich aufgenommen. Wer immer mochte und ein wenig Verständniß entgegenbrachte, durfte hier sich sonnen im Abglanz der ›großen Zeit‹ in Weimar. Am liebsten wurde erzählt von den Stunden, die das Ulrikchen als heranwachsendes Mädchen neben ›Vatter‹ in seinem Arbeitszimmer zugebracht hatte.«[215]

Ulrike sprach mit stark thüringisch-sächsischer Klangfarbe im Familien- und Freundeskreis, wie bekanntlich Goethe in vertrauter Umgebung leicht ins Hessische verfiel. Er habe es gern gehabt, so berichtet die Feuilletonistin aus Ulrikes Jugenderinnerungen, wenn die jungen Mädchen aus dem Freundinnenkreis der Pogwisch-Schwestern ihn »Vatter« nannten, und sie erzählte auch gern die Geschichte, als sie handarbeitend in seinem Zimmer sitzen durfte, während er still arbeitete, was bekanntlich die Freundinnen ihr neideten. Er sei »engelsgut« gegen sie alle gewesen und sie schon glücklich, von ihm auch nur angeredet zu werden. Ulrike erklärte ihr eigenes besonderes Verhältnis zu Goethe damit, daß sie damals noch »ein kleines dummes Ding« gewesen sei, aber, seine Größe noch nicht zu schätzen wissend, eben auch »viel dreister« als die anderen, was wohl sein Gefallen gefunden habe. Ihren Zuhörerinnen zeigte Ulrike in ihren klösterlichen Teestunden häufig eine Nähschraube und erzählte, »diese Schraube drehte der Vatter alleweil so herum, wenn er in Gedanken saß«, eine ihm wohl kaum bewußte Konzentrationshilfe, die wir heute umso mehr verstehen, wissend, daß Goethe keine von ihm handgeschriebenen abgeschlossenen Manuskripte hinterließ, sondern Tagebücher, Briefe und Prosatexte nur noch zu diktieren pflegte.

Die Verfasserin der Weimarer Reminiszenzen berichtet aus der Schleswiger Zeit Ulrikes außerdem, daß diese für einzelne Lieblingsgäste gern ein Essen »wie bei Goethe« inszenierte und einen kleinen Hofstaat um sich herum bildete: »Es war unglaublich, wie viel Glückliche zu gleicher Zeit in den Räumen des kleinen Hauses über den Schlei konnten untergebracht werden, um geistreich zu conversiren und vornehm bescheiden zu tafeln.

Ulrica von Pogwisch in der Amtstracht
einer Stiftsdame (Priörin) mit Orden. o. D.
Stiftung Weimarer Klassik / Museen

Und dann, welch ein Heer von freiwillig Dienstthuenden die hohe Frau gelegentlich in Bewegung zu setzen wußte, selbstverständlich Jedermann beglückend, der ihr eine ihrer zahllosen Umhüllungen nachtragen durfte, um die ein ganzer Sagenkreis sich gebildet hat … Die glänzendste Erscheinung in diesem Hofhalt des Krummstabes war Ulriken's Schwester, die Baronin Ottilie von Goethe, die oft und lange hier zu weilen pflegte, wohl so oft, wie die Mittel fehlten, selbst in Weimar oder Rom hofzuhalten – so wenigstens sagte die böse Welt. Trotz der verschossenen Pracht ihrer fremdartigen Costümierung imponirte und gefiel auch sie.«

Schließlich erfahren wir noch, daß es »in einem Landhause nahe Schleswig« Goethesche Landschaftszeichnungen gebe. Damit kann nur »Annettenhöh« der Gräfin Cäcilie von Brockdorff gemeint sein, die selbst Schleswiger Motive zeichnete und in der Tat auch Handzeichnungen des jungen Goethe, wohl aus dem Erbe ihrer Mutter, besaß.

Als letzte Zeitzeugin Ulrike von Pogwischs mag uns Adelheid von Schorn (1841–1916) dienen, die in ihren Darstellungen der Personen des nachklassischen Weimars ein eindrückliches Altersbild der Pogwisch-Schwestern aus eigener Anschauung geben konnte. Sie gehörte häufig zu der kleinen Teegesellschaft, die sich ab 1870 im Mansardengeschoß des Goethehauses um Ottilie von Goethe scharte, nachdem diese wieder nach Weimar zurückgekehrt war, nicht wirklich freiwillig, sondern finanzieller Not gehorchend. Walther von Goethe, der schon lange wieder im Goethehaus wohnte, war fast immer zugegen, ebenso die alte Freundin der Goethes, Alwine Frommann, zuletzt in Berlin Vorleserin der nunmehrigen Kaiserin Augusta, ebenfalls in Weimar ansässig. Zu diesen gesellte sich noch die eine oder andere Jugendfreundin, nicht selten schon mit den Töchtern. Häufig konnte man auch Ulrike von Pogwisch dort finden. Frau von Schorn berichtete: »In dem kleinen Durchgangszimmer machte die uralte Dienerin den Tee; in dem größten, dem Salon, der aber auch recht klein und sehr einfach ausgestattet war, saßen die alten Damen, Frau von Goethe und ihre Schwester Ulrike, die Priorin, mit weißen Tüllhauben, die mit bunten Bändern ausgeputzt waren, darunter kamen die schneeweißen, glatt aufgesteckten Locken hervor, die den beiden ein ehrwürdiges Aussehen gaben. Ottilie war nicht schön, auch niemals schön gewesen, Ulricke dagegen hatte ein reizendes, feingeschnittenes Gesicht. Sie war nicht sehr gescheit, aber gut und selbstlos. Ihre Unterhaltung

Ottilie von Goethe.
Bleistiftzeichnung von E. Binzer, 1863

konnte sich mit der ihrer geistvollen, lebendigen Schwester nicht vergleichen und wurde durch eine hohe, nasale Stimme und sächsische Aussprache nicht angenehmer, aber wenn sie ruhig zuhörend da saß, war sie anzusehen wie ein schönes Bild.«[216]

Wer auch jemals über die Goethefamilie schrieb, vergaß nicht zu erwähnen, daß Ulrike von Pogwisch es mit dem Esprit der Belesenheit und dem »Glanz« der älteren Schwester nicht aufnehmen konnte, was in diesen Kreisen hieß, dem Gespräch aufgrund mangelnder literarischer Kenntnisse nicht gewachsen zu sein. Es läßt sich aber aus allen Zeitzeugnissen herauslesen, wie sehr Ulrike von Pogwisch in die Rolle der stützenden, ganz unentbehrlichen Schwester und Tante hineingewachsen war und wie eindrucksvoll ihre Position als Priörin ihr Selbstbewußtsein gestärkt hatte. Es darf nicht übersehen werden, daß sich mit dieser Stellung ein hoher gesellschaftlicher Status verband, ein bevorzugter Rang im Hofreglement des jeweiligen regierenden Fürstenhauses, gleichgestellt höheren Hof- und Militärchargen, ausgewiesen durch den auf der Kleidung zu tragenden Orden und die finanzielle Unabhängigkeit als Inhaberin einer klösterlichen Präbende. Für unverheiratete Damen des Adels eine wünschenswerte Position, wenn – wie in St. Johannis vor Schleswig – die Residenzpflicht großzügig gehandhabt wurde, ein eigengestaltetes Haus oder eine entsprechende Dienstwohnung möglich war und ein Klosterprobst bzw. Prälat zur Seite stand, um wie hier, »Ihre Hochwürden, die Frau Priörin von Pogwisch«[217] in den außerklösterlichen Verwaltungsaufgaben zu entlasten. Und – für Ulrikes Selbstbewußtsein nicht zu unterschätzen, von Tondern bis Kiel, von Bordesholm bis zum Bungsberg gab es kaum ein ritterschaftliches Herrenhaus, in dem nicht wenigstens schon einmal ein Pogwisch der Herr gewesen wäre, in der Glanzzeit (16. Jh.) sollen es 18 zu gleicher Zeit gewesen sein.[218] Ulrike wußte das. Noch heute, am Ende des 20. Jahrhunderts, lesen wir davon, in Holz geschnitzt oder in Stein gehauen, in vielen Kirchen Schleswigs und Ostholsteins und können nachvollziehen, mit welcher Befriedigung sich Ulrike von Pogwisch hier zu Hause fühlen durfte, den Charme einst jugendlicher Fröhlichkeit zurückgewinnend, weimarische Salonkultur beim Tee mit »Klüntjes« und »Döntjes« pflegend. Verständlich, daß ihre Goethe-Neffen nicht mehr zu trösten waren, als sie nach dem Tod der Mutter 1872 im August 1875 die stets hilfreich anwesende Freundin Alwina Frommann und nur sechs Wochen später ihre geliebte Tante verloren, mit ihr das Refugium an der Schlei.

Als kurz darauf der 100. Jahrestag von Goethes Einzug in Weimar (7. November 1775) sich ankündigte und vielleicht festlicher Schmuck am Goethehaus – wie schon zum 50. Jubiläum – erwartet wurde, schrieben Walther und Wolfgang von Goethe, noch aus Schleswig, wo der Nachlaß Ulrikes sie beschäftigte,

Grabstelle der Ulrica von Pogwisch
auf dem Klosterfriedhof St. Johannis
vor Schleswig

Totenschild der Ulrica von Pogwisch
(mit Familienwappen) im Adeligen Kloster
St. Johannis vor Schleswig

ihrem Rechtsanwalt in Weimar: »Unser Haus ist durch das Dahinscheiden unserer geliebten Tante der Priörin Ulrica von Pogwisch, welche dem Großvater so nahe stand, jetzt ein Trauerhaus…« Ihnen sei nicht nach festlicher Blumendekoration zumute, er möge dem Herrn Bürgermeister Pabst »die Summe von Dreihundert Mark… im Namen der Goetheschen Familie für die Armen der Stadt Weimar zukommen lassen« und wenn es für nötig befunden werde, könne man die im Hause bewahrten großen Fahnen aufstecken.[219] Eine Handlungsweise, die ohne Zweifel des Großvaters und auch Ulrike von Pogwischs Zustimmung gefunden haben würde.

Anmerkungen

1 Ottilie v. Goethe an den Schwiegervater, Weimar, 20. 6. 1818. In: Jb. d. GG, 13. Bd. D. 49f., Weimar 1817.
2 Goethes Tagebuch, 19. 1. 1817, WA III 6, 5.
3 Zweiter Pariser Friede, 20. 11. 1815.
4 Goethe an Ottilie von Goethe, Jena, 21. 6. 1818, WA IV 19, 204.
5 Goethe an Ottilie von Goethe, Carlsbad 1. 9. 1818, WA IV 29, 8157.
6 29. Oktober (1798) 1818.
7 Goethes Tagebuch, 4. 10. 1812, WA III 4, 328.
8 Effi Biedrzynski: Goethes Weimar. Zürich, 1992. S. 306.
9 Luise Eleonore Ottilie Maximiliane Gräfin Henckel von Donnersmarck geb. v. Lepel. Weimar, 3. 1. 1816. Fehler in der Handschrift, es muß 1817 heißen: Original in Privatbesitz.
10 Ehevertrag, s. Heinz Bluhm (Hrsg.): August v. Goethe und Ottilie v. Goethe: Briefe aus der Verlobungszeit. Weimar, 1962.
11 Wolfgang Vulpius: Die Nachbarn von Goethes Gartenhaus. In: Weimar. Tradition und Gegenwart. Heft 24, Weimar, 1975. (2. Auflage)
12 Sylke Kaufmann: Henriette von Pogwisch und ihre Französische Lesegesellschaft. Marburg, 1994. S. 74f.
13 Wolfgang Huschke: Einige Orts- und Familiengeschichtliche Betrachtungen über Goethes Weimar. In: Festschrift für Friedrich von Zahn, Bd. 1. Köln-Graz, 1968, S. 539–597.
14 Erich Trunz: Ein Tag in Goethes Leben. Darin: Das Haus am Frauenplan in Goethes Alter, S. 42ff. Goethe als Sammler, S. 72ff.
15 Walter Schleif: Goethes Diener. Berlin; Weimar, 1965.
16 Erschien 1829–1832, s. Anm. 181.
17 Ludwig Fertig: Johann Wolfgang von Goethe als Mentor. Darmstadt, 1991.
18 Johann Peter Eckermann: Gespräche mit Goethe. 5 Bde. Zürich; Stuttgart, 1965 ff., Bd. 2, S. 159.
19 Naturalisationspatent v. 22. 5. 1807, beglaubigte Abschrift und Bestätigung durch A. C. W. von Carlowitz, Priörin, v. 18. 7. 1807; Aufnahmeurkunde für Ulrike Adele Eleonore Henriette von Pogwisch 18. 7. 1807, Unterschrift A. C. W. von Carlowitz, Priörin – beide Ur-

kunden konnten durch ein freundliches Entgegenkommen von Prof. Dr. Hahn, 1990, in Kopien der Originale eingesehen werden.

20 Kanzler von Müller. Unterhaltungen mit Goethe. Hrsg. von Renate Grumach. Weimar, 1982. S. 41, 8–11.

21 Bode, Wilhelm: Goethe in vertraulichen Briefen seiner Zeitgenossen. Bd. III, Nr. 2043, 2044, S. 55.

22 Ebenda, Nr. 2048, S. 58.

23 E. Förster: Aus der Jugendzeit (1887). In: Goethes Gespräche (Biedermann). Ergänzt u. hrsg. v. Wolfgang Herwig. III 1, S. 858, Nr. 5744.

24 Otto Glagau: Ein Künstlerbesuch beim Altmeister Goethe 1864. In: Eckart Kleßmann: Goethe aus der Nähe. 2., München; Zürich, 1995. S. 297.

25 Bode III, Nr. 2115, S. 103; Nr. 2117, S. 107.

26 Die Transkription aus der Handschrift (Bl. 1) im o. a. Beitrag ist m. E. bei den Endreimen WISCH und FLINTE nicht zutreffend. Es muß heißen: Professor Zelter aß zu TISCH
und brauchte sehr viel SALZ
er saß neben der dicken POGWISCH
und fiel ihr um den HALS
und bat; oh gehe nicht ... THURM
bleibe unter diesen DACH
denn draußen ist ein ... STURM
und hier ein schön GELAG
Mit den Augen schwarz wie TINTE
doch (?) der Gestalt so wie ein FASS
Beschwör ich dich, bei Augusts FLINTE
das ist mir doch ein Schwürchen das

Die Mendelssohn-Gesellschaft erstand antiquarisch 1968 die Original-Handschriften dieser heiteren Runde. Auf der Rückseite von Blatt 4 finden sich in Ottilies Handschrift noch acht Zeilen, bezogen auf Ulrike von Pogwisch:

Kennt ihr etwa die Ulrike
Man sagt sie hat ein rasend (?) Glück
Denn ist sie gleich eine dumme Mike
So bleibt stets günstig ihr Geschick.
Die Arbeit wird ihr immer sauer
Die Faulheit ist ihr immer süße
Die gute Laune nicht von Dauer,
GOTT gebe daß sie dafür büße.

Beide Beispiele geselliger »produktiver« Runden im Goethehaus belegen Ulrikes kleine, zu der Zeit noch füllige Gestalt, ihr Fähigkeit zur Selbstironie und zeigen sie auch als Gegenstand liebevollen Spottes ihrer Freunde.

27 Peter Boerner (Hrsg.): Johann Wolfgang von Goethe: Tagebücher, 1. 6. 1830. Zweiter Ergänzungsband der Goethe-Gedenkausgabe. Zürich, 1964. S. 527.

28 Kleßmann, Goethe aus der Nähe. S. 337.

29 Eduard v. Simson. Erinnerungen aus seinem Leben. Leipzig, 1900. S. 38.

30 Goethe an Ulrike von Pogwisch, 18. 6. 1831, WA IV 48, 222, 244.

31 Ruth Rahmeyer: Ottilie von Goethe. Stuttgart, 1988.

32 Wilhelm Ludwig Viktor Henckel von Donnersmarck: Erinnerungen aus meinem Leben. Zerbst, 1846.

33 Christian Graf v. Krockow: Die preußischen Brüder. Stuttgart, 1996.

34 Georg Heinrich Ludwig Nicolovius (1767–1839), Oberreg. Rat und Staatsrat in Berlin, verheiratet mit Marie Anna Louise geb. Schlosser, der einzigen Nichte Goethes. Die vier Söhne des Ehepaares, Goethes Großneffen, hielten sich oft im Goethehaus auf: Georg Heinrich Franz (1797–1877), Heinrich (1798–?), Ferdinand (1799–?), Alfred (1806–1890). Außerdem gab es im Hause Nicolovius zwei Töchter, Cornelia und Flora.

35 HA Bd. 8, S. 405.

36 HA Bd. 1, S. 353.

37 Kanzler v. Müller: Unterhaltungen. S. 43 und 247.

38 Kupferstich von L. Schütze 1828 nach einer Zeichnung von Otto Wagner 1827 »Goethes Haus in Weimar«.

39 Zu dieser Zeit (bis 1. 7. 1924) noch Friedrich Stadelmann (1782 bis 1844), ab 1. 12. 1824 bis 1837 Friedrich Krause (1805–1860), s. Anm. 15, Schleif.

40 HA Bd. 2, S. 226/227; 228–242.

41 Am 23. März 1819 ermordete der Jenaer Theologiestudent Carl Ludwig Sand (1795–1820) in Mannheim den derzeit erfolgreichsten deutschen Dramatiker (allein in Goethes Theater 638 Aufführungen) August Friedrich Ferdinand von Kotzebue (1761 bis 1819), dessen Familie in Weimar wohnte. Dieser war als Staatsrat in russischen Diensten nach Deutschland zurückgekehrt und galt unter der studentischen Jugend als Verräter und wurde verdächtigt, als russischer Spion tätig gewesen zu sein.

Sand hatte erst am 14.11.1817 Goethe in Jena aufgesucht, um als Sprecher der Burschenschaft bestimmte Wünsche vorzutragen.

42 Das Ereignis bewirkte noch im gleichen Jahr die sog. Karlsbader Beschlüsse für alle Länder des Deutschen Bundes, d.h. Einschränkungen der Lehrfreiheit, Pressefreiheit, Burschenschaften und Turnvereine. Goethe befand sich am 28. 8. 1819 in Karlsbad, wo die Versammlung der Minister der deutschen Länder noch bis zum 31. 8. tagte. Er hatte ein Gespräch mit Fürst Metternich und stand persönlich auf dessen Seite, obwohl die beschlossenen Maßnahmen den liberalen Kurs großherzoglicher Universitätspolitik erkennbar beenden würden.

43 Goethe mußte selbst Eingriffe in seine Universitätskompetenzen befürchten, da er mit der staatlichen Oberaufsicht der Museen und der Universitätsbibliothek befaßt war. Die Jenaer Universität erhielt nun, wie alle Universitäten, einen Kurator, der die Einhaltung der Karlsbader Beschlüsse garantieren sollte; Goethe lehnte das Amt für sich ab und versuchte »unpolitisch« zu bleiben.

44 Goethe erschien, noch ehe er nach Karlsbad zur Kur fuhr, über Wochen hin zutiefst betroffen von den Ereignissen. Vgl. Adele Schopenhauer an ihren Bruder. Bode, III, Nr. 2042, S. 52. Kanzler von Müller: 26. 3., 28. 3., 30. 3., 12. 4., 18. 4. 1819, S. 39–43; auch unter späteren Daten finden sich noch indirekte Hinweise.

45 14. 5.–16. 5./21. 5.–23. 5./5. 6.–6. 6. WA III 7, 4754.

46 Goethe an Zelter, 29. 5. 1819. Briefwechsel zwischen Goethe und Zelter. Hrsg. von Peter Boerner. 2. Bd. 1819–1827. Frankfurt am Main, 1987. Nr. 329, S. 18/19 it. 950.

47 Carl Friedrich Zelter (1758–1832), Leiter der Singakademie in Berlin, 1809 Professor der Musik an der Berliner Akademie der Künste, 1822 Gründer und Leiter des Instituts für Kirchenmusik in Berlin. Mit Goethe war er seit 1799 in ständiger Verbindung als enger persönlicher (Duz-) Freund, Berater in Fragen der Musik und Informant Goethes zum Berliner Kunst- Musik- und Kulturleben. Häufige Begegnungen in Weimar bzw. auf Reisen.

48 Zum ständigen engeren Kreis der Freunde Goethes gehörten vor allem: Friedrich Wilhelm Riemer (1774–1845), Altphilologe und Goethes wichtigster wissenschaftlicher Mitarbeiter. Er wohnte von 1803 bis 1812 im Goethehaus und war bis 1808 Lehrer für Goethes Sohn August. 1814 heiratete er Caroline Ulrich, die frühere Gesellschafterin (Sekretärin) von Goethes Frau Christiane. Riemer besorg-

te zusammen mit Eckermann den literarischen Nachlaß Goethes lt. testamentarischer Verfügung. –
Johann Heinrich Meyer (1760–1832), Schweizer Maler und Kunsthistoriker, Goethes wichtigster Berater und Mitarbeiter in Kunstfragen. Er wohnte schon vor Riemer, 1791 bis 1802, im Goethehaus, an dessen Gestaltung er entscheidend mitwirkte. Goethe hatte ihn in Rom 1786 kennen- und schätzen gelernt. In ihm fand er nicht nur einen verläßlichen Hausfreund, sondern einen gleichgesinnten Anhänger künstlerischer Prinzipien im Sinne Johann Joachim Winkelmanns. Meyer heiratete 1803 Amalie von Koppenfels und wurde Direktor der Weimarer Freien Zeichenschule. –
Johann Peter Eckermann (1792–1854) wurde 1823 Goethes enger Mitarbeiter und Freund der jungen Goethes; er arbeitete auf freier Arbeitsbasis und war zu keiner Zeit Goethes Sekretär. Er hatte sich seit Besuch eines Gymnasiums und drei Semestern Jura und Philosophie autodidaktisch weitergebildet und mit Fleiß in die Lage versetzt, Goethes Redaktion an der Werkausgabe letzter Hand zu begleiten und abzuschließen, so daß er mit Riemer zusammen Herausgeber der Nachgelassenen Werke werden konnte. Seine von Goethe autorisierten »Gespräche mit Goethe in den letzten Jahren seines Lebens« (I–II 1836, III 1848) wurde das meistgelesene Buch über Goethe, das seinen Lesern einen lebensnahen Einblick in Alltag, Werkstatt und Gedankenwelt des großen Dichters erlaubte. Inhalt und literarisches Niveau verschafften dem Werk – leider erst nach Eckermanns Tod – weltweite bis heute andauernde Anerkennung.

49 WA III 7; 65–67.

50 Goethe an Ottilie v. Goethe, Jena 12.7.1819, WA IV, 31, 320; S. 229/30.

51 Henriette v. Pogwisch an Goethe, Weimar 9.10.1819.

52 Goethe an Henriette v. Pogwisch, Weimar 15.10.1819, WA IV 32, 50; S. 72/73.

53 Zwischen 1817 und ca. 1828 gehörten die nachfolgenden jungen Damen zum Kreis der Freundinnen der Pogwisch-Schwestern: Adele Schopenhauer, Julie und Caroline v. Egloffstein, Caroline v. Harstall, Luise Aulhorn, Henriette v. Milkau, Clementine v. Mandelsloh, Wilhelmine v. Münchhausen, Alwina v. Frommann, Jenny v. Pappenheim u. a.

54 Goethes Tagebuch. WA III 6, S. 270, 8.12.1818: »Mittag: Major von Pogwisch«.

55 Ulrike v. Pogwisch an Ottilie v. Goethe, o. D.: »Mittwoch 9 Uhr« (vor 1832) aus einer Kopie der Handschrift zitiert.

56 Wenig bekannt ist beispielsweise der freundschaftliche Beistand der jungen Goethes, den diese Eckermann leisteten, auch in finanziellen Nöten, und den Ottilie v. Goethe noch nach Goethes Tod Eckermann sowie ihrem Patenkind Karl Eckermann zukommen ließ, u. a. z. B. saß sie eine volle Nacht am Sterbebett der zwei Wochen nach seiner Geburt mit dem Tode ringenden Mutter Johanna geb. Bertram, den Jungen ebenfalls versorgend, weil Eckermann selbst mit hohem Fieber zu Bett lag. Ottilie hatte zuvor bereits die Taufe des Jungen ausgestattet und aus eigenem Haushalt Geschirr und Tischwäsche für einen würdigen Rahmen der Handlung und ihren alten Diener Friedrich Krause zur Verfügung gestellt. Johann Friedrich Wolfgang Eckermann (vom Vater Karl genannt), dessen Ausbildung als Porträt- und Landschaftsmaler noch aus dem Erbe der Mutter finanziert werden konnte, erfuhr auch in den frühen Jahren seiner eigenen künstlerischen Existenz noch gelegentlich die finanzielle bzw. einen Bildkauf vermittelnde Hilfe seiner Patentante. vgl.: H. H. Houben: Johann Peter Eckermann. Sein Leben für Goethe. 2 Bde. Leipzig, 1925 und 1928. Ernst Beutler: Einführung zu Bd. 24 (Eckermann, Gespräche mit Goethe) in Artemis Gedenkausgabe. Zürich; München. Günther Hagen: Johann Peter Eckermann. Von Winsen nach Weimar. 2. Auflage. Winsen (Luhe), 1991.

57 Zu den Ottilie v. Goethe offen kritisierenden Freunden gehörten u. a. auch der Arzt Carl Vogel (nach 1832), einer der Vormünder von Goethes Enkeln, und der Arzt und Verleger Robert Froriep (1804–1861); beide bemühten sich auch um tatkräftige Beratung Ottilie v. Goethes nach 1830 bzw. 1832.

58 HA 6, S. 398.

59 Adele Schopenhauer in ihrem Tagebuch, Weimar 12. 11. 1821. In: Bode III, S. 103/104.

60 Dazu ausführlich: Eckart Kleßmann. Die Mendelssohns. Zürich; München, 1990/it. 1523 Frankfurt, 1993.

61 Ulrike v. Pogwisch, aus dem Tagebuch von ihrem Aufenthalt in Berlin, 24.–29. 11. 1821, aus Kopie der Handschrift zitiert.
Sign. GSA 40/XI I, 8.

62 Die Familie Mendelssohn 1821: Vater: Abraham Mendelssohn (1776 bis 1835), Mutter: Lea geb. Salomon (1777–1842), Kinder: Fanny (1805 bis 1847), Felix (1809–1847), Rebecka (1811–1858), Paul (1812–1874).

63 Dazu ausführlich: Eva Schmidt: Jüdische Familien im Weimar der Klassik und Nachklassik. Weimar-Schriften, Heft 48, 1993.

64 Rachel Monika Herweg: Die jüdische Mutter. Das verborgene Matriarchat. Darmstadt, 1994.

65 Goethe an Zelter, 5. 1. 1822, Briefwechsel, 2. Bd., S. 166.

66 Goethe an Zelter, 5. 2. 1822, Briefwechsel, 2. Bd., S. 169.

67 Goethe an Zelter, 13. 3. 1822, Briefwechsel, 2. Bd., S. 173ff.

68 Karl Robert Madelkow: Goethe im Urteil seiner Kritiker. Bd. 5.1. München, 1975. S. 316ff.

69 Zelter an Goethe, 21. 2. 1822, Briefwechsel, 2. Bd., S. 170/71.

70 Zelter an Goethe, 23. 3. 1822, Briefwechsel, 2. Bd., S. 179/80.

71 Die Eltern von Felix Mendelssohn in Weimar:
Abraham M. 10. 4. 1816; Lea M. Mai 1817 mit Felix; Abraham mit Familie am 7./8. 10. 1822; Abraham 20. 5. 1825 mit Felix.

72 Vgl. E. Arnhold: Goethes Berliner Beziehungen. Berlin, 1925; K. Voss: Auf den Spuren Goethes in Berlin. London, 1982.

73 Eckermann, 8. 10. 1828.

74 Frank Nager: Der heilkundige Dichter. Zürich; München, 1990; Manfred Wenzel: Goethe und die Medizin /it. 1350 Frankfurt a. M., 1992.

75 Kanzler v. Müller, Unterhaltungen. S. 70–79.

76 Ebd.

77 Eckermann, Gespräche, 10. Juni 1823.

78 Eckermann an (Ernst Ludwig) Grosse, Jena, 7. August 1823. In: Bode III, Nr. 2177, S. 152.

79 Erstauflage: 1. und 2. Teil F. A. Brockhaus, Leipzig, 1836. 3. Teil Heinrichshofen'sche Buchhandlung, Magdeburg, 1848.

80 »Wenn man von Goethes Schriften absieht und namentlich von Goethes Unterhaltungen mit Eckermann, dem besten deutschen Buche, das es gibt: Was bleibt eigentlich von der deutschen Prosaliteratur übrig, das verdiente, wieder und wieder gelesen zu werden?« Friedrich Nietzsche 1878, »Menschliches-Allzumenschliches«.

81 Karl Robert Mandelkow, 1980. In: Johann Peter Eckermann. Zum 250. Geburtstag am 21. 9. 1992. Bearbeitet von Walter Gröll und Günther Hagen. Winsen (Luhe), 1992. S. 82.

82 Eckermann, Gespräche, 19. Oktober 1823, erste Begegnung mit Ulrike v. Pogwisch: »... besonders war Fräulein Ulrike sehr heiter und im hohen Grade unterhaltsam.«

83 Goethe an Amalie v. Levetzow, Eger, 9. 9. 1823.
In: Johann Wolfgang von Goethe. Ulrike von Levetzow: »... keine

Liebschaft war es nicht.« Eine Textsammlung, hrsg. von Jochen Klauß. Zürich, 1997.

84 Amalie Theodore Karoline v. Levetzow geb. Brösigke (1788 bis 1868), verheiratet in 1. Ehe mit Otto v. Levetzow, aus dieser Ehe die Töchter: Ulrike v. L. (1804–1899) und Amalie v. L. (1806 bis 1832); in 2. Ehe mit Friedrich v. Levetzow, aus dieser Ehe die Tochter Bertha v. L. (1808–1884); in 3. Ehe mit Franz Graf v. Klebelsburg-Thumberg. Goethe hatte bereits der Mutter Amalie in jungen Jahren die Cour gemacht und erkannte sie offenbar an ihrer Stimme 1821 in Karlsbad wieder.

85 Jochen Klauß, Textsammlung. S. 14.

86 Ebd., S. 29.

87 Ebd., S. 33–35.

88 Ebd., S. 17/18.

89 Ebd., S. 40.

90 HA Bd. 8, S. 607.

91 HA Bd. 8, S. 167ff.

92 HA Bd. 1, S. 381.

93 Jochen Klauß, Textsammlung. S. 50.

94 Goethes Tagebuch, 17. 9. 1823, WA III 9, 117.

95 Jochen Klauß, Textsammlung. S. 52.

96 Ebd., S. 53.

97 HA Bd. 1, S. 385/386.

98 Ebd., S. 380.

99 Kanzler v. Müller: Unterhaltungen. S. 100–103.

100 Titel einer Kurzgeschichte E. Hemingways in »49 Stories« (1950).

101 Goethes Tagebuch, 9. 11. 1823, WA III 9, 142.

102 Goethes Tagebuch, 30. 11. 1823, WA III 9, 149/150.

103 Eckermann, Gespräche. 1. Dezember 1823.

104 Kanzler v. Müller: Unterhaltungen. S. 86.

105 Effi Biedrzynski: Goethes Weimar. S. 290.

106 Jochen Klauß, Textsammlung. S. 53.

107 Kanzler Müller: Unterhaltungen. S. 91.

108 Goethes Tagebuch, 2. 10/21. 10./14. 12. 1823, WA III 9, 155.

109 Goethes Tagebuch, 3. 12. 1823, WA III.

110 Berliner Unglück: Fackelzug der Studenten auf der Schloßbrücke im Dezember 1823 endete mit einem Unglück, das Tote kostete.

111 Goethe hatte auf Ulrikes Schilderung des Geschehens (Brief Nr. I) fast unangemessen heiter reagiert, Ulrike nahm es positiv (Brief Nr. 9).

112 Kanzler Müller: Unterhaltungen. S. 93 (2. 10. 1823), darin Goethe: »Byron allein lasse ich neben mir gelten.«

113 Byrons Antwort an Goethe, Livorno, 24. Juli 1823. In: Lord Byron – Gedichte, hrsg. von Alexander Heine. Kettwig, 1990. S. 284.

114 George Noël Gordon, Lord Byron, geb. 22.1.1788 in London; gest. 19. 4. 1824 in Mesolongion (Griechenland).

115 Zu Ottilie v. Goethe und Charles Sterling, vgl. Ruth Rahmeyer: Ottilie v. Goethe. Stuttgart, 1988/Heyne-TB 359 (1994)

116 Medailleninschrift, s. Erläuterungen zu Brief Nr. 10.

117 Goethes 50. Jahrestag seiner Ankunft in Weimar wurde am 11. 6. 1828 zusammen mit seinem 50. Dienstjubiläum gefeiert.

118 Felix Mendelssohn Bartholdy (seit 1822 mit Doppelnamen) war am 13. 3. 1825 und am 20. 5. 1825 zu einem jeweiligen Kurzbesuch in Weimar.

119 Für die Ausgabe letzter Hand seiner Werke erreichte Goethe nach Gesuch vom 11. 1. 1825 beim Deutschen Bund ein Schutzprivilegium in allen Mitgliedstaaten, das Raubdrucke bzw. nicht legitimierte Nachdrucke verhindern sollte.

120 Vgl. Effi Biedrczynski: Goethes Weimar. Zürich, 1992. S. 439 bis 452; Ulrike Müller-Harang: Das Weimarer Theater zur Zeit Goethes. Weimar, 1991; Walter Hinck: Goethe – Mann des Theaters. Göttingen, 1982.

121 Aus Anlaß der 50-Jahr-Ehrungen (s. o. 117) verlieh die Universität Jena Goethes wichtigsten Mitarbeitern, Riemer und Eckermann, und dem Jubilar selbst Ehrendoktortitel.

122 Goethes Tagebuch, 3. Nov. 1825: »Mittag unter uns. Ulrikens Händel mit dem Neffen. Mein Sohn eröffnet das Vorhaben der Freunde zum 7. Nov. Entschlüsse deshalb.« WA III 10, 121.

123 Peter Boerner, (Hrsg.): Goethe, Tagebücher. S. 815.

124 Alfred N. war vom 28.8. bis Mitte November 1825 Gast im Goethehaus; er veröffentlichte 1826 die erste Goethe-Bibliographie.

125 Aus Ottilie v. Goethes Nachlaß, Briefe und Tagebücher von ihr und an sie bis 1832. Nach den Handschriften des Goethe-Schiller-Archivs, hrsg. von Wolfgang von Oettingen. Schriften der Goethe-Gesellschaft, 28. Bd. Weimar, 1913. S. 152/153.

126 Briefe Nr. 16 und 17.

127 Johann Joseph Schmeller (1796–1841), Maler und Zeichner, Lehrer an der Freien Zeichenschule in Weimar, Goethes »Hofmaler«, der für ihn prominente Besucher in Porträtzeichnungen (Kreide und Kohle) festhielt, u. a. von 1825 bis 1831 auch etwa sieben Porträts des Hausherrn.

128 Wilhelm Heinrich Ferdinand Carl v. Lepel (1755–1826), Bruder der Großmutter Ottilie v. Goethes und Ulrike v. Pogwischs, letzter Herr auf Nassenheide, war 1826 gestorben, so daß der Besitz auf seine beiden Schwestern überging:
Louise Eleonore Ottilie Maximiliane geb. v. Lepel, verwitwete Gräfin Henckel v. Donnersmarck (1756–1843) und Frederike Henriette Ulrike Scholastika v. Schmeling geb. v. Lepel (1759 bis 1831).

129 Kunkel = »Spinnrocken«, – Kunkel-Lehen: seit dem 12. Jahrhundert bestehendes dt. Recht, Lehen bei Aussterben des männlichen Stammes an die weibliche Linie der Familie weitergeben zu können.

130 Goethes Tagebuch, 22. 10. 1826: »Sodann die Angelegenheiten von Nassenheide und anderes.« WA III 10, 259/260.

131 Leo Amadeus Maximilian Graf Henckel v. Donnersmarck (1829 bis 1895): Beschreibung des Zustandes der »Nassenheider Güter« nach Vermessungen von 1852/53. In: Handbuch des Herzogtums Pommern und des Fürstentums Rügen, hrsg. von H. Berghaus. Anklam, 1865. (Akteneinheit Rittergut Hirschhügel, II Nr. 130 im Thüringischen Staatsarchiv Rudolstadt) vgl. Anm. 134.

132 Vgl. Elizabeth v. Arnim: Elizabeth und ihr Garten/it. 1293/1990. Einsamer Garten/it. 2375/11998.

133 Vgl. Kirsten Jüngling; Brigitte Roßbeck: Elizabeth von Arnim. Eine Biographie/it. 1840/1996. Vgl. Karen Usborn: Elizabeth. London, 1986.

134 Leo Amadeus Maximilian Graf Henckel v. Donnersmarck (s. Anm. 131) wurde der letzte Eigentümer von Nassenheide aus der Familie Henckel v. Donnersmarck. Die Mutter der Pogwisch-Schwestern, Henriette v. Pogwisch (1776–1850), wurde vermutlich 1847 mit einem Allodiums-Anteil abgefunden. Damit schieden ihre Töchter bzw. ihre und Goethes Enkel aus der Erbfolge aus. Graf Leo Amadeus verkaufte 1872 den Besitz an Harry Graf v. Arnim-Sukow. Sein Sohn, Henning Graf v. Arnim-Schlagenthin, konnte 1892 Nassenheide aus der Beschlagnahme des preußischen Staates zurückkaufen. Er heiratete 1891 Elizabeth Beauchamp und bewirtschaftete Nassenheide bis zu seinem Tode. 1939 bestand nur noch

ein Resthof von 117 Hektar in bürgerlichen Händen, der 1939 mit dem Namen Ulrich v. Köller eingetragen war. Gegenwärtig (1993) ist das Gut in Parzellen aufgeteilt, das Herrenhaus nicht mehr erhalten, jedoch der Gutshof. (Angaben des Staatsarchivs in Szczecin-Stettin v. 8. 6. 1993)

135 Ottilie v. Pogwisch: Tagebücher, 8. 11. 55 und 25. 4. 56, Bd. IV, hrsg. von H. Bluhmy. Wien, 1966.

136 Vgl. Erläuterungen zu Brief Nr. 17 und Goethe III.

137 Ebd.

138 Bettina v. Arnim, geb. Brentano (1785–1859): enge freundschaftliche Beziehung zu Goethe seit 1806; 1807, 1810 und 1811 z.T. mehrtägige Begegnungen mit Goethe in Weimar bzw. Teplitz. – Hausverbot im Goethehaus wegen eines Streits mit Christiane v. Goethe vom 13. 9. 1811 bis 8. 11. 1821 – 1824, 1826 wieder im Goethehaus, 1830 erneute Zurückweisung. Bettina lieferte Goethe aus Erinnerungen seiner Mutter Material für seine Autobiographie, publizierte 1835 »Goethes Briefwechsel mit einem Kinde« und begann damit ihre Laufbahn als bedeutende Schriftstellerin, deren sozialpolitisches Engagement (»Dies Buch gehört dem König«, 1843) ihren Ruhm internationalisierte. Sie war von 1811 bis 1831 mit Achim v. Arnim verheiratet, Siegmund v. Arnim, Zweitältester unter sieben Geschwistern, besuchte vom 10. bis 15. März 1832 Goethe als letzter Gast des Goethehauses. Vgl. Ingeborg Drewitz: Bettine v. Arnim. Düsseldorf; Köln, 1969; Helmut Hirsch: Bettine v. Arnim. Nr. 369, Hamburg, 1987.

139 Franz Grillparzer (1791–1872), bedeutender österreichischer Dramatiker, besuchte am 29. 9. und vom 1. 10. bis 3. 10. 1826 Goethe in Weimar und verkehrte später im Wiener Salon Ottilie v. Goethes. Er veröffentlichte 1845 eine Trauerode auf Ottilies Tochter, die siebzehnjährig am 29. 9. 1844 in Wien gestorben war.

140 Henriette Sontag (1806–1854), gefeierte Sopranistin, gastierte nach euphorischem Erfolg in Berlin 1826 auch in Weimar und gab zusätzlich ein Konzert in Goethes Haus am 4. 9. 1826.

141 Goethes Tagebuch, 26. 10. 1826: »Ulrike und Ottilie über zweiten Theil der Helena«. WA III 10, 262.

142 Goethes Tagebuch, 24. 6. 1826: »... völliger Abschluß der Helena ...«. WA III 10, 208.

143 Johann August Friedrich John (1794–1854), Goethes Sekretär und Schreiber 1814 bis 1832 (besoldet als »Kopist« im Rahmen von

Goethes »Oberaufsicht« von Wissenschaft und Kunst, nach Goethes Tod bei der Landesregierung), wurde in Goethes Testament mit einem Legat von 200 Talern bedacht. Vgl. Schleif: Goethes Diener.

144 Caroline Wilhelmine Johanna Ulrich (1790–1855), seit 1806 Gesellschafterin, Begleiterin und Sekretärin für Christiane v. Goethe, ab 1809 im Goethehaus wohnend; heiratete am 8.11.1814 Goethes Sekretär Friedrich Wilhelm Riemer. Vgl. Sigrid Damm: Goethe und Christiane. Frankfurt a. M., 1998.

145 Goethe an Christiane v. Goethe, 15.9.1809. In: Goethes Ehe in Briefen. Hrsg. von Gerhard Gräf/it. 1625 (1994), S. 593/94.

146 Außer von Familienmitgliedern erbat sich Goethe auch von Eckermann und Riemer, als den wichtigsten Mitarbeitern am Faust-Drama, wiederholt ein Gespräch nach kritischer Lesung, bemühte zusätzlich mehrfach Carl Wilhelm Göttling (Professor der klassischen Philologie in Jena), Sulpiz Boisserée, Wilhelm v. Humboldt und Carl Friedrich Zelter von April bis September 1826.

147 Eckermann, 18.9.1827.

148 Derselbe, 29.1.1827.

149 Derselbe, 25.1.1827.

150 Derselbe, 6.6.1827.

151 S. Boissereé, 24.11.1831.

152 Tagebuchbriefe Ulrike v. Pogwischs an Goethe 1827: 2.7.–4.7./ 6.7.–31.7./31.7.–6.8./11.8.–15.8./15.8.–1.8. (zitiert nach Kopien der Handschriften, GSA Weimar).

153 Goethes Hausmusiken, 1807 und 1809 bis 1813 gemischter Kammerchor aus Berufs- u. Laiensängern unter der Leitung von Hofkapellmeister C. E. Eberwein; Proben jeweils am Donnerstagabend in Christiane v. Goethes Räumen mit anschließendem Essen und Sonntag vormittags im Junozimmer mit anschließendem Frühstück als Konzerte »vor großer Gesellschaft«; später, etwa nach 1819, mit Hofkapellmeister (Komponist und Pianist) Johann Nepomuk Hummel, Hauskonzerte, Abendmusiken instrumental, außerdem Soireen durchreisender Gesangs- u. Instrumentalsolisten.

154 Wolfgang Frhr. v. Egloffstein (1766–1815), Jurist, Hofrat und Oberkammerherr, seit 1800 im geselligen Verkehr mit Goethe und 1801/02 mit Gattin Caroline (1767–1828), teilnehmend am Mittwochskränzchen.

Henriette v. E. (1773–1864) war als hochgebildete, kultivierte Schönheit Partnerin Goethes in seiner Cour d'amour, behielt jedoch zeitlebens ein ambivalentes, kritisches Verhältnis zu seiner Person: Sie heiratete in 2. Ehe den Frhr. Beaulieu-Marconnay in Hannover-Misburg (1804) und schrieb 1827 einen Exkurs zum Helena-Akt in FAUST II, den Goethe als sehr geistreich und originell würdigte. Den fast familiären Umgang ihrer Töchter mit Goethe unterstützte sie empfehlend.

Caroline v. E. (1789–1868) lebte 1800 bis 1804 und 1809/1810 bei der Tante, der »Oberkammerherrin«, 1816 bis 1831 als Hofdame der Erbgroßherzogin Maria Paulowna in Weimar und stand seit 1815 im freundschaftlichen Verkehr mit Goethe: Eine besondere Rolle spielte ihre als Schönheit auffallende Schwester Julie v. E. (1792–1869), künstlerisch begabt und in dieser Begabung von Goethe ermutigt, lebte sie bis auf eine kurze Zeit als Hofdame der alten Großherzogin Louise (1757–1830) als freie Malerin. Trotz großer, ehrenvoller Aufträge, Ausstellungen und Studienaufenthalte in Dresden, Rom und London gelang ihr nicht der Durchbruch in die professionell anerkannte Kunstszene, zumal es ihr offenbar an der nötigen Distanz und Kritikfähigkeit gegenüber den eigenen Arbeiten fehlte.

Vgl. Effi Biedrzynski: Goethes Weimar. Zürich, 1992; Walter Henze: Weimar – einer der glänzenden Lichtpunkte meines Lebens. In: Goethes glückliche Zeichnerin. Katalog Hildesheim, 1992.

155a Carl August, Herzog und ab 1815 Großherzog von Sachsen-Weimar-Eisenach (1757–1828), stand als Schwager des preußischen Königs Friedrich Wilhelm II. und dessen inoffizieller politischer Berater aus dynastischen politischen Interessen und aus persönlichen militärischen Neigungen Preußen nahe, war 1787 als Generalmajor in den preußischen Militärdienst eingetreten, hatte am preußisch-niederländischen Feldzug und als Regimentskommandeur und General an der österreichisch-preußischen Campagne in Frankreich (1792) sowie der Belagerung von Mainz und den wenig glücklichen Aktionen in der Pfalz teilgenommen und 1794 zunächst als Generalleutnant die Armee verlassen. 1814 wurde er als Oberkommandierender nach der Abdankung Napoleons wieder in Belgien aktiv, unterschrieb den Waffenstillstand und nahm am Einmarsch preußischer Truppen in Paris teil. Seine militärischen Aktivitäten in der preußischen Armee hatten sein Land deutlich in politische Schwierigkeiten gebracht. Nicht zuletzt dem Mut seiner Gattin, Herzogin Louise, während der napoleonischen Besetzung

Weimars und den Verhandlungsbemühungen seiner Schwiegertochter, der Erbgroßherzogin und russischen Großfürstin Maria Paulowna, verdankte er das glimpfliche »Davonkommen« im Rang- und Machtverteilungspoker des Wiener Kongresses 1815, seine Neutralitätspolitik ab 1796 hatte außerdem dazu eine gewisse Basis geschaffen. 1816 erhielt sein Land als erstes und einziges unter den Bundesländern ein neues Verfassungsgrundgesetz und durfte sich einer gewissen, viel beneideten Liberalität erfreuen.

Carl August starb auf der Rückreise von seinem Besuch in Potsdam und im preußischen Königshaus.

b Die Familie Henckel v. Donnersmarck hatte ebenfalls enge militärische Beziehungen zum preußischen Königshaus:

Leo Maximilian Henckel v. Donnersmarck (1691–1770), Ritter des Schwarzen Adler-Ordens, diente bereits als Obermundschenk am Hofe Friedrichs II. (»des Großen«). Er war der Urgroßvater der Schwestern Ottilie und Ulrike v. Pogwisch.

Viktor Amadeus H. v. D. (1727–1793), ihr Großvater, war Kgl. preuß. Generalleutnant, Ritter des Johanniter-Ordens, Gouverneur zu Königsberg.

Wilhelm Ludwig Viktor H. v. D. (1775–1849), Ritter des Johanniter-Ordens, Domdechant zu Brandenburg, Kgl. preuß. Generalleutnant, Onkel der Pogwisch-Schwestern und Bruder ihrer Mutter, nahm Ulrike nach Bar-le-Duc, von wo sie mit ihm und der Tante 1818 nach Weimar zurückkehrte.

Leo Viktor Felix Maximilian H. v. D. (1785–1861), ebenfalls ein Bruder ihrer Mutter, Ritter des Johanniter-Ordens, Domkapitular zu Halberstadt, Dr. phil., Kgl. prop. Kammerherr und Rittmeister a. D. und Geheimer Regierungsrat, beschloß die Reihe der prominentesten Mitglieder der Familie Henckel v. Donnersmarck. Vgl. Rahmeyer, Ottilie v. Goethe. S. 36–39.

156 Vgl. Max Hecker: Ferdinand Heinke in Weimar. In: Jb. d. Goethe-Gesellschaft. Bd. 13. Weimar, 1927. Rahmeyer, a. a. O. S. 75ff.

157 Wilhelm I. (1797–1888), dt. Kaiser seit 1871, zweiter Sohn Friedrich Wilhelms III. und Luises v. Preußen, heiratete 1829 Augusta v. Weimar, übernahm 1858 für seinen schwer erkrankten Bruder Friedrich Wilhelm IV. die Regentschaft, wurde 1861 König v. Preußen, berief 1862 Otto v. Bismarck zum Ministerpräsidenten und wurde 1871 in Paris zum dt. Kaiser gekrönt. Er war 1848 bei der Niederschlagung der Märzrevolution in Berlin als der »Kartätschenprinz«

in die Geschichte eingegangen, wurde nach Niederschlagung des badisch-pfälzischen Aufstandes 1849 Generalgouverneur der Rheinlande und hielt in Koblenz Hof.
Er heiratete erst mit 32 Jahren und galt als gutaussehender Tänzer und Charmeur im Gardeoffiziersdress (seit seinem 11. Lebensjahr Offizier im aktiven Dienst!), dem man zahllose Amouren mit jungen Damen des Hochadels nachsagte, nicht zuletzt die angeblich große unerfüllte Liebe zu Elisa v. Radziwill.
Ulrike v. Pogwisch hatte ihn schon in Bar-le-Duc und Paris kennengelernt, begegnete ihm 1826 in Teplitz wieder, wo man tuschelte, er sei »auf Brautschau« in den böhmischen Bädern. In den fünfziger Jahren sah sie ihn noch einmal, als sie von ihm ein empfehlendes Wort für ihren Neffen Wolfgang v. Goethe erbat, der sich um eine Stellung im preußischen diplomatischen Dienst beworben hatte.

158 Ruth Rahmeyer: »Ich schrieb an Humboldt ...« In: Mitteilungen der Humboldt-Gesellschaft, Folge 30, Dez. 1993. Mannheim, 1993, S. 1236–1251.

159 Tagebücher Ottilie v. Pogwischs. Hrsg. von H. Bluhm, Bd. IV, 1854 –56. Wien, 1966.

160 Goethes Tagebuch, 28. 8.–1. 9./6. 9. 1827, WA III 11, 102–106.

161 Dem Briefwechsel geht eine Widmung in Gestalt eines offenen Briefes voran: »An Seine Majestät den König von Bayern ...«, Gedenkausgabe 28. August 1949, 20. Bd. Zürich, 1950.

162 Kanzler v. Müller, Unterhaltungen, 30. August 1827, S. 167.

163 28. August 1859.

164 Goethe im Gespräch. Hrsg. von E. Korrodi. Zürich, 1944, S. 166/67.

165 Venetianische Epigramme, Nr. 17. HA I, S. 178/79, vgl. Eckermann, 27. 4. 1825.

166 Joseph Carl Stieler (1781–1858) befand sich vom 25. 5. bis 6. 7. 1828 in Weimar und arbeitete im Auftrag König Ludwigs I. von Bayern vom 27. 5. bis 3. 7. in 12 Sitzungen an dem bekanntesten Goethe-Porträt; das Original gab der bayerische König in die Neue Pinakothek München, eine Kopie erhielt Goethe, ein kleineres Aquarell- und Kreidebild Ottilie v. Goethe.

167 Statue Goethes in ganzer Figur (im Hausmantel, Hände auf dem Rücken, Höhe 31 Zentimeter) wurde von Christian Daniel Rauch vom 22. bis 25. 9. 1828 modelliert und angefertigt nach Messungen,

nach denen Goethe zu der Zeit etwa 1,74 Meter groß war. Riemer wie Dr. Vogel bestätigten die Übereinstimmung mit der für Goethe typischen Körperhaltung. Bei einer Korrektur 1829 auf Goethes Wunsch – er fand sich zu dick – war auch der Dresdner Bildhauer Ernst Rietschel (1804–1861), ein Schüler Rauchs, anwesend; er schuf später das Goethe-Schiller-Denkmal vor dem Nationaltheater in Weimar. Vgl. Goethe – seine äußere Erscheinung. Literarische und künstlerische Dokumente seiner Zeitgenossen. Emil Schaeffer; Jörn Göres. Revidierte Fassung der Ausgabe von 1914. Frankfurt am Main, 1980.

168 Aus Ottiliens Tagebuch. In: Wolfgang v. Oettingen, Schriften der Goethe-Gesellschaft, 28. Bd. Weimar, 1913, S. 203.

169 Henriette v. Pogwisch an Ottilie von Pogwisch, 12. 8. 1828, nach Kopien der Handschrift, GSA 40/XIV, 1, Brief Nr. 11.

170 U. a. in Oettingen, 28. Bd. 1913.

171 U. a. Neugriechische Geschichte von Rizo zum evtl. Ankauf für Großherzogliche Bibliothek.

172 Goethe-Brief V, WA IV 44, S. 174.

173 Oettingen, 28. Bd. Nr. 119, S. 209, o. D., etwa 20. Juli 1828.

174 Ulrike v. Pogwisch an Ottilie v. Goethe, Eisenach, 29. 7. 1828, nach Kopie der Handschrift, GSA.

175 Goethes Tagebuch, 17. 10. 1828, WA III 11, 292.

176 s. Anm. 28.

177 Goethe an Meyer, WA IV 44, S. 482.

178 Johanna Henriette Schopenhauer geb. Trosiener (1766–1838), lebte von 1806 bis 1829 in Weimar, von 1829 bis 1837 in Unkel am Rhein und in Bonn, ab 1837 bis zu ihrem Tode 1838 mit herzoglicher Pension in Jena. Ihre berühmten Teeabende 1806 bis 1813 wurden Treffpunkte der literarischen Bildungselite Weimars und berühmter durchreisender Besucher der Stadt. Hier führte Goethe 1806 erstmals seine Frau Christiane in die Gesellschaft ein und war fast regelmäßig selbst anwesend. Nach etwa 1819 wurde Johanna Schopenhauer eine erfolgreiche Roman- und Reiseschriftstellerin. Vgl. A. Köhler: Salonkultur im klassischen Weimar. 1996.
Adele (Adelaíde) Louise Lavinia Schopenhauer (1797–1848), Tochter von Johanna Sch. und Schwester des Philosophen Arthur Schopenhauer (1788–1860), wurde die Ottilie v. Goethe bis zu Goethes Tod am nächsten stehende Freundin, verkehrte im Hause Goethe auch bei Gesellschaften und Hauskonzerten, mit Goethe selbst

auch in Korrespondenz (1819–1831). Goethe schätzte ihre Intelligenz und künstlerische Begabung u.a. im Schneiden von Silhouetten. In späteren Jahren veröffentlichte sie den Nachlaß der Mutter und eigene schriftstellerische Arbeiten. Zeitweilig war sie eng befreundet mit Annette von Droste-Hülshoff und besuchte diese auch auf Rüschhaus.

Vgl. Johanna Schopenhauer: Im Wechsel der Zeiten, im Gedränge der Welt. Jugenderinnerungen, Tagebücher, Briefe. Hrsg. von Rolf Weber. München, 1986; Die Schopenhauers: Der Familien-Briefwechsel. Hrsg. von Ludger Lütkehaus. Zürich, 1991.

179 Sibylle Mertens-Schaaffhausen (1797–1857), vermögende rheinische Bankierstochter und -gattin, bedeutende Wissenschaftlerin und Mäzenatin, eng befreundet mit Adele Schopenhauer und Ottilie v. Goethe.

Vgl. Rahmeyer: Ottilie v. Goethe. S. 168, 340; H. H. Houben: Die Rheingräfin. Das Leben der Sibylle Mertens-Schaaffhausen. Essen, 1935.

180 Eine Redewendung Arthur Schopenhauers.

181 Reinhard Finck: Das »Chaos« und seine Mitarbeiter. In: Otto Glauning zum 60. Geburtstag. Festgabe aus Wissenschaft und Bibliothek. Leipzig, 1936; Lily v. Kretschmann: Weimars Gesellschaft und das »Chaos«. Illustrirte Deutsche Monatshefte (Westermann), Braunschweig, November, 1891.

182 Ulrike v. Pogwisch, Gedicht für »Chaos«, Handschrift der Mutter, GSA Weimar.

183 Eckermann, 14. Februar 1830.

184 Kanzler v. Müller, Unterhaltungen. 14. März 1830, S. 186.

185 So schon beim Tode des Großherzogs, 1828. Henriette v. Pogwisch an Ottilie v. Goethe, 23. 6. 28: »Er hat das Glück, sich schon mit ganz fremdartigen Dingen beschäftigen zu können …« Oettingen, 28. Bd., S. 196.

186 Auskunft des Stadtarchivs Weimar vom 30. 1. 1996.

187 Sylke Kaufmann: Henriette von Pogwisch. S. 102ff.

188 Ebd., S. 70ff.

189 Ebd., S. 143ff.

190 Eckermann, 21. 3. 1830.

191 Ottilie v. Goethe an Adele Schopenhauer, o. D. nicht beendeter Brief (etwa Ende Mai 1830), Oettingen, S. 252.

192 Eckermann, 6. 11. 1830 (Northeim), vgl. Ruth Rahmeyer: Werthers Lotte. Ein Brief. Ein Leben. Eine Familie. Darin ausführlich August Kestners Bemühungen, die Benachrichtigung Goethes vom Tode seines Sohnes in Rom und dessen Beisetzung. Hannover, 1994. S. 141ff.

193 Goethe an Zelter, 28. 12. 1830. Briefwechsel, Bd. 3, S. 408/09.

194 Kanzler v. Müller, 7. 1. 1831 »Goethe übergibt Testament« S. 202.

195 Ottilie v. Goethe an Eckermann, 8. 11. 1830. Oettingen, S. 279ff.

196 Goethe an Zelter, 9. 6. 1831. Briefwechsel, Bd. 3, S. 478.

197 Zelter an Goethe, 6. 8. 1831. Briefwechsel, Bd. 3, S. 513.

198 Goethe an Zelter, 20. 8. 1831. Briefwechsel, Bd. 3, S. 518.

199 Kleßmann, Goethe aus der Nähe. S. 144ff.

200 Goethe an Zelter, 4. 9. 1831. Briefwechsel, Bd. 3, S. 535.

201 Goethes Tagebuch, 26. 8.–31. 8. 1831, WA III 13, 128–132.

202 Goethes Tagebuch, 10.–15.März 1832, WA III 13, 233/234.

203 Manfred Wenzel: Goethe und die Medizin/it. 1350 Frankfurt am Main, 1992. S. 105–110.

204 Ulrike v. Pogwisch an Doris Zelter, 1. 5. 1832, zitiert nach Kopie der Handschrift (Goethe-Museum Düsseldorf).

205 s. Anm. 19

206 Rahmeyer, Ottilie v. Goethe, S. 324ff.

207 Anna Jameson-Brownell (1794–1860), engl. Schriftstellerin und Gattin des Vertreters der britischen Krone in Kanada, häufig in Europa zur Recherchierung ihrer Vorhaben, wurde ab 1832 neben Sibylle Mertens-Schaaffhausen engste Freundin Ottilie v. Goethes.

208 Ein Konvolut nach den Handschriften transkribierter und in Maschinenschrift fotokopierter Briefe Ulrike v. Pogwischs an ihre Schwester Ottilie v. Goethe aus einem Zeitraum von 1859 bis 1861 überließ dankenswerterweise die Priörin des Adeligen Klosters St. Johannis vor Schleswig, Baronin Gerda von Löwenstern, der Verfasserin am 30. 8. 1992; Frau von Löwenstern trug überdies mit zahlreichen wertvollen Hinweisen und eigenen Fotos (s. Bildnachweis) dazu bei, daß die nun vorliegende Arbeit erscheinen konnte.

209 Schloß Farve, Stammsitz der Pogwischs von 1454 bis 1662, ging aus dem Besitz der von Reventlows 1929 in den der Grafen Holk über, die es auch heute noch bewohnen und bewirtschaften. Vgl. Rahmeyer, Ottilie v. Goethe. S. 32/33.

210 Eine Kopie der Urkunde zur offiziellen Einsetzung Ulrica von Pogwischs in das Amt einer Priörin vom 31. 8. 1864 erhielt die Ver-

fasserin ebenfalls freundlicherweise von der Priörin Baronin von Löwenstern, s. S. 134.

211 In der Schlacht bei Königgrätz (in Ostböhmen, 3.7.1866) – in Frankreich und Großbritannien nach dem Ort Sadowa benannt – gelang den Preußen der Sieg über Österreich und Sachsen. Mit diesem endete der sogenannte Deutsche Krieg von 1866, der Bismarck den Weg freigab für einen Zusammenschluß von Preußen mit 17 norddt. Staaten zum Norddeutschen Bund 1867.

212 Helgo Klatt: Die Brockdorffs in der Stadt Schleswig und auf Annettenhöh. In: Beiträge zu Schleswiger Stadtgeschichte, Heft 7 (1962), S. 3–21.

213 Katalog »Bestandhalten« der Stiftung Weimarer Klassik (Goethe-Nationalmuseum), 1996. S. 61–63.
Vgl. Carl Gustav Carus: Lebenserinnerungen und Denkwürdigkeiten (nach der zweibändigen Originalausgabe von 1856/66 neu hrsg. von Elmar Jansen), 2. Bd., Weimar, 1966. S. 293 und 312ff.

214 Nanny Friedrichs: Die Pogwischs und die Goethes. Erinnerungen einer Neunzigjährigen. In: Schatzgräber. Zeitschrift der Gesellschaft Deutscher Literaturfreunde Berlin, Jg. 9(1929/30) Heft 11.

215 Doris Schnittger: Weimarisches in Schleswig. In: Hamburger Korrespondent Nr. 72 vom 29. 1. 1890. (Mittagsausgabe)

216 Adelheid v. Schorn: Das nachklassische Weimar unter der Regierungszeit Karl Friedrichs und Maria Paulownas. Weimar, 1911.

217 Offizielle Anrede, entnommen einer Einladung zum Diner durch Freiherr von Brockdorff und Baronin von Brockdorff, 27. 4., o. J. GSA Weimar 40/XXVIII, 9, 11.

218 Ottilie v. Goethe, Tagebuch, Bd. V, 17. 1. 1859, S. 349/341.

219 Walter und Wolfgang von Goethe an Kuno Böttger, Rechtsanwalt: 1. 11. 1875 (Original im Goethe-Museum Düsseldorf).

Die Familie Pogwisch in der preussischen Linie

- **Benedikt v. Pogwisch**, 1665–1732, ⚭ in 3. Ehe mit Magdalene Elisabeth v. Manteuffel, gen. Szoege
  - **Carl Benedikt**, 1721–1777, ⚭ Caroline W. v. Müllenheim
    - **Carl Friedrich**, 1757–1832, ⚭ Friederike Elisabeth v. Pfindel
      - **Wilhelm**, 1780–1801
      - **Julius Ludwig**, † 1813
      - **Otto Heinrich**, 1775–1808, ⚭ Friederike v. d. Schulenburg
        - **Friederike Amalie**, 1809–?
        - **ein Sohn**, 1809–?
        - **Friederike**, 1810–1811
      - **Hans Albrecht**, 1787–1838
    - **Wilhelm Julius**, 1760–1836, ⚭ Henriette Henckel v. Donnersmarck
      - **Ottilie**, 1796–1872, ⚭ August v. Goethe
      - **Ulrike**, 1798–1875
    - **Johanne Friederike**, 1763–1803
    - **Caroline Ernestine**, 1765–1822
    - **Friederike Louise**, 1768–?
  - **August Christoffer**, 1723–?

Die Familie Henckel v. Donnersmarck
Linie Tarnowitz-Neudeck

Leo Maximilian
1691–1770
⚭ Barbara Hock auf Reichen

↓

Viktor Amadeus
1727–1793

⚭ in 1. Ehe mit Katharina F. W. v. Wackerhagen

⚭ in 2. Ehe mit Luise Eleonore Ottilie M. v. Lepel

Henriette Maximiliane Auguste
1764–1835
⚭ Karl v. Hagen

Wilhelmine Helene Amalie
1765–?
⚭ v. Treskow

Wilhelm Ludwig Viktor
1775–1849
⚭ Friederike v. d. Knesebeck

Henriette Ulrike Ottilie
1776–1820
⚭ Wilhelm Julius v. Pogwisch

Leo Viktor Felix
1785–1861
⚭ Theresia v. Bothmer

Ottilie Wilhelmine Ernestine
1796–1872
⚭ August v. Goethe

Ulrike Henriette Adele Eleonore
1798–1875

[In: Ruth Rahmeyer, Ottilie v. Goethe. Stuttgart, 1988, nach eigenen Entwürfen der Verfasserin]

Infolge der frühen Trennung des Ehepaares Wilhelm Julius und Henriette von Pogwisch bestanden für Ottilie und Ulrike von Pogwisch so gut wie keine persönlichen verwandtschaftlichen Beziehungen mehr zur Familie des Vaters. Ulrike von Pogwisch war die letzte Pogwisch der preußischen Linie. Aus dem gleichen Grunde waren die Beziehungen zur mütterlichen Seite (Henckel von Donnersmarck) enger und einflußreicher.

Die regierenden Herzöge des Hauses Sachsen-Weimar-Eisenach von 1737 bis 1901

1. *Ernst August II., Constantin* geb. 2.6.1737 Thronfolge 1755 gest. 28.5.1758	heiratet	16.3.1756 *Anna Amalia* Tochter des Herzogs Karl I. von Braunschweig-Wolfenbüttel geb. 24.10.1739 gest. 10.4.1807
2. *Carl August* geb. 3.9.1757 Thronfolge 1758 unter Regentschaft der Mutter Regierender Herzog 1775 seit 21.4.1815 Großherzog gest. 14.6.1828	heiratet	3.10.1775 *Luise* Tochter des Landgrafen von Darmstadt geb. 30.1.1757 gest. 14.2.1830
3. *Carl Friedrich* geb. 2.2.1783 Thronfolge 1828 gest. 8.7.1853	heiratet	3.8.1804 *Maria Paulowna* Tochter des Zaren Paul I. geb. 15.2.1786 gest. 23.6.1859
4. *Carl Alexander* geb. 24.6.1818 Thronfolge 1853 gest. 5.1.1901	heiratet	8.10.1842 *Sophie* Tochter des Königs Wilhelm II. der Niederlande geb. 8.4.1824 gest. 23.3.1897

bin ich vorrangig denen schuldig, die vor nunmehr 16 Jahren hoffen durften, in absehbarer Zeit die angekündigte Würdigung Ulrike von Pogwischs in ihrer Beziehung zu Goethe und als einstige Priörin des Adeligen Klosters St. Johannis vor Schleswig lesen zu können. Der damalige, leider schon 1984 verstorbene Klosterprobst, Dr. Henning von Ruhmor, gab mir die ersten wichtigen Hinweise für meine Recherchen. Als amtierende Priörin nahm noch im gleichen Jahr Gerda Baronin von Löwenstern den Faden auf und stellte u. a. eigene Fotos dankenswerterweise zur Verfügung, die zum Teil schon in meiner Biographie über Ottilie von Goethe (1988) Verwendung finden konnten. 1995 ergänzte die nunmehrige Priörin, Frau Henny von Schiller, die bisherigen Auskünfte mit Hinweisen und speziell angefertigten Fotos.

Das Städtische Museum Schleswig schloß sich zu meiner Freude mit Fotos aus seinem diesbezüglichen Inventar 1990/91 den Bemühungen des Klosters an.

In Weimar begrüßte Professor Dr. Karl Heinz Hahn, seinerzeit Direktor des Goethe-Schiller-Archivs (GSA) und Präsident der Goethe-Gesellschaft, mein Vorhaben schon im Januar 1983 mit Kopien von Urkunden, die er selbst dem Kloster in Schleswig verdankte. Seine Zustimmung zum Projekt hat wesentlich dazu beigetragen, daß ich das Thema nicht mehr aufgab. Um so mehr bedaure ich, seinen Rat seit seinem Tod 1990 entbehren zu müssen. Ermutigung und Zuspruch durch anhaltendes Interesse und dankenswerte Überlassung von Quellenfunden erfuhr ich von Frau Dr. Renate Müller-Krumbach, Direktorin des Goethe-Nationalmuseums (bis Ende 1997), die meine Arbeiten aufmerksam verfolgte und zu ihrem jetzigen Abschluß entscheidend beitrug, wie auch ihre Mitarbeiter, Dr. Katharina Krügel (Sachkustodin) und Christian Juranek (zur Zeit Geschäftsführer auf Schloß Wernigerode).

Herrn Nicolas Graf Henckel von Donnersmarck sowie dem Archivum Pańistwowe W Szczecinie (Staatsarchiv in Stettin) verdanke ich wertvolle Hinweise und Auskünfte, das ehemalige Rittergut Nassenheide betreffend.

Mit besonderer Dankbarkeit kann ich diesem Buch die Reproduktion des Lichtdrucks eines stimmungsvollen Bildes des Weimarer Malers Elmar von Eschwege (1856–1935) beifügen, das eine Ausfahrt Goethes darstellt, begleitet von Eckermann, Ottilie von Goethe und Ulrike von Pogwisch, in die Umgebung Weimars führend. Dafür engagierte sich 1992 der Heimat- und Museumsverein (Winsen/Luhe), vertreten durch Walter Gröll. Das Original gilt als verschollen, ein Lichtdruck befindet sich auch im Goethe-Nationalmuseum Weimar.

Ohne die mitdenkende und mitsuchende Hilfe von Frau Christa Rudnik (wiss. Mitarbeiterin im GSA Weimar) wäre seit mehr als 15 Jahren keine einzige meiner Arbeiten möglich gewesen. Mein herzlicher Dank für Hinweise, Auskünfte, die Anfertigung von Kopien und für fachliche Beratung gilt daher ihrer unermüdlichen Tätigkeit.

Frau Gisela Wäßerling-Lodahl und Frau Barbara Gerth verhalfen dem Manuskript und der kritischen Durchsicht des Fahnenabzugs zur wünschenswerten Korrektheit.

Alle Beteiligten, genannt und ungenannt, verbindet der Dank an den Verlag Edition Leipzig und seine Cheflektorin, Frau Christina Müller, diesen Titel noch zum 250. Geburtstag Johann Wolfgang von Goethes fertiggestellt zu haben. Mit Recht könnte er heute wiederholen: »Mein Leipzig lob ich mir ...« und Autorin wie Leser könnten sich dem nur anschließen.

Ruth Rahmeyer

Briefe und Billetts aus dem Schriftverkehr Ulrike von Pogwischs mit Johann Wolfgang von Goethe

Die 24 Schriftstücke (Briefe, Briefe in Tagebuchform, Billetts) Ulrike von Pogwischs an Goethe sind im Goethe-Schiller-Archiv (GSA) Weimar inventarisiert und haben der Verfasserin zu dieser Veröffentlichung in Kopien vorgelegen; die sechs Briefe Goethes an Ulrike von Pogwisch wurden bereits in der Weimarer Ausgabe (Sophien-Ausgabe) der Werke Goethes (WA) veröffentlicht, ebenso das Billett vom 12. August 1826; das Billett vom 25. August 1826 in den Nachträgen zur Weimarer Ausgabe, Goethes Briefe, 51. Band.

Sämtliche an dieser Stelle publizierten Schriftstücke Ulrike von Pogwischs wurden aus den Kopien der Handschriften transkribiert, die Goethes aus der WA übernommen, ebenso die Zitate aus den Tagebüchern Goethes. Während die Unterstreichungen einzelner Textpassagen originalgetreu übernommen wurden, beziehen sich Anmerkungsziffern auf Erläuterungen jeweils am Ende der Schriftstücke.

Briefe und Tagebücher Goethes sind gegenwärtig zentraler Gegenstand der Goetheforschung, jedoch längst noch nicht vollständig und modernen Editionsansprüchen entsprechend kommentiert. Das 21. Jahrhundert wird in seinen ersten Jahrzehnten dieses Vorhaben abschließen können.

Die hier vorliegenden 32 Schriftstücke verstehen sich als Dokumente einer menschlichen Beziehung. Einige Anmerkungen stellen – im Zusammenhang mit den Fußnoten des erzählenden Buchteils – dem Leser Ulrike von Pogwisch vor, von der bislang nur wenige wußten, daß sie für Goethe eine »andere« Ulrike darstellte, »deren Name als vorzüglichstes Ingredienz dieser Zustände sich täglich beweist«, wie er am 4. August 1823 aus Marienbad Ottilie von Goethe mit einem »Grüße Ulriken« wissen ließ.

Die Forschung sagt uns, daß Goethe allein im achten Jahrzehnt seines Lebens etwa 400 Briefe pro Jahr geschrieben hat, also in einem Dezennium höchster geistiger Arbeitsintensität und unter permanenter physischer Belastung durch Krankheit und Alter, wovon uns seine Tagebücher Zeugnis geben.

Umso liebenswerter erscheint uns vor dieser Kulisse die Anteilnahme, die der alternde Goethe dem Fräulein von Pogwisch »von Herzen zugetan« schenkte, indem er sie in seinen Alltag mit einbezog – ein leiser, unaufdringlicher, aber stets präsenter Mentor, ein zärtlicher Vater für »Ulkariekche«, Vorbild menschlicher Güte und Idealbild niveauvoller Männlichkeit für »Ulrica«, die spätere Domina des Adeligen Klosters St. Johannis vor Schleswig.

Ulrike von Pogwisch an Goethe →

← Goethe an Ulrike von Pogwisch

1. 25. Januar 1820 (Dessau)

2. 28. August 1821 (Weimar)

3. 28. Oktober 1821 (Weimar)

4. 26. November 1821 (Berlin)

5. 21. Januar 1822 (Berlin)

6. 30. Oktober 1822 (Weimar) – Billett

7. 28. August 1823 (Dessau)

8. 7. Dezember 1823 (Dessau)

I. 10. Dezember 1823 (Weimar)

9. 20. Dezember 1823 (Dessau)

10. 4. August 1825 (Dessau)

11. 16. Juli 1826 (Franzensbad)

II. 22. Juli 1826 (Weimar)

12. 28. Juli 1826 (Franzensbad)

13. 3. August 1826 (Franzensbad)

III. 12. August 1826 (Weimar) – Billett

14. 15. August 1826 (Franzensbad)

IV. 25. August 1826 (Weimar) – Billett

15. 28. August 1826 (Weimar)

16. ohne Datum (Weimar) – Billett

17. 5. September 1826 (Berlin)

18. 18. September 1826 (Nassenheide)

v. 25. September 1826 (Weimar)

19. 14. Juli 1827 (Karlsbad) – Auszug

vi. 27. Juli 1827 (Weimar)

20. 2. August 1827 (Karlsbad) – Auszug

21. 10. bis 13. Juli 1828 (Wilhelmsthal)

vii. 18. Juli 1828 (Dornburg)

22. ohne Datum (1829 oder 1830,
Weimar oder Wilhelmsthal)

23. ohne Datum (vermutlich 11. Oktober 1831)

24. 5 Juni 1831 (Karlsbad)

viii. 18. Juni 1831 (Weimar)

1.

Bester Vater!

Lange war ich unentschlossen, ob ich es wagen dürfte Ihnen zu schreiben; doch Ihre große Güte die Sie mir so oft bewiesen, läßt mich hoffen, daß Sie mir verzeihen werden. – Dieselbe ist auch die Veranlaßung dieser Zeilen; schon so oft habe ich Ihnen mündlich danken wollen, für die väterliche Liebe mit der Sie mich stets behandelt, aber so tief ich es auch empfunden, so war es mir doch unmöglich meinen Empfindungen Worte zu geben. Noch mit dem größten Vergnügen denke ich Ihres herzlichen Abschiedes in Jena, sie erlaubten mir damals wieder zu Ihnen zu kommen, und darf ich es noch, mein bester gütiger Vater? –

Wie glücklich habe ich mich immer in Ihrem Hause gefunden und wie viel Freude gewährt mir noch die Errinnerung der Zeidt wo August und Ottilie in Berlin[1] waren, ich so viel in Ihrer Nähe seyn durfte, und ich ich mit Nachsicht und Freundlichkeit überhäuft wurde. –

Doch länger darf ich Sie nicht mit mein Geschreibe belästigen, und bitte Sie nur noch mir Ihre für mich so unendlich schätzbare Liebe ferner zu schenken. –

Es umarmt Sie auf's aller zärtlichste

Ihre treu Sie lieben und
verehrende Ulrike.

Deßau den 25t. Jan:
1820.

[GSA 28/86]

1 *Berlin:* Vom 9. Mai bis 1. Juni 1819 waren Ottilie und August von Goethe in Berlin.

2.

Bester Vater!

Unmöglich kann ich diesen Tag[1] vorüber gehen lassen, ohne Ihnen, wenigstens schriftlich meinen aufrichtigsten und herzlichsten Glückwunsch darzubringen; und obgleich ich weis, daß es eine große Künheit ist Ihnen zu schreiben, so mußte ich es doch wagen, um Sie zu bitten mir ihre Liebe ja ferner zu schenken, da ich Sie so unbegränzt liebe und verehre. –

Wie sehr beneide ich Alle die den heutigen Tag in Ihrer Nähe zubringen, und ich denke noch mit Freude an voriges Jahr wo mir zum erstenmal dies Glück zu Theil wurde, möchte doch etwas Sie auch heute an mich errinnern. –

Es ist gar nicht recht von Ihnen, daß Sie blos Ottilien bei den Bällen vermissen, da ich doch dem Tanzen nicht gar zu abhold bin; überhaupt kann ich mir das Leben in Marienbad recht angenehm denken; versteht sich, daß Sie mit dort sind, der dem ganzen erst Leben gibt. –

Darf die Quäl-Muse[2] Sie wohl, lieber Vater an das ihr gegebene Versprechen errinnern, an dem 2t Theil der Wanderjahre[3] recht fleißig zu schreiben? – Wie freue ich mich darauf Sie se[l]bst wieder zu quälen; (wenn Sie es nahmlich erlauben) doch werde ich wohl noch 4 Wochen warten müssen, da ich mir von Ihnen die Genehmigung zu einer Reise, mit der Mutter nach Dessau ausbitten will; wo ich jedoch den 2t Octo: hier wieder eintreffe, und Ottilie hat mir gesagt, daß Sie dann auch wieder hier wären. –

Mit der nochmaligen Bitte, daß Sie diesen Zeilen, der vielen Nachsicht deren sie bedürftig nicht versagen, und meine Freiheit mit der Liebe zu Ihnen entschuldigen schließe ich. –

Behalten Sie ja immer ein bischen lieb
Ihre Sie verehrende und zärtlichst liebende
auch verzogen Tochter

Henriette Ulrike[4]

Weimar den 28 August
1821.

[GSA 28/94]

1 *diesen Tag:* Goethes 72. Geburtstag. Er verbrachte ihn auf Schloß Hartenstein bei Eger, Ulrikes Brief erreichte ihn dort am 5. September (G. Tgb.).

2 *Quäl-Muse:* Scherzhafter Rufname für Ulrike von Pogwisch im »Musen-Café« ihrer Freundinnen (Tille-Muse Ottilie, Adel-Muse Adele Schopenhauer, Jule-Muse Julie von Egloffstein, Line-Muse Line von Egloffstein, Muse-Line Caroline von Hartleben usw.). Man traf sich bei Kaffee und Kuchen, um poetische Aufgaben zu lösen und Gelesenes zu diskutieren. Die älteren Damen um Henriette von Pogwisch trafen sich ebenfalls zu literarischen Kränzchen und nannten sich »Sybillen«.

3 *2t Theil der Wanderjahre:* Goethes »Wilhelm Meisters Wanderjahre oder Die Entsagenden« erschien 1821, gleichzeitig waren die sogenannten falschen Wanderjahre des Pfarrers Pustkuchen von 1821 bis 1828 im Handel, eine Art »Anti-Goethe«. Die Familie suchte Goethe zur Weiterarbeit zu ermuntern, seine Neufassung erschien erst 1829 in der Ausgabe letzter Hand.

4 *Henriette Ulrike:* In den Briefen 2 bis 5 variierte Ulrike von Pogwisch die Unterschrift mit ihren Taufnamen: Ulrike Adele Eleonore Henriette.

3.

Bester Vater!

Unmöglich kann ich Ottilien wegfahren lassen, ohne Ihnen wenigstens schriftlich meinen innigsten Dank zu sagen. Welche doppelte Freude haben Sie mir gemacht durch den schönen Kamm[1] und dadurch daß Sie meiner so freundlich gedacht; schenken Sie mir nur auch ferner Ihre Liebe. – Wie sehr ich mich sehne Sie endlich einmal wider zu umarmen kann ich gar nicht beschreiben; kommen Sie nur bald, denn ich habe noch immer Stuben Arest, und muß die Andern immer ohne mich zu Ihnen fahren sehen. – Wenn diese Zeilen konfuser als irgend welche von mir sind, so müssen Sie es mir wirklich verzeihen, denn August und Heinrich Nicolovius[2] haben sich vorgenommen mich ganz irre zu machen was wie Sie wissen nicht schwer ist . – Doch nun leben Sie wohl bester Vater und vergessen Sie nie daß ich Ihrer Liebe, zum froh leben durchaus bedarf.

Ihre sehr verehrende und
liebende Tochter Henriette

Weimar den 28 Oct.
1821.

[GSA 28/95]

1 *Kamm:* Souvenir Goethes aus Böhmen.

2 *August und Heinrich Nicolovius:* Ein August N. ist nicht ermittelbar; Heinrich N. hielt sich vom 13. Oktober bis 21. November 1821 im Goethehaus als Gast auf, er und seine Brüder Alfred, Ferdinand und Franz waren Goethes Großneffen. Georg Heinrich Ludwig Nicolovius (1767–1839) hatte 1795 Goethes einzige Nichte Maria Anna Louise geb. Schlosser (1774–1811) geheiratet (s. Text S. 72).

Liebster Vater!

Unmöglich kann ich Ottilien weggehen lassen, ohne Ihnen wenigstens schriftlich meinen innigsten Dank zu sagen. Welche doppelte Freude haben Sie mir gemacht durch den schönen Kamm und dadurch daß Sie meiner so freundlich gedacht; schenken Sie mir nur noch ferner Ihre Liebe. — Wie ich mich sehne Sie endlich einmal wieder zu umarmen kann ich gar nicht beschreiben; kommen Sie nur bald, denn

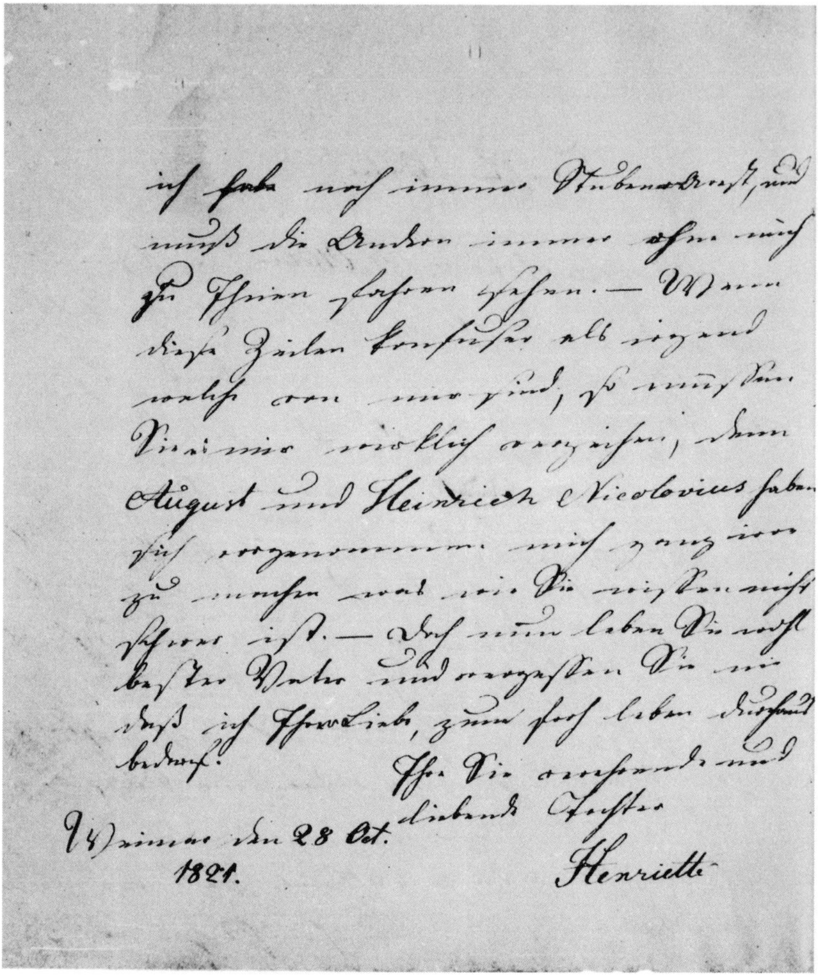
ich habe noch immer Stubenarrest, und muß die Kinder immer ohne mich zu Ihnen fahren sehen. — Wenn diese Zeilen schlechter als irgend welche von mir sind, so müssen Sie mir wirklich verzeihen, denn August und Heinrich Nicolovius haben sich vorgenommen mich ganz irre zu machen, was wie Sie wissen nicht schwer ist. — Doch nun leben Sie wohl bester Vater und vergessen Sie nie daß ich Ihre Liebe, zum froh leben durchaus bedarf.

Ihre Sie verehrende und liebende Tochter

Weimar den 28 Oct. 1821.

Henriette

4.

Bester Vater!

Obgleich ich mir nicht mündlich habe die Erlaubniß erbitten können Ihnen zu schreiben, da Sie uns so schnell verliesen und ich immer noch hoffte Sie kämen wieder; so hoffe ich werden Sie mir es doch vergeben. –

Wie vielen Dank bin ich Ihnen schuldig mir die Erlaubniß mit nach Berlin zu gehen[1] gegeben zu haben. –

Sie sollten nur einmal hören mit welchem Entzücken hier Ihr Name stets genannt wird, und wie ich hier nach allem was Sie betrifft befragt werde. – Wie sehr es mich freut von so vielen Verehrern von Ihnen umgeben zu sein brauche ich wohl nicht erst zu sagen; denn Sie wissen ja wie unendlich ich Sie liebe und verehre.

Gestern wurde der Freischütz[2] gegeben, und ich versäumte nicht der Vorstellung beizuwohnen, und ich kann nicht läugnen daß es mir einen großen Genuß gewährte um so mehr, da mir die Musik durch Felix[3] schon sehr bekannt war, und mit vollem Orchester natürlich viel schöner klingt. – Madam Seidler[4] zu sehen und zu hören ist schon eine Freude, da sich mit dem hübschesten Aeußren, eine sehr schöne Stimme verbindet. – Keinen Strohmeier[5] giebt es hier freilich nicht, doch paßte dünkt mich H[?] Blum[6] zu der Rolle recht gut. – Ich bin noch nicht genug Berlinisirt um an der Hölle mit Irrlichtern und Unfug, großes Vergnügen zu finden, doch war eine sehr schöne Wald Dekoration, mit einem Mondschein, und anziehenden Gewitterwolken mir viel intressanter. – Doch ich muß fürchten Ihre Geduld zu ermüden und will also schließen. – Zelter und Doris,[7] bei denen es mir vortrefflich geht tragen mir die schönsten Grüße und Empfehlungen auf. – Ersterer läßt sagen er würde bald schreiben.

Mit der Bitte mich auch in der Ferne ein bischen lieb zu behalten, bin ich

Ihre ergebene und
zärtlich liebende Tochter Henriette

Berlin den 26^{t} Nov:
1821

[GSA 28/698a]

1 *nach Berlin zu gehen:* Vom 24. November 1821 bis zum 21. Januar 1822 war Ulrike von Pogwisch in Berlin.

2 *Freischütz:* Die Oper Carl Maria von Webers erlebte am 18. Juni 1821 ihre Erstaufführung in Berlin.

3 *Felix:* Felix Mendelssohn Bartholdy (1809–1847) war gerade erst vom 3. bis 19. November 1821 in Weimar Goethes Hausgast gewesen (zusammen mit seinem Lehrer Carl Friedrich Zelter) und hatte u. a. aus dieser Oper vorgespielt. Ulrike durfte sich Zelter auf der Rückreise nach Berlin anschließen und war dessen Gast.

4 *Madam Seidler:* Sängerin im Freischütz-Ensemble.

5 *Strohmeier:* Carl Stromeyer (1780–1840), Opernsänger (Baß), seit 1806 am Weimarer Theater, seit 1817 dort Operndirektor.

6 *Blum:* Carl Ludwig Bluhm (1786–1844), Schauspieler, Komponist und Verfasser von Theaterstücken in Weimar.

7 *Zelter und Doris:* Carl Friedrich Zelter (1758–1832), Komponist, Leiter der Berliner Singakademie. 1809 Professor für Musik an der Akademie der Künste, Lehrer Felix Mendelssohn Bartholdys und enger Duz-Freund Goethes; seine Tochter Doris führte ihm den Haushalt.

5.

Bester Vater!

Erlauben Sie mir Ihnen Glück zu dem neu angefangnen Jahr zu wünschen; und Sie zugleich zu bitten mir Ihre fernere Liebe und Nachsicht zu schenken; bald denke ich Sie mündlich darum zu bitten, und ich hoffe Sie werden, mir erlauben Ihnen dann recht viel von Berlin zu erzählen. –

Freilich nicht lauter kluges aber Sie sind ja schon an meine Erzählungen gewöhnt, und Ihre anerkannte Güte gegen mich, verzeiht das unvollkommene derselben. –

Gestern Abend waren wir beim Staatsrath Längermann[1], mit Siebecks. –

Ersterer empfiehlt sich Ihnen bestens, so wie mein Großonkel Lepel[2], und Savignis[3], bei denen ich neulich einen recht vergnügten Abend zubrachte. –

Mit der Gesundheit des Staatsrath Schulz[4] geht es, der gelinden Wittrung wegen sehr gut; doch geht er beinah nie aus. –

Er hatte die Güte uns einen Mittag einzuladen, und hatte alle (wie er sagt) Weimarischen Bekannte eingeladen, als: Rauch[5], Tieck[6], Schinkel[7]. Doch leider liesen sie den Abend zuvor absagen, da sie alle nach Tegel mit dem Minister Humboldt[8] fuhren wegen eines Bau's; und wir mußten das schöne Mittagseßen allein verzehren. –

Doch nun will ich Sie nicht länger mit mein konfuses Geschwätz belästigen; aber es ist wirklich schwer zu schreiben wenn sich 4 Personen unterhalten, und in der Nebenstube Quartetts gespielt werden. – Zelters Grüßen alle tausendmal. –

Behalten Sie recht lieb

Ihre Ihnen treu ergebene und
Sie zärtlichstliebende Henriette.

N. S.
Die Herzogin von Cumberland[9], trägt mir die zärtlichsten Grüße für Sie auf. –

Berlin den 21. Jan:
1822.

[GSA 28/96]

1 *Staatsrath Längermann:* Johann Gottfried Langermann (1768–1832), Staatsrat und Mediziner in Berlin; mehrfache Begegnungen und briefliche Kontakte mit Goethe, auch durch Berliner Freunde.

2 *Großonkel Lepel:* Luise Eleonore Ottilie Maximiliane Gräfin (Exzellenz) Henckel von Donnersmarck, Großmutter der Pogwisch-Schwestern, war eine geborene von Lepel: Ulrikes Großonkel war der Bruder ihrer Großmutter, Wilhelm Heinrich Ferdinand Carl von Lepel (1755–1826).

3 *Savignis:* Friedrich Carl von Savigny (1779–1861), Staatsrat in Berlin (später preußischer Justizminister), bedeutender Rechtsgelehrter, verheiratet mit Gunda Brentano, einer Schwester von Bettina und Clemens Brentano. Die Savignys pflegten ihre Beziehungen zu Goethe mit zahlreichen Besuchen in Weimar, bei Begegnungen in Teplitz und während der Rhein-Main-Reise Goethes 1815.

4 *Staatsrath Schulz:* Christoph Friedrich Ludwig Schultz (1781–1834), Staatsrat und Jurist in Berlin, 1819 bis 1825 Regierungsbevollmächtigter für die Universität in Berlin. Enge Kontakte zu Goethe, gemeinsame naturwissenschaftliche Interessen, umfangreiche Korrespondenz und ausgedehnte Besuchsbegegnungen.

5 *Rauch:* Christian Daniel Rauch (1777–1857), als Bildhauer und Professor an der Akademie der Künste Vertreter des Berliner Klassizismus, Denkmäler und Porträtbüsten, u. a. Büsten Goethes, die von diesem sehr geschätzt wurden.

6 *Tieck:* Christian Friedrich Tieck (1776–1851), Bildhauer des Berliner Klassizismus, Porträtbüsten im Weimarer Schloß, Reliefs und Medaillons, Kolossalbüste Goethes für die Walhalla bei Regensburg.

7 *Schinkel:* Carl Friedrich Schinkel (1781–1841), Maler und Architekt, Baumeister des klassizistischen Berlin. –
Rauch, Tieck und Schinkel besuchten zusammen mit Staatsrat Schultz vom 17. bis 22. August 1820 Goethe in Jena. Rauch und Schinkel modellierten gemeinsam die sogenannte Atempo-Büste Goethes, Schinkel zeigte Landschaftszeichnungen und Baupläne für das Berliner Schauspielhaus (Eröffnung 1821 mit Goethes »Iphigenie«). Goethe darüber in seinen Tag- und Jahresheften, 1820: »Eine lebhafte, ja leidenschaftliche Kunstunterhaltung ergab sich dabei, und ich durfte diese Tage unter die schönsten des Jahres rechnen ... Die Freunde begaben sich nach Weimar, wohin ich Ihnen folgte und die angenehmsten Stunden wiederholt genoß.«

8 *Humboldt:* Wilhelm von Humboldt (1767–1835), Gelehrter, Diplomat und Reformpolitiker, als Freund Goethes auch oft sein Gast, 1809 Leiter des Kultus- und Unterrichtswesens im preußischen Innenministerium, konzipierte die Berliner Universität und 1910 das Neuhumanistische Gymnasium; er lehnte die Karlsbader Beschlüsse ab, was 1819 zu seiner Entlassung führte. Er zog sich auf den Familiensitz Schloß Tegel zurück, mit dessen Umbau er Schinkel und Rauch beauftragte. Am 31. Oktober 1824 konnte das Schloß im Beisein des Königs von Preußen eingeweiht werden. Der sehenswerte Bau befindet sich noch heute im Besitz seiner Nachkommen, der Park ist Ruhestätte der Brüder Humboldt.

9 *Herzogin von Cumberland:* Friederike Herzogin von Cumberland (1778 bis 1841; in dritter Ehe Gattin des Herzogs Ernst August von C., Sohn Georgs III. von England, 1837 König von Hannover), Schwester der Königin Luise von Preußen. Beide Schwestern, Prinzessinnen von Mecklenburg-Strelitz, wohnten 1790 einige Zeit bei Goethes Mutter in Frankfurt, wo sie frei von Etikette, zusammen mit ihrem Bruder, fröhliche Tage verbrachten. Goethe traf Friederike 1793 als Prinzessin von Preußen (erste Ehe mit Friedrich Ludwig Prinz von Preußen) im Feldlager von Mainz, 1806 als Fürstin Solms (zweite Ehe mit Fürst Solms-Braunfels) in Karlsbad und 1810 schließlich als Herzogin von C. in Teplitz, 1815 traf er sie in der Gerbermühle bei Frankfurt, 1818 und 1819 in Weimar.
Die Mutter der Pogwisch-Schwestern war von 1802 bis 1805 bei der Fürstin als Gouvernante, Erzieherin und Gesellschafterin in Triesdorf und Ansbach (Franken) angestellt. Ottilie und Ulrike, sechs und vier

Jahre alt, sollten mit dem Töchterchen der Fürstin, Prinzessin Auguste, zusammen aufwachsen.

Wie Goethe hatten auch die Schwestern Pogwisch eine alte freundschaftliche Beziehung zur Herzogin von C., die in Berlin ein eigenes Haus führte. Dazu Eckermann in »Gespräche mit Goethe« (14. April 1824): »Frau von Goethe erzählte viel von Berlin, woher sie vor kurzem gekommen; sie sprach mit besonderer Wärme von der Herzogin von Cumberland, die ihr viel Freundliches erwiesen. Goethe erinnerte sich dieser Fürstin, die als sehr junge Prinzeß eine Zeitlang bei seiner Mutter gewohnt, mit besonderer Neigung.«

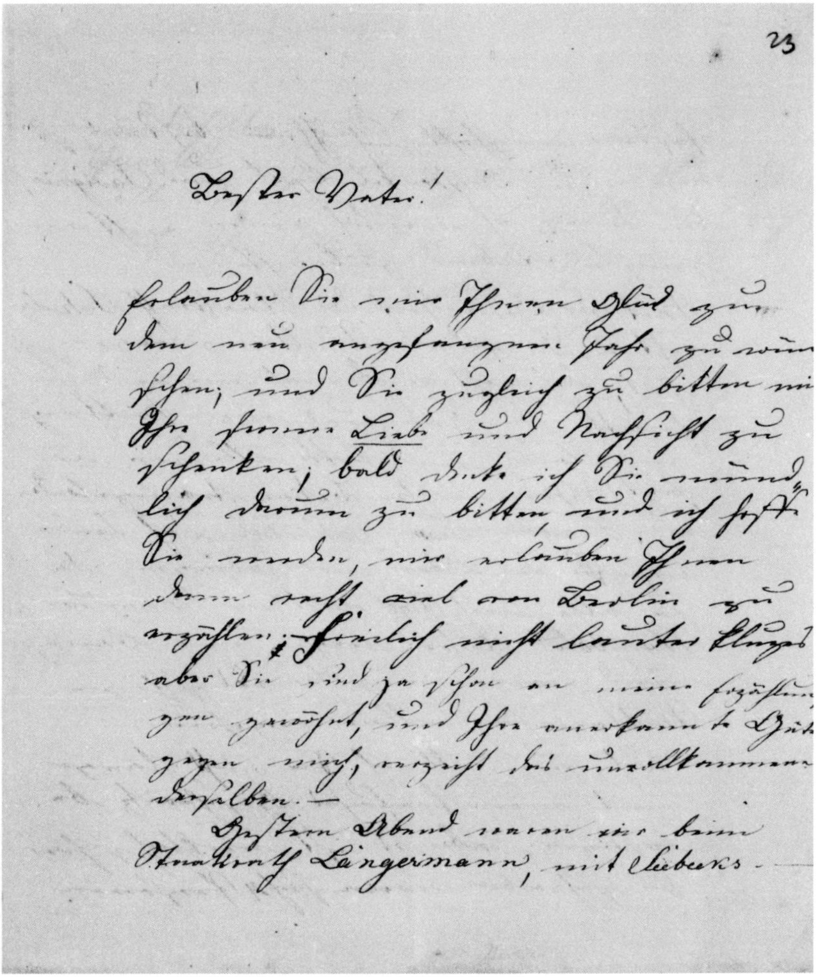

23

Bester Vater!

Erlauben Sie mir Ihnen Glück zu dem neu angefangenen Jahr zu wünschen, und Sie zugleich zu bitten mir Ihre fernere Liebe und Nachsicht zu schenken; bald dachte ich Sie mündlich darum zu bitten, und ich hoffte Sie würden, mir erlauben Ihnen dann recht viel von Berlin zu erzählen; freilich nicht lauter Kluges aber Sie sind ja schon an meine Erzählungen gewöhnt, und Ihre anerkannte Güte gegen mich, verzeiht die Unvollkommenheiten derselben. —

Gestern Abend waren wir beim Staatsrath Längermann, mit Siebecks. —

Fischer empfiehlt sich Ihnen bestens, so
wie mein Großonkel Lepel, und Savignie,
bei denen ich nämlich einen recht ver-
gnügten Abend zubrachte. —
Mit der Gesundheit des Staatsrath Schulz
geht es, der gelinden Witterung wegen, sehr
gut, doch geht er beinah nie aus. —
Er hatte die Güte uns einen Mittag
einzuladen, und hatte alle hier an-
wes.) Weimarischen Bekannten eingeladen,
als; Rauch, Tieck, Schinkel. doch ließen
diese sich den Abend zuvor absagen, da
sie alle nach Tegel mit dem Minister
Humboldt fahren wollten einer Taufe, —
und wir mußten das schöne
Mittagsessen allein verzehren. —
Doch nun will ich Sie nicht länger
mit meinem einfachen Geschwätz be-
lästigen, aber es ist wirklich schwer
zu schreiben, wenn sich 4 Personen

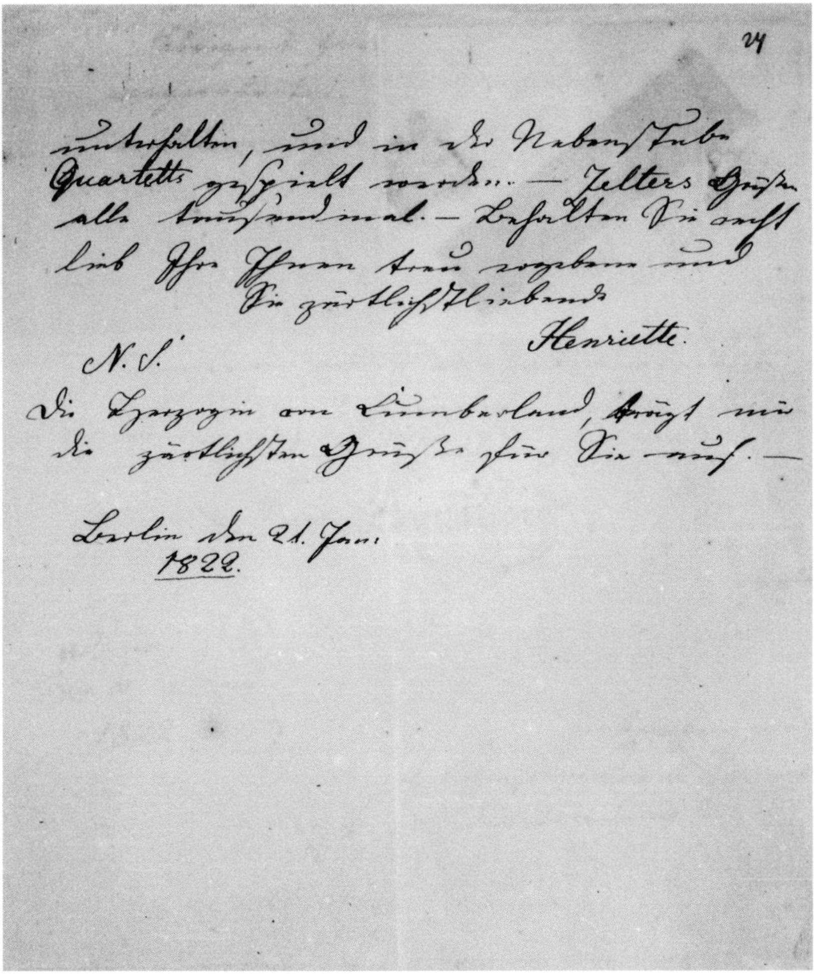

24

unterhalten, und in der Nebenstube
Quartetts gespielt wurden. — Zelters grüßen
alle tausendmal. — Behalten Sie auch
lieb Ihre Ihnen treu ergebene und
Sie zärtlichst liebende

Henriette.

N. S.

Die Herzogin von Cumberland, trägt mir
die zärtlichsten Grüße für Sie auf. —

Berlin den 21. Jan.
1822.

Wir bleiben die Alten

6.

Bester Vater!

Da Morgen Ottiliens Geburtstag ist; so wage ich die Bitte, mich zu entschuldigen, und mir zu erlauben, nicht zu Tisch zu kommen; indem ich ein kleines Geschenk gerne noch vollenden möchte; was sonst wohl unmöglich ist. –

Es hofft auf Ihre Nachsicht

Ihre Ulrike.

30. Okt. 1822.

[GSA 28/99]

7.

Bester Vater!

Diesen Morgen als ich erwachte waren die herzlichsten und wärmsten Wünsche für Ihr Wohl mein erster Gedanke; und mein zweiter Dankbarkeit gegen das Schiksal und Sie die mir verstatten in Ihrer geliebten Nähe zu leben. – Wie sehr ich diesen Vorzug erkenne den ich dadurch vor so tausend anderen habe, Sie täglich sehen zu können, empfinde ich tief, aber noch mehr Ihre unendliche Güte und Nachsicht. Wenn ich könnte so würde ich Sie täglich lieber haben, aber mehr geht es gar nicht an, als wie es schon der Fall ist. – Ich habe gehört daß Sie eine Namensschwester[1] von mir besonders ausgezeichent; daß sie Ulrike heißt ist mir gar nicht recht, denn wenn Sie nun hier den Namen hören werden Sie sich immer der fernen hübschen liebenswürdigen eriñern, und nun eine sehr gewöhnliche sehen die gar nichts bemerkenswertes hat als ihre unendliche Liebe zu Ihnen. – Kommen Sie nur recht bald, wir Alle sehnen uns so sehr. – Hier gibt es eben nicht viel erzählenswerthes ein sehr schönes Konzert ausgenommen was die Kapelle im Schießhaus[2] gab, und was einen wahrhaften Genuß gewährte. Nach und nach kommen die Abwesenden wieder zurück, worunter auch Hofrath Meyer[3] gehört, der zu unsrer Freude Sie auch gesehen. Der neue Bräutigam[4] ist beschäftigt alles zum Empfang der Braut einzurichten.

Es küßt Ihnen die Hände

Ihr treu Sie liebendes Ulkariekche

W. den 28 August.[5]

[GSA 28/103]

1 *Namensschwester:* Ulrike Theodore Sophie von Levetzow (1804–1899), Goethes sogenannte letzte große Liebe, der er 1823 einen Heiratsantrag machte, aber abgewiesen wurde. Sie blieb unverheiratet und wohnte späterhin auf Schloß Trziblitz (bei Leitmeritz/Böhmen), das sie vom Stiefvater erbte, in der Nachbarschaft zur verwitweten Schwester Bertha und deren Familie, gründete eine Spinnschule und lebte ihren Liebhabereien. 1887 gab sie die an sie gerichteten Briefe Goethes in die Obhut der Großherzogin Sophie. Sie schloß ihre eigenen Erinnerungen an Goethe, 1868 und 1887 geschrieben, mit dem Kommentar »keine Liebschaft war es nicht«.

2 *Schießhaus:* 1803/05 am Ortsrand von Weimar im Schießhölzchen erbautes Vereinshaus der Büchsenschützengesellschaft, ein Ort bürgerlicher Geselligkeit bei den alljährlichen Schützenfesten; außerdem gab es noch Bogenschützen.

3 *Hofrath Meyer:* Johann Heinrich Meyer (1760–1832), schweizerischer Maler und Kunstgelehrter, Goethes »Kunscht-Meyer« und Hausfreund seit 1791, den er in Rom kennengelernt hatte, zog im November 1802 aus dem Goethehaus aus, heiratete 1803 Amalie von Koppenfels und wurde 1806 Direktor der Freien Zeichenschule in Weimar. Sein Anteil an der Gestaltung des Goethehauses, des Schlosses und des Römischen Hauses ist bedeutend. Er war Goethes engster Mitarbeiter bei kunstgeschichtlichen Arbeiten, in Zeitschriften und umfangreicheren kunstästhetischen Schriften, unduldsam klassizistischen Prinzipien ergeben (Winkelmann, Mengs) wie Goethe selbst, wurde er von diesem kritiklos als kompetent anerkannt.

4 *Bräutigam:* Hofrat Wilhelm Rehbein (1775–1825), Großherzoglicher Leibarzt und Hausarzt der Goethe-Familie, hatte Goethe auch 1823 – wie schon seit 1818 – bis Eger begleitet, war dann (vermutlich mit dem Großherzog) früher zurückgekommen, um seine Wohnung für den Empfang der Braut einzurichten. Am 14. September fuhr er erneut nach Eger und holte dort seine Braut, Katharina von Gravenegg, die er noch im gleichen Jahr in zweiter Ehe heiratete, ab.

5 *28. August:* Das Datum läßt sich einwandfrei aus dem Inhalt mit 1823 ergänzen.

8.

Lieber Vater!

Vorgestern Abend kam ich hier in Deßau an und fand Mutter und Tante wohl; und so gefaßt, als es bei solch einem Unglük[1] sein kann. – Da gestern hier nähere Nachrichten von Berlin kamen worin es genau beschrieben auf welche Weise so viele Leute verunglückt und Sie wünschen etwas darüber zu wissen; so beeile ich mich Ihnen was ich gehört mitzutheilen. –

Den Abend des Einzugs hatten die Studenten beschlossen mit Pechfackeln nach dem Schloße zu ziehen, um dort der Braut ein vivat[2] zu bringen; der Zug ging in der größten Ordnung hin, dort warfen sie die Fackeln alle zusammen und brachten ihr vivat aus und wollten nun in einem weiten Kreise warten bis alle ausgebrannt waren; da die Hitze in der Nähe erstickend war. Das Volk welches in ungeheurer Menge herzugeströmt, drängte die jungen Leute so, daß sie nur noch 10 Schritt von den Flammen glaubten den Feuertode geweiht zu sein. – Da machte die Cavallerie ihnen Platz; doch kam sie leider zu spät um das andre Unglück zu verhüten. – Die Menschen waren alle so hin nach dem Schloß geströmt, daß auf der Brücke ein fürchterliches Gedränge entstand; ein Wagen der aus Scharlottenburg kam, die Achse gebrochen und auf den 16 Menschen waren vermehrte es; alles wollte sich dafür retten und drängte so zur Seite, daß das Geländer einbrach. – Den andern Tag waren 22 tod, nochmehr schwer verwundet, und viele vermißt. – Man erzählt von einem jungen Mann der seine Schwester geführt, sie stürzt neben ihm hinnunter, er besinnt sich keinen Augenblick springt nach bringt sie noch lebend ans Ufer, wo sie aber in seinen Armen stirbt; nun will er seinen Vater aufsuchen und sieht ihn neben sich todt liegen. – Alles was dabei gewesen und der Gefahr glücklich entronnen, soll es nicht grausig genug beschreiben können. Der König[3] soll außer sich sein, und höchst aufgebracht, daß man dem Gedränge nicht bei Zeiten gesteuert; wie viele Familien die Ihrigen auf diese Weise verlohren ist unglaublich. – Doch habe ich noch Niemand nennen hören. – Hat Zelter nicht Nachricht bekommen; oder Sie von Schulz es villeicht noch ausführlicher gehört. – Wenn es etwas konfus ist so müssen Sie verzeihn aber die Gedanken fest zu halten wird mir schwer. – Wenn Sie mir eine rechte Freude machen wollen, so lassen Sie mir durch John schreiben wie es Ihnen geht. Bitte bitte thun Sie es,

damit sich daran erfreut

Ihre Sie zär[t]lichst liebende Ulrike.

Deßau den 7t Dec.
1823.

[GSA 28/103]

1 *Unglük:* In Dessau war der Kammerherr und Major Karl von Hagen am 18. November gestorben. Seine Witwe, Henriette Maximiliane Auguste geb. Henckel von Donnersmarck, eine Stiefschwester Henriette von Pogwischs, hatte zeitweilig Ottilie und Ulrike von Pogwisch die Mutter ersetzen müssen, »Onkel und Tante Hagen« wurden ein zweites Elternhaus für beide.
Einen Todesfall nicht beim Namen zu nennen, sondern als »Unglük« zu bezeichnen, kann als gebotene Rücksichtnahme gegenüber Goethes ambivalentem Verhältnis zum Tode angesehen werden.

2 *der Braut ein vivat:* Kronprinz Friedrich Wilhelm von Preußen (später König Friedrich Wilhelm IV.) heiratete im Oktober 1823 die Prinzessin Elisabeth Ludovika von Bayern. Berlin bereitete sich auf ihren Einzug in die preußische Hauptstadt vor, König Friedrich Wilhelm III. hatte Magistrat und Bevölkerung zu einem feierlichen Empfang seiner Schwiegertochter aufgefordert. Die Studenten der Universität hatten sich zu einem Fackelzug (einem »vivat«) entschieden, der sich jedoch unerwartet zu einem Fiasko entwickelte. Ulrike schilderte im Brief das Geschehen, wie es in aller Munde war.

3 *König:* Friedrich Wilhelm III. von Preußen (1797–1840).

I.

Es ist sehr löblich von dir, meine gute Tochter, daß du mir die Supplemente zu der Berliner Zeitung allsobald sendest und mich dadurch das vorgegangene Unglück näher kennen lernst.

Sehr zu bedauern sind die guten Menschen, welche mitten in Lust und Freude beschädigt werden und untergehen. Ich zweifle nicht, daß du an den Studentchen wirst einigen Theil genommen haben; denn genau besehen, so sind sie auf einem Ball, frisch gekämmt und gebürstet, immer besser zu brauchen, als wenn sie gesotten oder gebraten wären.[1]

Nun lebe wohl, empfiehl mich der guten Mutter und der Frau Tante. Mit mir geht es besser, seitdem ich bade[2]; ich werde mir's angelgen seyn lassen, dich wieder recht schmuck zu begrüßen, und hoffe von dir das Gleiche.

dein treuer Vater G.

Weimar den 10. December
1823.

[WA IV, 37, 182]

1 Goethes Antwort vom 10. Dezember 1823 verrät sein Bemühen, eine für viele Menschen tödliche Katastrophe heiter zu bagatellisieren, um die Tragik des Unglücks nicht an sich herankommen zu lassen, von dem er nur informiert, aber nicht ergriffen werden wollte – eine für Goethe lebenslang typische psychohygienische Reaktion, unbekümmert auf die Wirkung für andere, möglicherweise sogar Betroffene.

2 *seitdem ich bade:* Es handelt sich offenbar um empfohlene heilkräftige Bäder, die sich ambulant mit Hilfe des Dieners im eigenen Hause einrichten ließen (in Goethes Tagebüchern des öfteren erwähnt); Goethe bevorzugte Naturheilmittel, auch homöopathische Anwendungen.

9.

Bester Vater!

Obgleich ich in kurzen hoffe bei Ihnen zu sein, so kann ich doch nicht umhin Ihnen zu sagen welche Freude mir Ihr Brief gemacht. – Es war der 1te den ich von Ihnen erhielt, und dann sprach sich in der Heiterkeit die darin herrschte am deutlichsten aus, daß es mit Ihrer theuren Gesundheit viel besser geht. – Mit mir geht es denn doch auch nicht schlimmer; ich war vor ein paar Tagen bei Prinzeß Auguste Solms[1], wo viel von Ihnen gesprochen wurde. –

Mutter und Tante empfehlen sich ange[leg]ntlichst, und haben sich sehr über Ihren Gruß gefreut. – Erstere geht wahrscheinlich mit meinem Onkel Wilhelm auf 3 Tage nach Berlin. – Leztere ist ruhig und so theilnehmend, als es sich bei solch einem Gemüth immer erwarten läßt; doch sieht man wieviel sie leidet. – Sie besteht darauf den Winter hier allein zu bleiben, um zu sehen ob sie es so aushalten kann. Ich glaube sie wünscht nach Weimar zu ziehen; doch ist es freilich noch sehr zweifelhaft, ob sie es auch wird können. – Daß Ott[i] nun noch nach Berlin geht freut mich sehr, denn ihr wird es gewiß gut thun und macht ihr so viel Freude. – Halten Sie nur Wort und empfangen Sie mich ganz hergestellt und so freundlich wie immer

Dies hofft und wünscht

Ihre Sie zärtlich liebende
und verehrende Tochter Ulrike

Deßau den 20 Dec.
1823.

[GSA 28/104]

1 *Prinzeß Auguste Solms:* s. Brief Nr. 5.

10.

Lieber Vater!

Es war mein Vorsatz Ihnen gleich nach meiner Ankunft Nachricht von unserer Reise zu geben, welche ohne alle Abentheuer gewesen wäre, wenn die Dt Schütz[1] nicht wenigstens eine Art davon arrangirt hätte. – Bis Schuhlpforte sezte wir unseren Weg fort ohne nur irgend Reisenden zu begegnen; da kam eine Droschke mit einem einzelnen Herrn, der seinen Kopf sehr stolz in die Höhe warf, wodurch ich Gelegenheit hatte ihn sehr genau zu sehen, und wäre ich den Weg nach Eisenach gefahren gewiß geglaubt hätte einen alten Bekannten zu begrüßen. – In Nauenburg wurde Mittag gemacht, und ich sollte die Dtrinn nach einen Putzladen begleiten; jedoch sind die Leute dort viel frömmer und hielten uns wenigstens für Heiden, daß wir den Sonntag glaubten etwas kaufen zu können. – Wir mußten uns wegen der großen Hitze also begnügen ganz ruhig in der kühlen Stube zu bleiben, daß mußte der Doctorinn aber nicht gefallen denn als wir in Lauchstädt[2] ankamen, (wo wegen dem Theater 40 Wagen vor dem Gasthof standen) so sagte sie mir, ich hätte zufällig noch nicht unten im Hause gesprochen und sie wolle mich da die Leute dort so neugirig wären vor eine Engländrin ausgeben, wenn ich etwas englisch könnte wäre es desto besser; aber sonst solle ich nur irgend eine Art Sprache reden. Gerne hätte ich nein gesagt, weil ich lieber jede andere Nation vorgestellt hätte, doch da ich ihr nothwendig einen Grund zu meiner Weigerung hätte angeben müssen, ich ihr die so freundlich gegen mich war, auch nicht den unschuldigen Spaß verderben wollte; so ergab ich mich schweigend. – Im nächsten Augenblick hörten wir wie das Dienstmädchen erzählte: »die Eine spricht gar keen Deutsch. – Die Tochter vom Haus, eine hübsche flinke Brunette, wie man sie auf den Theater öfters sieht; frug die Dct. gehörig aus, und es kam, eines nach dem andern um so ein Wunderthier anzusehen. – Arge Kopfweh kamen mir zu Hülfe und ich konnte das Lachen dadurch oft verbergen. – Den andern Morgen reiste ich als Englanderin ab, und kam als Deutsche in Dessau an. Prinzeß Solms, welche etwas besser, ist seit einigen Wochen in Schönhausen wo die Herzogin von Cumberland auch ist. – Die junge Herzogin ist leider diese Nacht durch den Verlust eines, nur eine virtelstunde lebenden Prinzen, tief betrübt worden. – Meine Tante trägt mir auf, Ihnen zu sagen, daß sie durch Ihr sie schmeichelndes Andenken auf's angenehmste überrascht, es seinem hohen Werth gemäß dankbar zu ihrer Freude und Ehre aufheben wird. – Alles frägt mich was (A Bovy T[3]) welches auf der Medaille steht bedeutet; auch bemüht sich alles das Räthsel zu errathen, ich soll nun immer entscheiden, ob es richtig errathen und indem ich meine Unwissenheit eingestehe bitte ich Sie bester Vater mir die Auflösung zu senden. –

Leben Sie recht wohl grüßen Sie Alle,
und lieben Sie immer recht viel
Ihre Ulrike

Deßau d. 4 Aug:
1825.

[GSA 28/698a]

1 *Dt Schütz (Dtrinn, Dct.):* Reisebegleiterin Ulrikes.

2 *Lauchstädt:* Bad Lauchstädt, seit 1800 Modebad für Adlige und Bürgerliche (allerdings streng getrennt), 1802 eröffnete Goethe hier einen nach seinen Vorstellungen fertiggestellten Theaterneubau, technisch auf der Höhe der Zeit; das Bühnenbild konnte – und kann noch heute – in 15 Sekunden gewechselt werden. Historische Kuranlagen und Theater blieben bis in unsere Gegenwart erhalten. Zu Goethes Zeit kamen Theaterensembles aus Weimar, Berlin, Dresden, Halle und Leipzig.

3 *A Bovy T:* Die Medaille zeigt auf der Vorderseite die Nachbildung von Rauchs Porträtbüste Goethes, darunter den Stempel des Medailleurs

François-Antoine Bovy (1795–1877), auf der Rückseite einen aufsteigenden Adler. Die Silbermedaille zu Ehren Goethes – einer Initiative des schweizerischen Prinzenerziehers Frédéric Soret, Landsmann des Künstlers, zu verdanken – kam 1824 in den Handel, wurde von Goethe mehrfach an Freunde und Bekannte im In- und Ausland verschenkt und gilt noch heute wegen ihrer besonderen Reliefqualität als die schönste und wurde mehrfach nachgebildet (vgl. Jochen Klauss: Goethe als Medaillonsammler. 1994).

11.

Gestern Mittag trafen wir glücklich in Franzensbrunnen[1] ein, und da Sie bester Vater den Weg so oft gemacht haben, so wissen Sie selbst wie schlecht er ist. – Ganz überrascht war ich aber Hof zu sehen. – Die schöne regelmäßige Straße wäre ich gerne durchwandert, aber eine Stunde vor Hof ereilte uns ein Gewitter, und der Regen fesselte uns im ganz vortrefflichen Hirsch. – In Pöseneck[2] war Vogelschießen, wo ich mit der Großmama[3] auf eine Virtelstunde hinging; ich war so glücklich ein gläsernes Dintenfaß zu gewinnen.

Hier wimmelt es von Weimeranern. Mathilde[4] kam gleich sehr freundlich; sie und der Generalsuprendendent sind die Einzigen die bis jezt gesehen. Lezterer war sehr munter, meinte das Bad bekäme ihm sehr gut, und er sieht auch wirklich nicht mehr so gelb aus wie sonst. – Frau v Häseler[5] ist mit ihren Mann auf ein paar Tage nach Carlsbad[6] er [es] heißt es [er] solle Töplitz[7] gebrauchen, dann käme sie allein zu ihrem Kinde was hier ist zurück. Frau von Bielke[8] kömmt heute an um 14 Tage hier zu bleiben. Wir wohnen in einem Haus mit einer Fürstin Rohan[9], ihrem Sohn und Schwiegertochter. Da man sagt, sie sei alle Jahr in eines der böhmischen Bäder, so kennen Sie sie vielleicht. – Ihre Tochter die Fürstin Reuß Greitz[10] ist auch hier, und hat als Hofdame die jüngste Fräulein Grün mit. –

Ihr Paquet an Grüner[11], habe ich abgeschickt. Kennen Sie etwa den hiesigen Badearzt: Conrad? Er gefällt mir sehr gut, nur habe ich an ihm auszusetzen daß er mich ganz allmählig, und nicht alles auf einmal anfangen läßt. – Eine förmliche Douche gibt es hier nicht, doch eine Art. Es wird jezt ein Haus gebaut wo ausser Douche noch Schlamm und Ga[n]zbäder eingerichtet werden. –

Für heute schließe ich bester Vater die Großmama trägt mir auf sie Ihnen Zeltern, Ottilien Doris den Kindern bestens zu empfehlen, ich bitte Sie von mir alle herzlich zu umarmen. – Ist die arme Ottilie wieder besser? Sie entschuldigen mich wohl bei ihr, daß ich heute nicht schreibe. – Bitte lassen sie Emman[12] mit den freundlichsten Grüßen sagen, es wäre ein Herr von Capaun[13] hier. Ich wüßte nun nicht wie ich da mein Herz gehörig schützen sollte. – Auf Ihre Güte rechne ich bester Vater, Sie werden mich nicht ohne Nachricht lassen, und dann bitte ich Sie wenn Sie etwas von der jungen Welt erfahren es mir auch mitzugeben. Vor allen aber fangen Sie ihren Brief an: Ich bin wohl, und sehe sehr wohl aus. – Verrathen Sie mir auch wenn Ottilie wieder Bücher geschenkt bekömmt. – Recht sehr muß ich aber um Verzeihung bitten, daß ich so lang geschrieben, es ist nur damit Sie nicht bei mir aus der Gewohnheit des Vergebens kommen.

Leben Sie recht vergnügt,
aber lieben Sie ja recht sehr
Ihre Ulrike.

Franzensbrunnen
d. 16. Julie 1826.

[GSA 28/119]

1 *Franzensbrunnen:* Heute Franzensbad (Frantiskovy Lazne), Badeort in Böhmen, nördlich von Eger, entstand 1791 mit Mineralquellen und Moor, beliebtes Modebad im 19. Jh.

2 *Pöseneck:* Heute Pößneck im Saale-Orla-Kreis Thüringens. Auf dem Weg in die böhmischen Bäder wurden hier die Pferde gewechselt. Goethe übernachtete im Gasthof »Zum goldenen Löwen« neunmal. Aufenthalten in Pößneck verdanken wir etliche Dichtungen Goethes, u. a. die Marienbader Elegie.

3 *Großmama:* Luise Eleonore Ottilie Maximiliane Gräfin Henckel von Donnersmarck (1793–1843), (s. Text S. 13 f.).

4 *Mathilde:* Mathilde Wegener und Generalsuperintendent Wegener (s. auch Brief 12).

5 *Frau v Häseler:* Aus dem Bekanntenkreis.

6 *Carlsbad:* Heute Karlsbad (Karlovy Vary), größtes der böhmischen Bäder, schon seit dem 14. Jh. als »Warmbad« bekannt, d. h. heiße Quellen (44–72 Grad), Modebad im 18./19. Jh., internationaler Rang.

7 *Töplitz:* Heute Teplitz (Teplice), Kurort in Nordböhmen am Fuße des Erzgebirges; Schloß aus dem 16. Jh., im 18./19. Jh. umgebaut, sprudelnd heiße Solequellen. Goethe war hier 1824 vier Wochen zur Kur und begegnete, vermittelt durch Bettina von Arnim, am 19. Juli erstmals Ludwig van Beethoven; in den folgenden Tagen mehrfache gemeinsame Spaziergänge, Besuche Goethes in Beethovens Quartier und dort Klavierspiel für Goethe.

8 *Frau von Bielke:* Aus dem Bekanntenkreis.

9 *Fürstin Rohan:* Aus der Familie der hugenottischen Herzöge von Rohan (im 17. Jh., Gegner Richelieus), Heerführer Venedigs und Frankreichs (auch im Dienste Bernhards von Weimar), im 18./19. Jh. Fürstbischöfe von Straßburg. Schloß Rohan ist heute Museum neben dem Münster.

10 *Fürstin Reuß Greitz:* Aus der Familie der Fürsten Reuß (ältere Linie), seit 1778 Fürstentum in Ost-Thüringen.

11 *Grüner:* Johann Sebastian Grüner (1780–1864), Mineraliensammler, Polizei(Kriminal-)rat, später Bürgermeister von Eger, mit Goethe über beiderseitige mineralogische und geologische Interessen befreundet und im ständigen Kontakt bei Goethes Aufenthalt in den böhmischen Bädern, auch Korrespondenzpartner seit 1820 bis zu Goethes Tod.

12 *Emman:* Emma Luise von Parry, auch »Emmachen« genannt, (1804–?), Tochter von James Patrick von Parry (1803–1872), Kammerherr, und Amalie Caroline Louise geb. von Stein (Enkelin der Frau von Stein). Emma heiratete 1827 Leo Amadeus Henckel von Donnersmarck, Vetter der Pogwisch-Schwestern, ab 1852 Adjutant des Großherzogs. Er baute Schloß Hirschhügel (heute Familienarchiv Henckel von Donnersmarck), wurde 1857 Ehrenbürger von Weimar und nach dem Tode des letzten Goethe-Enkels (Walther von Goethe, 1885) Intestaterbe des familiären Nachlasses der Goethes und Gründer der Familienstiftung Henckel-Donnersmarck/Vulpius.
Die hier veröffentlichten Briefe Ulrike von Pogwischs sind eine Leihgabe der Stiftung an das GSA Weimar.

13 *Herr von Capaun:* Bekannter Emma von Parys.

II.

Nun darf ich nicht länger säumen dir, meine liebe Tochter, gegen deinen baldigen Brief auch von uns einige Nachricht zu geben. Zuvörderst aber wirst du der verehrtesten Großmama die sämmtlichen Familienglieder in auf- und absteigender Linie freundlich an's Herz legen, mit den treusten Wünschen für glückliche Wirkung der verordneten Heilquellen.

Sodann vermelde ich, daß Zelters Mittwoch den 19. Juli nach Tische abgereist sind, nachdem wir gar gute Stunden mit einander zugebracht hatten. Doris war sehr betrübt, sie entfernte sich ungern aus einer wohlwollenden heitern Umgebung. Sie hielten sich einige Tage in Jena auf, Ottilie war mit hinüber gegangen, wo sich Schopenhauers gar ländlich behagen. Übrigens hatte der Consul [1] manches zu richten und zu schlichten, benahm sich aber dabey nach gewohnter Weise kurz und bündig.

Von Engländern ist zu sagen: daß der gute Cromie [2], nachdem ihn Schmeller [3] glücklich abconterfeit, wiewohl ungern, nach wiederholtem Zaudern abgereist sey und, wenn er Urlaub erhalten kann, lieber in Weimar als in Indien verschmachten möchte.

Herr Johnson ist auch unvermuthet angekommen, heiter und gesprächig; verziehen aber ist ihm noch nicht, daß er den landstreicherischen Liebling entlarvt und vertrieben hat. Gegenwärtig versucht er in Wilhelmsthal [4] sein Glück, wohin sämmtliche Engländer nach und nach wallfahrteten.

Lord Gower [5], der einiges von meinem Faust übersetzte, kam von Petersburg, wohin er den Herzog von Devonshere begleitet hatte, eilends hier durch, verweilte nur eine Viertelstunde, die er mir schenkte. Derselbe hätte bey längerem Aufenthalt großes Unheil anrichten können; es ist ein durchaus schöner Mann und, wie die Frauenzimmer sagen würden, interessant. Sein Blick sagt, daß ihm irgend etwas abgeht, und ich denke, man würde sich beeilen diesen Mangel zu ersetzen, die Lücke seines Zustandes auszufüllen. Noch muß ich bemerken, daß Herr Johnson erzählte: ein gewisser Capitän Smith[6] habe sich mit ihm verabredet zu der Berliner Revue[7] zu kommen.

Ferner erwarten wir Demoiselle Sontag[8], was sie uns von ihrem Talente gönnen wird, muß die Zeit lehren. Frau v. Wegener und Herrn General-Superintendent bitte mich schönstens zu empfehlen; auch hoffe nächstens auf fortgesetzte Nachricht.

treulichst Goethe

Weimar den 22. Juli
1826.

[WA IV, 41, 96]

1 *der Consul:* Goethe nannte seine Schwiegertochter Ottilie gern scherzhaft den »Consul«, weil sie sich intensiv den eingebildeten und wirklichen Nöten der zahlreich durchreisenden Engländer widmete.

2 *der gute Cromie:* George Cromie, mit Ottilie befreundeter Engländer.

3 *Schmeller:* Johann Joseph Schmeller, Goethes persönlicher »Hofmaler« (ca. 150 Porträtskizzen von Gästen Goethes auf dessen Wunsch).

4 *Wilhelmsthal:* Sommersitz und Jagdrevier der herzoglichen Familie.

5 *Lord Gower:* Lord Francis Leveson Gower, Viscount Brackley, Earl of Ellesmere (1800–1857), englischer Schriftsteller, übersetzte Goethes Faust I ins Englische, schickte die Fassung am 11. Mai 1825 an Goethe und besuchte ihn am 21. Juli 1826, erstaunlicherweise nur eine Viertelstunde (vgl. Tagebuch Goethes).

6 *Capitän Smith:* Frederic Culling Smith, Neffe des Herzogs von Wellington, seit Januar 1824 in Weimar, wurde Ulrike von Pogwischs große und unerfüllte Liebe (vermutlich platonisch); Goethe kannte ihn und Ulrikes Vorliebe für ihn und zog sie daher mit »ein gewisser« auf.

7 *Berliner Revue:* Alljährliche große Parade mit allen militärischen Einheiten nach dem Herbstmanöver vor dem Oberbefehlshaber (König).

8 *Demoiselle Sontag:* Henriette Sontag (1806–1854), berühmte Sopranistin in Wien, Berlin und Paris; gastierte 1826 in Goethes Haus.

12.

Ich kann Ihnen bester Vater, wohl nicht deutlicher beweisen, welche große Freude mir Ihr theurer Brief gemacht; als wenn ich ihn augenblicklich beantworte. – Er fand mich ganz krank im Bette, und sehr verstimmt, daß ich eine Einladung, zu einem Kirchenfeste, vom Crimnl. Grüner, absagen mußte. Seine Frau habe ich noch nicht kennen gelernt, da ich 5 Tage nicht ausgegangen bin; doch ist die erste Ausflucht mit der Großmama nach Eger um ihr visite zu machen. – Grüner und ich haben verabredet Sie bester Vater so lange zu quälen mit Bitten, bis Sie sich entschließen anspannen zu lassen, und nach Eger kommen. G. meinte wir wollten Ihnen von ganz neuen Entdeckungen schreiben, die hier gemacht worden wären, obgleich ich nun wohl weiß, daß Sie das am ersten bestimmen würde, so wissen Sie doch, daß das meine dumme Wahrheitsliebe nicht zuläßt. – Also kommen Sie, denn sonst lasse ich mich am Ende doch noch zu dergleichen Betrügereien verführen. –

Der arme Cpt Lawrence[1], hat eine eigen Geschichte gehabt. Da ihm Carlsbad gar nicht gut bekömmt, Kissingen[2] ihm aber schon einmal sehr gut gethan, so räth ihm der Gehm. Hofrth Huschke[3] dorthin zu gehen, was er denn auch beschließt zu thun. Läßt sich einen Fuhrmann kommen und accondirt mit ihm, macht es aber zur Bedingung über Marienbad. Der Kutscher schlägt ihm Franzensbrunn vor, da er es aber schon kennt, und lange gewünscht Marienbad zu sehen; so bedingt er es bestimmt. – Er fährt fort, und wie der Kutscher zu Mittag hält, findet sich Herr Lawrence im wohl bekannten Franzensbrunn. Leider war dies einige Tage vor unsrer Ankunft, und ich habe ihn nicht gesehen; doch weiß ich dies Mißgeschick von Fr v Haeseler, die ihn gesprochen hat. –

Die Großmama trägt mir auf, sie bestens zu empfehlen, sie kennt den Lord Gower, und ist ganz Ihrer Meinung[4]. Die Wegener hat sich sehr über ihre Kenntniß des weiblichen Herzens gefreut und über Ihre Grüße, doch läßt sie Ihnen sagen, künftig möchten sie hübsch Mathilden grüßen lassen und nicht die Frau von Wegener. Der Generalsuprindendent ist bereits nach Marienbad[5] abgereist. – Daß sich Doris so gut in Weimar, gefallen freute mich sehr, sie hat mir oft gesagt, daß es ihr so wohl im Hause sei weil alles ihr mit so viel Liebe und Freundlichkeit entgegen käme; und sie sagt wirklich nur was sie denkt. Sie erwähnen, daß der Consul wieder sehr beschäftigt gewesen, aber nicht was er zu thun gehabt.

Daß ich den Cpt Jonston[6] nicht gesehen thut mir sehr leid, er hat doch seit seiner Abreise viel zu Sprechen Anlaß gegeben, wegen der Geschichte mit seiner Frau. Viele meinten er würde den Unterschied im Benehmen der Leute sehr groß finden, wenn er wieder nach Weimar käme, doch ich glaube es nicht. Hat er nichts von der Symanofska[7] erzählt? Er hat sie in London besucht, wie mir Casimira[8] geschrieben. Sie dürfen sich nicht mehr wundern lieber Vater wenn wir Mädchen unsere wigtigsten Dinge P. S. schreiben, da sie kurz vor dem Schluß, Ihre Hauptnachricht, das Kommen des Cpt Smith betreffend, schreiben; und da wir Ihnen in Allem nachstehen, so müssen wir es doch auch darin. – Was die Nachricht betrifft, so kann ich nicht läugnen, daß sie mich sehr gefreut hat; durch sie erfuhr ich sie zuerst. Nur muß ich noch immer mit den Wirth in der Reise zur Hochzeit sagen: Wenn es nur wahr ist[9]. – Meine Feder und Ihre Geduld zwingen mich zu schließen. In der festen Hofnung, bald
wieder ein freundliches Schreiben zu erhalten
bin ich Ihre ergebene Ulrike.

P. S.
Könnte ich Ihnen, bester Vater, nur einmal recht sagen wie unendlich ich Sie liebe, und gewiß sein, daß sie es auch thun.

Weimar d. 28t. Julie
1826.

[GSA 28/131]

1 *Cpt Lawrence:* gemeinsamer Bekannter.

2 *Kissingen:* Bad Kissingen im bayerischen Unterfranken, Kurort seit 1520; Solebäder und Trinkkuren.

3 *Hofrath Huschke:* Hofrat Wilhelm Ernst Christian Huschke (1760 bis 1828), Leibarzt der Herzoginmutter Anna Amalia, seit 1792 Hofmedikus und Hausarzt Herders, Schillers und auch Goethes, z. B. 1823 zusammen mit Rehbein.

4 *ganz ihrer Meinung:* Goethe war nicht einverstanden mit der Übersetzung, die ihm stilistisch und inhaltlich als eine zu freie Nachdichtung erschien.

5 *Marienbad:* (Marianske Lazne), zweitgrößtes der Bäder (Westböhmen), Mineralquellenbad.

6 *Cpt Jonston:* Captain Johnstone, befreundet mit Captain Smith.

7 *Symanofska:* Maria Szymanowska geb. Wolowska (1789–1831), gefeierte Pianistin, spielte u. a. am 16. und 18. August 1823 in Marienbad, 4. September 1823 in Karlsbad und war vom 24. Oktober bis 5. November 1823 in Weimar (öffentliches Konzert und im Goethehaus). Ihr Klavierspiel und ihre persönliche Ausstrahlung beeindruckten Goethe und halfen ihm 1823, die große seelische Krise, ausgelöst durch Ulrike von Levetzows Abweisung seines Heiratsantrages, zu bewältigen (vgl. »Trilogie der Leidenschaft«, 3. Teil, das ihr gewidmete Gedicht »Aussöhnung«).

8 *Casimira:* Casimira Maria Wolowska, Schwester und Reisebegleiterin der Szymanowska.

9 *Wenn es nur wahr ist:* Ein von Ulrike von Pogwisch häufig gebrauchtes Zitat aus einem Theaterstück (evtl. von Staberle).

13.

Vergebens, habe ich täglich auf einen Brief gehoft, bester Vater, und gestern bin ich nur auf der Chaushe nach Weimar spatzieren gegangen um den Kutscher der Frau von Bielke der erwartet wurde zuerst zu begrüßen; doch er kam nicht und sie müssen mir aber vergönnen Ihnen zu schreiben; denn ich sehne mich zu sehr mich mit Ihnen zu unterhalten. Freilich möchte ich Sie gerne zuerst zärtlichst umarmen, doch damit muß ich noch 14 Tage warten. –

Seit meinen lezten Brief habe ich wieder viele Leute kennen gelernt, unter andern auch den Bibliothekar Müller[1] aus Deßau, von den sie mehreres gelesen. Er ist in Gesellschaft eines jungen Curländers hier, Herrn von Simolin[2], der Cam̄erherr in Deßau geworden, und wie ich glaube dort größtentheils leben wird. – Beide unterhielten sich bei ihrer ersten visite von Ihnen; und alles was sie sagten, zeigte so deutlich wie sehr sie Sie bewunderten, daß ich ganz zufrieden mit ihnen war. – Eine Reise nach Dresden haben sie aufgegeben, um das Glük zu haben, Sie theurer Vater kennen zu lernen. Obgleich sie mich bis jezt noch nicht direkt, um eine recomandation gebeten haben so thue ich es doch vorläufig. Der Erstere ist, so wie ich verstanden habe, ein guter Bekannter von Herrn Vogel[3]; und erstens, kenne ich ihn weniger, zweitens verstehe ich auch nicht einen Schriftsteller zu beurtheilen. Von dem Zweiten kann ich aber sagen, daß, obgleich er gar nicht hübsch, seinen Verstand es reichlich ersezt. – Leider fürchte ich er glaubt weil er welchen hat, so müssen andre auch welchen haben, denn mich hält er, wie mir scheint, für viel klüger, als es leider der Fall ist. – Der liebt Sie nun und verehrt Sie sehr, und da er wohl gemerkt hat daß ich am liebsten von Ihnen spreche, und für ihm es auch das Interessanteste ist; so reden wir beinah nichts anders. In 6 Tagen geht die Wegener fort, und so froh ich war, so einsam fand ich Franzbrunn, als sie auf 2 halbe Tage nach Marienbad war. –

Da ich 8 Tage gar nicht die Cur gebrauchen durfte, und auch gar nicht baden soll, ja sogar das Wasser zu Hause trinken muß; so wird es mir nicht schaden noch nützen; aber leider habe ich keine Parthien machen dürfen; und die Umgegend ist so schön.

An Mathildens Geburtstag war mir erlaubt eine Parthie mit Wegeners nach Schönburg zu machen, und dort den Berg zu besteigen, wo eine entzückende Aussicht ist; da es mir sehr gut bekommen, so geht es heute nach Eger, zu Grüners und dem Scharfrichter. Da ich immer gewohnt bin Ihnen alle Eroberungen die ich gemacht mitzutheilen; und es lange Zeidt nichts zu erzählen gab, so muß ich doch sagen, daß man mir Schuld gibt, die von 2 ältlichen Herrn gestern bei Tisch gemacht zu haben, und die des jüngeren vor 8 Tagen. – Doch weiß mer's halt nit gewiß« sagt Staberle[4]. Was bringt die Langeweile nicht alles hervor, sie verhilft mir sogar zu 3 Anbetern, doch habe ich mit dem, den ich vorziehen würde noch nicht gesprochen. Es ist ein Banquier Pappenheim[5] aus Leipzig wegen seines vielen Geldes sehr bekannt. Schickte er uns nur alle Jahr Austern, so hätte man doch etwas davon. – Man erwartet täglich, eine Schauspielergesellschaft, der Direkteur ist ein Herr Bube; Sie werden gewiß lachen bester Vater, aber die Wahrheit zu gestehen freue ich mich sehr darauf. – Der Tag unserer Abreise ist nun bestimmt. Sonnabend den 12^{t}. fahren wir nach Carlsbad bleiben dort den 13^{t}, kommen den 14^{t} Abends nach Franzensbrunn zurück, bleiben den 15 hier, den $16^{t.}$ reisen wir ab, und den 18^{t} bei guter Zeidt sind wir in dem geliebten Weimar. –

Der Kutscher ist da, doch kein Brief von Ihnen, verzeihn Sie nur, daß ich da doch wieder geschrieben; und wenn Sie mir antworten, so sagen Sie mir ja wieder, daß Sie mich lieben, wenn ich es schwarz auf weiß sehe, so bin ich dann überzeugt davon; aber sagen Sie es ja nur wenn Sie es auch denken, und nicht weihl ich Sie darum bitte. Nun leben Sie wohl theuerster Vater, wenn es meine Zeidt, nach meiner visite beim Scharfrichter erlaubt, so bekömmt dieser Brief ein langes P. S.. –

Auf jeden Fall bittet um Nachsicht

Ihre Sie zartlichst

liebende Ulrike.

Franzensbrunn d. 3 August

1826

[GSA 28/698a]

1 *Bibliothekar Müller:* Bekanntschaft Ulrikes in Franzensbrunn.

2 *Herrn von Simolin:* Bekanntschaft Ulrikes in Franzensbrunn.

3 *Herrn Vogel:* Carl Vogel (1798–1864), nach dem Tode Wilhelm Rehbeins (1825) letzter Hausarzt Goethes und häufiger Hausgast, seit 1828 Hofmedicus; übernahm nach August von Goethes Tod (1830) dessen Arbeitsanteil für die »Oberaufsicht für Wissenschaft und Kunst in Weimar und Jena« und wurde nach Goethes Tod (1832) einer der drei Vormünder für die Enkel Goethes und Berater für Ottilie von Goethe.

4 *sagt Staberle:* »Staberls Reiseabenteuer oder Der englische Bediente«, eine Posse von Karl Staberl (Pseudonym für den Schauspieler und Regisseur Max Johann Seidel, seit 1822 am Weimarer Theater).

5 *Banquier Pappenheim:* Bekannter Ulrikes in Franzensbrunn.

III.

Gott zum Gruß!
meine liebe Ulrike also den 18ten bey guter Zeit das Weitere!
Goethe

Weimar d. 12. Aug.
1826

[WA IV, 41, 95]

14.

Wenn Sie bester Vater, diese Zeilen erhalten, so habe ich Sie schon zärtlichst umarmt, und für Ihre so freundlichen Worte, die Sie mir durch den Fuhrmann Schaller geschickt, unendlich gedankt. –

Da Sie nun einmal schon mich verziehen; so enthält dieser Brief nichts als eine Bitte, deren Erfüllung mir aber sehr am Herzen liegt. Ueberbringer ist der Baron von Simolin, den ich schon so oft gegen Sie erwähnt. Ich kann mit Wahrheit sagen, daß ihm der Gedanke Sie verehrter Vater zu sehen ganz glücklich macht, und er hofft durch mich Gewährung seines Lieblingswunsches. – Was Sie an ihm thun will ich als für mich gethan dankbar anerkennen. – Besagter Herr von Simolin, ist dieses Glücks wirklich werth, und daß er diese Freude durch mich haben soll, macht mir viel Freude.

Herr Müller aus Deßau begleitet ihn, und ich empfehle ihn gleichfalls Ihrer Güte. – Ein Brief vom Rath Grüner soll Ihnen erst den 28 sten gegeben werden, deswegen, verwundern Sie sich nicht, daß er Ihnen so lange vorenthalten wird.

Ich küße Ihnen zärtlichst die Hände, und bin,

wie immer, Ihre Sie zärtlichst liebende
und sehr verzogene Ulrike.

Franzensbrunnen den 15t. August
1826.

[GSA 28/698a]

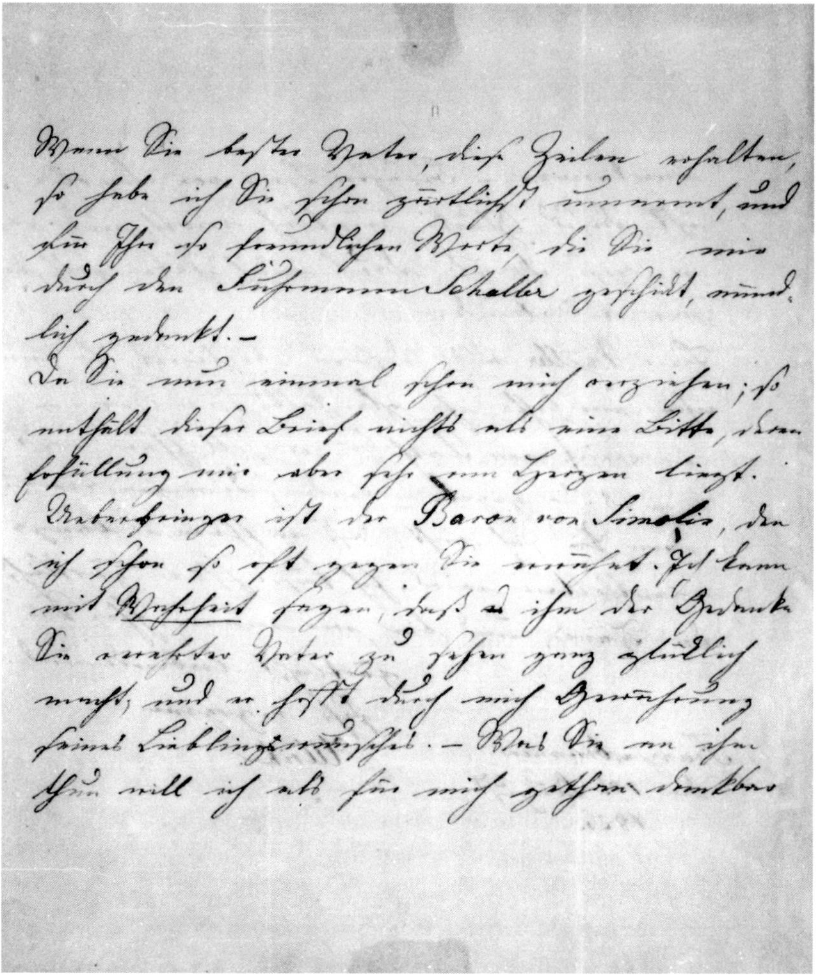

Wenn Du bester Vater, diese Zeilen erhalten,
so habe ich Dich schon zärtlichst umarmt, und
Dir für die so freundlichen Worte, die Du mir
durch den Kaufmann Schaller geschickt, münd-
lich gedankt.–
Da Du nun einmal schon mir verziehen; so
enthält dieser Brief nichts als eine Bitte, deren
Erfüllung mir aber sehr am Herzen liegt.
Ueberbringer ist der Baron von Simolin, den
ich schon so oft gegen Dich erwähnt. Ich kann
mit Wahrheit sagen, daß es ihn der Gedanke
Dich verehrter Vater zu sehen ganz glücklich
macht, und er hofft durch mich Gewährung
seines Lieblingswunsches. – Was Du an ihm
thun will ich als für mich gethan dankbar

anerkennen. — Besagter Herr von Simolin, ist dieses Glücks wirklich werth, und daß er diese Freude durch mich haben soll, macht mir viel Freude.

Herr Müller und dessen begleitet ihn, und ich empfehle ihn gleichfalls Ihrer Güte. — Ein Brief vom Rath Grüner soll Ihnen erst den 28 dr. gegeben werden, deswegen, verwundern Sie sich nicht, daß er Ihnen so lange vorenthalten wird. Ich küsse Ihnen zärtlichst die Hände, und bin, wie immer, Ihre Sie

zärtlichst liebende und
sehr ergebene
Ulrike.

Franzensbrunnen
den 18t. August
1826.

IV.

Hier, liebe Ulricke, abermals einige Bildchen und Blättchen die du freundlich ausstreuen und meiner dabei im Guten gedenken wirst.

W(eimar), d. 25. Aug.
1826

Es handelt sich um ein eigenhändiges Billett Goethes aus Privatbesitz, erstmals veröffentlicht in den Nachträgen zur Weimarer Ausgabe der Briefe Goethes (hrsg. von Paul Raabe, München 1990), Nr. 41 103a. Die »Bildchen und Blättchen« könnten in Beziehung stehen zum nahenden Geburtstag Goethes. Das Billett fand sich einer Sendung »An Fräulein Ulrike, Paketchen durch Frau Gräfin Henckel« beigelegt (WA IV. 51 und 52), s. auch Brief Nr. 15.

15.

Theuerster Vater!
Wie gerne käme ich statts dieser Zeilen, und umarmte Sie recht zärtlich, und Sie würden dann gewiß in meinem Gesicht deutlicher die innigen Wünsche für Ihr Wohl lesen, als meine Worte im Stande sind es auszudrücken. – Erhalten Sie mir nur Ihre Liebe ferner, und Sie werden es gewiß, denn ich habe Sie ja so unaussprechlich lieb, – und nur Ihr Befehl hält uns zurück es Ihnen mündlich zu sagen. –

Der glückliche August konnte es gestern doch hatten wir keine Ahnung davon. – Gerne hätte ich so wie Ottilie Ihnen einmal eine neue Arbeit gemacht, doch bin ich zu dergleichen nicht Fantasiereich genug; so habe ich Ihnen ein Kissen[1] zum darauf sitzen gemacht, weihl alle Mittag das Eine herumgetragen werden mußte. Nun wissen Sie daß es für mich nichts unangenehmeres giebt als Grund auszufüllen, um Ihnen aber zu beweisen, daß für Sie ich alles gerne mache, habe ich mir nicht daran helfen lassen. Die Ungewohnheit hat aber leider gemacht, daß es sehr langsam gegangen, und so ist es noch nicht ganz fertig. – Entschuldigen Sie es ja, aber es war wirklich nicht Nachläßigkeit, mehrere Wochen konnte ich aber keinen Stich machen, und nur der Gedanke, daß die angefangene Arbeit für Sie sey war im Stande mich wieder selbst dazu zu vermögen. –

Dinstag gehe ich[2] mit der Mutter nach Berlin, und hoffe Sie geben mir an Zelter etwas mit. – Ich bin noch nicht oben gewesen weiß also noch nicht welchen Tag mir die Freude wird Sie mein innigstgeliebter Vater zu sehen. Heute kömmt die Großherzogin, und ihr Befinden ist besser als es war da sie Weimar verließ.

Doch nun muß ich schließen, und wenigsten in Gedanken an mein Herz drücken, bald bald hofft es in der Wirklichkeit zu thun

Ihre treu ergebene Ulrike

Weimar den. 28^{t} August.

[GSA 28/131]

1 *Kissen:* Selbstbestickte Kissen waren im Haushalt begehrte Artikel, von Goethe sehr geschätzt, die Stickmuster häufig mit ihm besprochen und aus Berlin mitgebracht, Ulrikes »Spezialität«.

2 *Dinstag gehe ich:* Es war schließlich Mittwoch, den 30. August 1826.

16.

Da es mir nicht möglich war, Ihnen mündlich meine Glückwünsche darzu bringen, so muß ich es schriftlich thun. Von der herzlichkeit und innigkeit derselben sind sie gewiß überzeugt. – Ihre freundlichen gütigen Worte empfing ich heute, und erkenne sie dankbar an. – Ich hatte so gute Vorsätze, Ihnen ein genaues Tagebuch zu schicken, doch nun glaube ich ist es besser, ich schreibe nur genaue Wetterbeobachtungen, bitte daher im voraus um Verzeihung. Ihre Aufträge in Berlin werde ich pünktlich an Doris besorgen; und Ihnen dann gleich von Berlin aus schreiben. – Eben erfahre ich daß in Leipzig, eine Art Nervenfieber epidemisch herrscht, und zwar in einem so hohen Grad, daß für den Augenblick die Universität geschlossen, da schon 15 junge Leute gestorben, und 20–30. krank liegen.

Nun zu unserer Reisebeschreibung.

Mittwoch früh ½ 5 reisten wir von Weimar ab, der Himmel hatte weiße Streife welche sich bis Abend zu Wolken zusammen zogen, eine Stunde vor Leipzig hatten wir eine ½ 4telstunde Regen. – In Leipzig trafen wir schon ½ 7 Uhr ein.

Donnerstag. Schon ganz früh war die Hitze unerträglich, und obgleich mehrere Wolken am Himmel waren, so zertheilte sie der Wind.

Freitag. Hitze und heitrer Himmel

Sonnabend. Von früh an große Hitze der Himmel sehr bewölkt, doch ließ der Ostwind keinen Regen zu.

Sonntag. Früh große Hitze. Gegen Abend Gewitter, was jedoch nicht stark war, nur der Regen hielt die Nacht an. Bei Halle soll es eingeschlagen und gebrannt haben. –

Montag [4. Sept. 1826]. Der Regen dauerte bis Mittag fort; der Abend wurde schön obgleich, noch immer der Himmel ganz bedeckt war.

[GSA 28/698a]

17.

Hier sitze ich bei Zelters[1], welche mir tausend freundliche Grüße an Sie bester Vater auftragen. Ich schicke Ihnen eine Kaffeekanne, wie Sie eine wünschten; möchten Sie meiner dabei freundlich gedenken, wenn der Kaffee Ihnen gebracht wird. –

Für Ottilien ist von mir die Tuchnadel und die grüne Roll[?], von der Mutter die 2 andern Bonbons. An Emma[2] gehört der Ring den ich Ottilien bitte aufzuheben, auch schicke ich ihr warme Grundwolle.

Sie haben den Major Smith recht glücklich gemacht durch Ihre Freundlichkeit, er war ganz entzückt. – Worte weiß ich nicht immer zu finden, aber Sie haben mir eine unendliche Freude gemacht, nein daß ist so wenig gesagt, und die Empfindung die ich hatte als er es mir erzählte war doch so wahr und ergreifen. – Vater es ist ein seltner Mensch, und weiß so sehr jedes Gute zu erkennen und dankbar zu sein. – Er hat einen schönen großartigen Charakter. –

Doch ich soll schließen, weihl wir noch in das Schauspielhaus wollen zur französischen Comodie.

Major Jonston und Smith, sind heute nach Weimar, ich hätte ihnen gerne diese Schachtel mitgegeben, doch konnte ich gestern nicht nach der Kaffeekanne gehen die Augenblicke waren gezählt. –

Ich küsse Ihnen viel tausendmal die Hände. – Herr von Simolin recomandirte ich Ihnen so sehr weihl meine Eitelkeit sehr dabei im Spiel war indem ich besonders als gute recomandantin mich beweisen sollte, doch war ich nicht dabei interessirt ob er Ihnen besonders gefiele. –

Smith hatte ich nicht Gelegenheit zu empfehlen, doch liegt mir sehr daran, daß er Ihnen gefalle. Bitte schreiben Sie mir wie es war.

Nun umarmt Sie zärtlichst

Ihre

Ulrike.

Berlin [?] Sep.

[GSA 28/698a]

1 *bei Zelters:* Ulrike besuchte Zelter und dessen Tochter Doris in Berlin anläßlich ihrer Reise mit der Mutter nach Stettin und Nassenheide 1828; Abreise in Weimar: 30. August, Rückkehr: 4. Oktober.

2 *Emma:* Emma Froriep (1805–1872), Freundin beider Pogwisch-Schwestern (Tochter des Arztes, Verlegers und Schwiegersohns des Unternehmers Bertuch, dessen Landesindustriecomptoir er übernahm). Oder Emma von Parry (s. Brief Nr. 11).

3 *Berlin [?] Sep.:* Das genaue Tagesdatum ist durch Verbessern undefinierbar geworden, es scheint 4. September heißen zu sollen; die erhaltengebliebene Paketbanderole zeigt den Tagesstempel 5. September und enthält u. a. Vermerke für den Inhalt, entsprechend den im Brief angekündigten Artikeln: »Tasse und Kaffeekanne ... nebst einer Kiste ... Stickwolle«; 2 Pfund sind als Gewicht angegeben.

18.

Sie werden sehr unzufrieden mit mir sein, bester Vater daß ich Ihnen noch nicht von Nassenheide[1] geschrieben habe, und um Ihnen zu zeigen, daß ich meinen Fehler gerne wieder gut machen will, schreibe ich heute spät Abends da ein Bote mit dem Frühsten zur Stadt geht. –

Meine Absicht war ein Tagebuch zu schreiben, doch sah ich den ersten Abend ein, daß so vieles hier vorfallen würde, wo nur das schnellste Vergessen dienlich. –

Dies sind alles Famieliensachen, die ich mündlich wenn Sie es wünschen mittheile; indem Sie ja wissen, daß ich Ihnen gar nichts verschweige. –

Ich bringe Ihnen 2 Ansichten[2] von Nassenheide mit, und Sie werden daraus sehen, daß das Haus in einem Park gebaut ist, der so lang wie bis ans römische Haus[3], aber etwas schmahl ist. – Das Haus selbst, ist so unwöhnlich wie nur möglich eingerichtet und von der Großmama bis in die Schlafstube der Mutter 15 Thüren zu passieren.

Die schönsten Repositorien stehen leer und machen einen sehr unangenehmen Eindruck; doch sind gewiß noch recht schöne Sachen hier, wer es versteht aus dem unschönen heraus zu finden. –

Der Gipsabdruck der Juno und des Jupiters ist auch da, und ein kleiner Merkurkopf den ich sehr hübsch finde, doch früge es sich ob Sie meiner Meinung. In der Bildergalerie, befindet sich ein Gemälde von Angelica Kaufmann, eine traurende weibliche Figur mit einer Vase darstellend, und noch ein paar andere Gemälde welche man mit Vergnügen ansieht; daneben aber wieder welche, die wie Sie sagen, die Einbildungskraft verderben. –

Den $12^{t.}$ fuhren wir nach Stettin blieben den 13–14 dort und kamen den 15^{t} hier wieder zurück.

Den ersten Tag wurde in der Stadt und den Anlagen herumgewandert. Den 20. ging es früh nach Finkenwalde, wo eine wunderschöne Aussicht ist. –

Den 14$^{t.}$ ging meine Cousine Bertha[4] mit dem englischen Consul und mir auf ein Schiff. Es war in Stettin gebaut der Schiffer ein sehr freundlicher Mann (aus der Gegend) zeigte mir alles sehr genau; und beschenkte mich mit Schiffszwieback, welcher manche Reise schon mitgemacht. –

Dies Schiff kam jetzt direkt aus London, mit B[l-sic.]auholz. Hatte aber schon wieder Ladung nach London bestehend in Hafer und Waitzen. –

Ueberhaupt ist die Getreide Einfuhr nach England sehr stark, und die Preise schon sehr gestiegen. Der Hafer bis zu einem Thahler und 4–6 [?]. Sagen dies doch an August, der sich ja für landwirthschaftliche Sachen sehr interessirt. –

Was die Erbschaft hier betrifft, so ist sie wohl in mancher Hinsicht bedeutender als man dachte. Daß heißt, die Schulden auf dem Gut sind der Art, daß man sie darauf stehen läßt und nur die Interessen bezahlt; und sollte auch die Einnahme des ersten Jahrs angewendet werden müssen Rechnungen von Artarien pp. zu bezahlen; so fängt mit dem neuen die Einnahme doch schon an. –

Noch habe ich bei Stettin vergessen zu erwähnen, daß wir den 14^{t} Nachmittags auf dem Arthursberg waren, bei Consul Lützner, wo die Oder dicht vorbei fließt und wo mir die Aussicht noch viel viel schöner und anmuthiger als bei Finkenwalde vorkam. Ueberhaupt der Anblick der vielen Schiffe ist doch zu schön. Wie oft und lange habe ich immer auf der Oderbrücke gestanden, weihl ich nicht müde werden konnte diesen herrlichen Anblick zu genießen. –

Den 15ten, sahen wir auch noch das Dampfschiff, was sehr hübsch und elegant eingerichtet ist. Morgen steht mir die Bekanntschaft zweier Verwandten bevor, meines Onkel Schmehling und Cousins Bergfeld[6]. Wenn Ersterer seiner Mutter und Lezterer seiner Frau gleicht, so kann ich mich freuen, denn Beide, obzwar sehr verschieden habe ich sehr lieb, und meine Tante gehört gewiß zu den liebenswürdigsten Frauen. –

Sonntag den 24^t. reisen wir von Nassenheide fort, und ich habe heute an Doris geschrieben damit sie uns Billetts zur Singakademie verschafft, weihl die Mutter und ich zur rechten Zeidt eintreffen, und in Berlin man sich zu leicht verfehlt, es also nicht bis auf den lezten Tag lassen kann. Sollten Sie mir Aufträge für Berlin geben wollen, so bitte ich nur den Brief bei Zelters oder den Oberbuchhalter Herrn Wagener Leipziger Straße abgeben zu lassen, und überzeugt zu sein, daß ich sie auf das pünktlichste besorgen werde, und mir die größte Freude macht für mein liebes Väterchen etwas zu besorgen zu haben.–

Doch nun sage ich Ihnen eine gute Nacht und umarme Sie recht zärtlichst. – Die Mutter die sich Ihnen bestens empfiehlt wird mir wenn meine Einsicht und Verstand nicht hinreichend ist mit Rath und That beistehen, und Sie wissen, daß sie sich auf Bücher und Eßsachen gleich gut versteht. –

Großmama empfiehlt sich Ihnen sehr.

Es hofft bestimmt ein paar gütige Worte in Berlin zu finden

Ihre verzogene Sie zärtlichst
liebende Tochter Ulrike.

Nassenheide den 18^t. Sept.
1826.

[GSA 28/698a]

1 *Nassenheide:* Rittergut in Vorpommern, befand sich 1926 im Besitz der Großmutter Henckel von Donnersmarck (»Exzellenz«), ihres Bruders Wilhelm Heinrich Ferdinand Carl von Lepel und ihrer Schwester Frederike Henriette Ulrike Scholastika von Schmeling geb. von Lepel. Mit dem Tode des unverheiratet gebliebenen Bruders 1826 ging sein Erbe nun zu gleichen Teilen an die beiden Schwestern.

Ulrike befand sich mit ihrer Mutter auf dem Wege zu den anstehenden »Familiensachen«, d. h. Erbschaftsangelegenheiten; beide nutzten die Gelegenheit zu mehrtägigem Aufenthalt in Berlin auf der Hin- und Rückreise.

2 *Ansichten:* In Goethes Nachlaß fand sich nur eine Ansicht. Die zum Thema Nassenheide hier veröffentlichte Ansicht stammt von 1861.

3 *lang wie bis ans römische Haus:* Wahrscheinlich als Vergleich mit Weimarischen Entfernungen gedacht, z. B. vom Schloß oder vom Goethehaus zum Römischen Haus des Großherzogs im Ilmpark.

4 *Cousine Bertha/Onkel Schmehling und Cousins Bergfeld:* Boguslaw Karl von Schmeling (1754–1831), königlich preußischer Landrat im Kreis Ranzow/Pommern hatte 1781 die jüngere Schwester Scholastika von Lepel (s. o.) geheiratet, war also ein Schwager der Großmutter Henckel von Donnersmarck.
Die einzige Tochter des Ehepaares, Luise Charlotte (1792–1824), war verheiratet mit Leopold von Knobloch, dessen Schwester Bertha Leopoldine geb. von Knobloch war 1826 bereits eine geschiedene von Bergfeld. Aus dieser Ehe stammte der Cousin Bergfeld.
Bertha heiratete in zweiter Ehe 1831 den Bruder der verstorbenen Luise Charlotte, Wilhelm Boguslaw Carl Heinrich von Schmeling, der aber schon drei Jahre später starb. Nach 1834 lebte sie allein auf Nassenheide, für die Pogwisch-Schwestern eine Cousine, für die Goethe-Enkel »Tante Bertha«. Diese waren häufig Gäste auf Nassenheide, und sie nahm beträchtlichen Anteil, auch Einfluß auf deren Entwicklung. Ihr einziger Sohn, Walter Ulrich Boguslaw von Schmeling (1832 bis 1900), verkaufte 1858 seinen von der Mutter ererbten Anteil an Leo Amadeus Maximilian Henckel von Donnersmarck (1829–1895), Bruder Henriette von Pogwischs (sie war schon früher abgefunden worden), Onkel der Pogwisch-Schwestern.

V.

Da Gegenwärtiges, meine gute Ulrike, dich schon in der Annäherung trifft, so begrüße ich [dich] schönstens, mit dem Wunsche, daß du bey deiner Rückkehr recht wohl und gesprächig seyn mögest, und ich so von Schifffahrt wie von Theatern könne bestens und umständlichst benachrichtigt werden.

Grüße alle Berliner Freunde zum allerschönsten und bringe mir besonders schöne Stickmuster zu Kopf- und Sophakissen mit, auf daß mein buntreiches Wollenmagazin aufgebraucht werde, ehe es die Motten verzehren.

Hier hat es nicht an Fremden gefehlt, die uns ohne weitere Reisebemühung und Abenteuer sehr bequem zu freundlicher Unterhaltung gediehen.

Nicht allein von den westlichen, sondern auch von den nördlichen Inselgruppen[1] fanden sich angenehme und unterrichtete Personen; Ottiliens Bücherschrank ward auf's neue bevölkert, wogegen ich viele poetisch-moralische Wechselbriefe eigenhändig auszustellen hatte.

Auf unserm Theater schlagen die Kaiser, Könige und gute Stücke todt[2], indessen Staberles Wirkung auch nach und nach abnimmt, weil er sich durch das Spiel in vernünftigern Stücken gar sehr verschlimmert hat.

Von Heirathen und übrigen frauenzimmerlichen Angelegenheiten werden Schwestern und Freundinnen das Nähere vermeldet haben und vermelden. Da wir aus Festen und Gedichten gar nicht herauskommen, sende das Allerneuste.

Auf Wiedersehen also!

treulichst J. W. v. Goethe.

W. d. 25. Sept.
1826.

[WA IV, 41, 141]

(Antwort auf Ulrike von Pogwischs Bericht vom 18. September 1826 aus Nassenheide)

1 *Nicht allein von den westlichen, sondern auch von den nördlichen Inselgruppen:* In scherzhafter Formulierung irisch-schottisch und dänisch gemeint.

2 *Auf unserm Theater schlagen die Kaiser, Könige und gute Stücke todt:* Leicht ironische Kritik am Theaterspielplan Weimars: 6. September »Hamlet« von Shakespeare, 13. September eine Posse von Karl Staberl, 23. September Drama »Otto von Wittelsbach« von Josef Marius von Balo.

19.

Der Ball fing um 8 Uhr an, Graf Woronzow gab ihm im Freundschaftssaal. – Der Weg dahin war erleuchtet, so wie die Säule und der Platz dem Freundschaftssaal gegenüber. – Die Wände der Treppe und Stuben waren allen mit grünem Laube belegt. man ging zwischen Blumen hinnauf. Der Saal war durch eine Art Hecke verkleinert, was sich wunderhübsch ausnahm wenn jemand dahinter ging und die gestalten hinter den grünen Zweigen schimmerten. – Der Saal war ausser den Lüsters noch rings herum mit Wachslampen auffallend hell erleuchtet. – Wodurch man eine sehr reine gar nicht warme Luft hereingebracht hatte weiß ich nicht. – Von Zeidt zu Zeidt ging ein Bedienter in diesem Garten wie man es nennen konnte herum und goß auf eine glühende Schaufel odeurs[1]. – Eine Dame die die honneurs machte zeigte mir einen Platz neben der Großmama an. – Vergebens suchten meine Augen Frl. von Ringler, endlich entschloß ich mich meine Nachbarin anzureden. Sie war sehr ungewiß ob sie mir antworten sollte, ihre Nachbarin suchte sie daran zu verhindern, da ich aber mit einer geschickten Wendung anzubringen wußte, daß ich erst seit kurzem hier, und keinen sehnlichsten Wunsch hätte als mich den Damen vorstellen zu lassen, würde sie beinah mit mir gesprochen haben, wenn sie nicht hätte tanzen müssen. – Sieh da kam Mst Blaeckston, in deren Wagen wir gefahren waren, sie sezte sich neben mich, und wir schwäzten recht ordentlich. – Endlich entdeckte ich Frl v. R. ich wiederhohlte meine Bitte, da wandte sie sich zu einer Dame und sagte: liebe Henriette, Frl v. Pogwisch. Nachdem sich die liebe Henriette nun endlich gefreut hatte meine Bekanntschaft zu machen tanzte sie fort, und da ich sah daß ich nun doch unpräsentirt bleiben würde beschloß ich meine gute Laune mir nicht verderben zu lassen. – Groß: stellte mich einer menge Damen vor. – Die einzige Dame die freundlich war, war eine Gräfin Romanzow. Ältlich unverheiratet. –

Sie nahm mich unter den Arm und führte mich herum in die hübsch decorirten Zimmer. – Sie hat mir neulich bei der Großmama schon so gut gefallen. –

Nachdem sie mich auf meinen Platz abgesezt hatte, blieb ich ruhig sitzen, und Mst. Bl: und ich amusirten uns auf unsre eigne Hand so gut, daß der Mann auf den Bock fahren mußte damit ich noch bleiben konnte. – Großmama fuhr nach 10 fort. – Um 12. wurde in einem Nebenzim̄er an 5 Tische gegessen. – Mst. Blaeckston kannte einige Leute, und nachdem der Grf. W. mich französisch und sie englisch ersucht hatte ihm zu folgen zeigte er uns Plätze. – Die Damen kamen mir sehr albern vor, indem sie uns mit der höchsten verwunderung ansahen; doch ließen wir uns nicht stören. Bald nach Tisch gingen wir fort. –

(Aus dem Reisetagebuch Ulrike von Pogwischs, Karlsbad, Sonnabend 14. Juli 1827)

[GSA 28/124]

1 *odeurs:* heute Duftsprays.

VI.

Ich würde dir, meine gute Ulrike, mit mehr Vergnügen für deine Tagebücher danken, wenn ich daraus ersähe, daß du in Carlsbad heiter und vergnügt wärest und der, dort wohl allenfalls möglichen Geselligkeit genössest; da dich aber deine Übel verhindern, theils Bekanntschaften zu machen, theils die eingeleiteten weiter zu führen, so kann ich nur bedauren, daß du in der Fremde gewissermaßen deinen häuslichen Zustand fortzusetzen genöthigt bist.

Von hier wird schon mannichfaltige Nachricht zu euch gekommen seyn, wo ich nur wenig hinzuzusetzen wüßte. Frau Großherzogin ist am Dienstag bey mir gewesen, und es hat sich angenehme Mittheilung und Unterhaltung angeknüpft, wie du sie kennst.

Von Berlin hört man nichts als Gutes was Prinzeß Marie betrifft. Ich habe von dorther manche Kunstsachen erhalten, die mir von großem Werth sind und mich besonders Nachmittags und Abends beschäftigen.

Nach mehrern Tagen großer Dürre ist endlich ein sanfter Regen eingetreten, der aber lange anhalten müßte, wenn er die Pflanzenwelt einigermaßen erfrischen wollte. Wölfchen ist mein gewöhnlicher Gesellschafter und pflegt einige Stunden Abends mit mir im Garten zuzubringen, wo er denn aus Blättern und Blumen Putzwerke zusammensetzt, wie er sie von Melossens Kindern und Josephen gelernt hat; dann schreibt er wohl auch die Namen auf aus den orientalischen Mährchen und andere Worte die er nicht versteht. Diese werden verschiedentlich abgeschrieben und erklärt, nicht ohne Unbequemlichkeit, wie die Kinder sind, die nicht enden können. Sogar weiß er mit der größten Artigkeit mich zu nöthigen, daß ich vor Schlafengehen entweder Charte oder Dorl mit ihm spielen muß.

Von Berlin sind höchst elegante Stammbücher nach Belvedere[1] gelangt und mir zum Einschreiben übergeben worden; ich habe mir Verschiedenes ausgedacht, womit ich aber noch nicht zu Stande kommen konnte. Als ich neulich oben war, meine erste Aufwartung zu machen, fand ich die Frau Erbgroßherzogin[2] besser als ich sie mir gedacht hatte; denn wer kann den Ärzten und ihren Bülletins trauen. Auch höre ich vom Hofrath Meyer[3], der immerfort oben wohnt, theils schriftlich theils mündlich das Beste.

Unsern Großherzog erwarten wir in diesen Tagen; er scheint mit seiner Cur, zuletzt auch mit der Gesellschaft, zufrieden zu seyn. In Töplitz hat er sich, Ihro Majestät den König erwartend, länger aufgehalten, als anfangs die Absicht war.

Nun erinnere ich mich auch des dir mitgegebenen Geldes, das du, wie mir Ottilie sagt, nicht los werden kannst, weil keine der gewünschten Gläser sich vorfinden. Kaufe dafür einen hübschen Zeug für die beiden Knaben zu Kleidern. In der österreichischen Monarchie werden dergleichen sehr artige Sachen verfertigt, die wohlfeil sind, aber nicht zu uns herauskommen.

Indem ich nun umherdenke, was ich dir aus meinem Kreise noch zu vermelden hätte, so darf ich nicht übergehen, daß die Malvenallee im untern Garten so schön geworden ist und so herrlich blüht, daß ich sie fast zu schön finde, besonders Abends, wenn die zum Untergang sich neigende Sonne durch die Blumen scheint und die mannichfaltigen Farben erst recht in ihrem Glanz und Werth hervorleuchten.

Wenn ich nun schwerlich mit einem Gegenstand schließen könnte, der heiterer wäre, so will ich hiermit aufhören und dir sowohl als der Frau Gräfin und übrigen weimarischen Curgästen das Allerbeste und eine glücklich-freundliche Rückkehr wünschen.

treugesinnt Goethe.

Weimar den 27. Juli
1827.

[WA IV, 42, 230]

1 *Belvedere:* Jagdschloß und Sommersitz, das prunkvollste der Schlösser der herzoglichen Familie, weltbekannter botanischer Garten, Orangerie; 1798 bis 1801 Erziehungsinstitut für künftige Staatsbeamte aus englischem Adel; Eckermann gab dort zeitweise Unterricht für die Engländer in Weimar.

2 *Erbgroßherzogin:* Maria Pawlowna, russische Großfürstin, Schwiegertochter des zu dieser Zeit regierenden Großherzogs.

20.

Das angreifende des gestrigen Tages mußte ich sehr büßen, Mad: Bl: kam einigemal zu mir und ich zu ihr.– Dem Manne mußte ich versprechen, nur durch ein paar Worte Nachricht zu geben wo auf unserer Reise die besten Gasthöfe zu finden.– Ganz spät Abends erhielt ich ihren Brief, wie glücklich, daß wir noch nicht abgereist waren, sondern ich noch die große Freude in Carlsbad hatte. Sie werden aus meinem lezten Briefe gesehen haben, wie sehr mich ihr Stillschweigen betrübte, und also nun wissen wie erfreut ich war.–

An die Malvenallee habe ich oft gedacht, und ich hoffe sie wird die Artigkeit haben sich noch bis zu meiner Zurückkunft blühend zu erhalten, damit ich sie auch noch bewundern kann. – Was Sie mir von Wölfchen schrieben, hat mich unendlich gefreut. – Es ist nicht zu verwundern, daß er sich in Ihrer Gesellschaft glücklich fühlt. Meinen Walther empfehle ich Ihnen gleichfalls, denn Sie ahnden villeicht nicht, wie glücklich ihm jede Gunstbezeugung die Sie ihm gewähren macht. – Man kann wirklich mit Wahrheit sagen daß beide obgleich sehr verschieden doch sehr gute Jungens sind. – Ich umarme Sie herzlich, und Wolf soll einen neuemodischen Blätterhuth bei meinem Empfang bereit halten. – Das Zeug werde ich bestens besorgen, aber zuvor in Töplitz erst alle Glasladen besuchen, ob ich dort glücklicher bin. –

Julie habe ich gebeten die Überbringerin Ihrer freundlichen Grüße für die Weimeraner zu sein. – So verlaß ich [?] Carlsbad mit so leichten Herzen bin ich noch von keinem Orte geschieden. – Leben Sie wohl in Töplitz ein Mehreres.

(Aus dem Reisetagebuch Ulrike von Pogwischs, Karlsbad, Donnerstag 2. August 1827)

[GSA 28/124]

21.

Was werden Sie gesagt haben lieber Vater als Sie bei Ihrer Zurückkunft[1] mich ausgeflogen gefunden haben. – Die Einladung der Großmama kam so unerwartet und Tags zuvor hatte mich Mathilde Asverus[2] so freundlich nach Eisenach eingeladen, daß ich nicht zu wiederstehen vermochte. Da Sie es villeicht gerne haben wenn ich diese Zeilen in Form eines Tagebuchs einrichte so thue ich es, erwarte aber noch Ihre ferneren Befehle hierüber.

Donnerstag den Kamen wir um 4 Uhr in Wilhelmsthal an. Die Mutter war noch bei Tafel, man wollte mich in Ottili: Stube führen[3], doch zog ich zur Mutter, da der Platz hier immer sehr gebraucht wird … ich wurde gleich zum Thee eingeladen. – Das Wiedersehen hatte beide [Großmutter und Großherzogin] sehr bewegt …

Freitag Früh zu Julie. Oberk:[4] gegangen, dann spatzieren. Mittag bei der Großherz: dinirt …

Sonnabend … Lord Charles hatte früh die Mutter besucht und mir meine Sachen überbracht. –

Sonntag … Das Wetter ist sehr abwechselnd, und heute Regenschauer, häufig. Ich schließe, da Herr Soret[5] einen Brief an Sie fortschickt und ich diesen mit hinein legen will. – Da ich wieder eine dringende Einladung von Eisenach erhielt, so werde ich doch gewiß 8 Tage dort bleiben. – Mit Soret rede ich hier viel … Die Großherzogin bleibt nach der jetzigen Meinung noch 4 Wochen hier. –

Ich umarme sie zärtlichst und küsse Ihnen tausendmal die Hände. Bitte Sie Ottilie August und die Kinder bestens zu grüßen von

Ihrer Sie ewig liebenden
und dankbar verehrenden Ulrike.

Meine Mutter empfiehlt sich angelegentlichst.

(Tagebuchbrief Ulrike von Pogwischs, Wilhelmsthal 10. bis 13. Juli 1828 – Auszüge)

[GSA 28/130]

1 *bei Ihrer Zurückunft:* Ulrike wußte noch nicht, daß Goethe länger von Weimar fort sein werde.

2 *Mathilde Asverus:* eine Freundin in Eisenach.

3 *in Ottili: Stube führen:* Ottilie war, mit der Großmutter aus Karlsbad zurückgekommen, bereits in Schloß Wilhelmthal einquartiert worden.

4 *Oberk:* »Oberkammerherrin« von Egloffstein, Julies Tante (wenige Tage vor ihrem plötzlichen Tode im Park des Schlosses).

5 *Herr Soret:* Frédéric Soret, Schweizer Erzieher des Erbprinzen Carl Alexander seit 1822; Gesprächspartner und freier Mitarbeiter Goethes in Fragen aus dem Bereich der Mineralogie, Botanik und Numismatik; übersetzte Goethes Arbeit über die Metamorphose der Pflanzen ins Französische.

(Die Auslassungen enthalten ausnahmslos die Ankunft bzw. Abreise der fürstlichen Verwandtschaft, z. B. Sachsen-Meiningen, Sachsen-Gotha, und sonstiger Kondolenzbesuche anläßlich des Todes des Großherzogs im Juni.)

VII.

Indessen du, meine Gute, dich nach Wilhelmsthal begibst, verharre ich auf dem Felsen von Dornburg[1]. Ich finde hier alles wie ich es nur wünschen kann, und setze deshalb meinen Aufenthalt hier eben fort. Wenn es gutes Wetter ist, kann man nichts Anmuthigeres wünschen als den Spaziergang auf den Terrassen; bey veränderter Witterung gibt es Nebel, Wolkenzüge, Landregen und Streifschauer, dabey bunte Himmelsbogen lebhaft farbig bis an das Schloß heran, wodurch also ein Einsiedler auf das beste sich unterhalten könnte.

Herrn Soret darfst du sagen daß ich in unserer Angelegenheit ganz versunken bin, daß sich alles bewährt was ich ihm früher geschrieben habe und daß wir uns mit den Genfer Pflanzenfreunden in das beste Verhältniß setzen können.

Soll ich dir nun aber von menschlichen und gevatterlichen Dingen sprechen, so kann ich dir vermelden daß Frau Dr. Stichling, Schwiegertochter von unserm Herrn Director, Tochter von Geh. Cammerrath Kruse, allhier glücklich in die Wochen gekommen ist mit einer jungen Tochter und daß dadurch Dornburg und Weimar neuerdings in einer genauern Verbindung stehen. – Fahre fort, mir von Wilhelmsthal einige Nachricht zu geben, besonders wenn du bey der Ankunft der Erwarteten noch gegenwärtig seyn solltest.

unwandelbar Goethe.

Schloß Dornburg den 18. Juli
1828.

Nun aber will ich zum Schluß dich eigenhändig versichern: daß ich kein Wort von deinem Blättchen[2] verstehe, und dich zugleich inständig bitten, da es so viele wirckliche, unvermeidliche Übel giebt, du mögest dich nicht noch dazu mit eingebildeten Phantomen abquälen.

treulichst

G.

[WA IV, 44, 174]

1 *Dornburg:* Die Dornburger Schlösser, drei kleine Schloß- bzw. Gutsanlagen der Herzogsfamilie (Romanik, Rokoko, Renaissance), nördlich von Jena mit Blick auf das Saaletal. Goethe liebte sie deswegen besonders und besuchte sie mehr als etwa zwanzigmal zu kurzen Aufenthalten allein, mit dem Großherzog oder mit Freunden; nach des Großherzogs Tod zwei Monate lang.
Ulrike war seit dem 10. Juli mit der Großmutter in Wilhelmsthal.

2 *von deinem Blättchen:* Im handschriftlichen Nachsatz Goethes: das »Blättchen«. – Es hat sich schon bei Erscheinen der Sophienausgabe der Briefe Goethes nicht anfinden lassen und ist noch heute unbekannt; ein Zusammenhang mit Ulrikes Auszug aus dem Goethehaus ist nur zu vermuten.

22.

Eben komme ich[1] aus der Nebenstube unserer geliebten Frau Großherzogin, wo ich ihre Stimme recht kräftig und heiter gehört habe. Vogel ließ der Mutter sagen es ginge viel besser; wir eilten zu ihm und er versicherte daß die bedeutende Veränderung unbegreiflich. Ihre Kammerfrauen sind ganz glücklich weil sie seit ein paar Tagen nicht so wohl sich befunden. Sie war 1 ½ Stunde auf, liegt jezt wieder zu Bett; hat Sago mit Wein gegessen; jezt Caffee getrunken und sich zu diesen Abend ein Griessuppe bestellt mit der Bemerkung ja nicht zu dick, woraus Sie sehen wie viel besser sie ist. – Ob wir uns freuen dürfen weiß ich nicht, aber alles ist so froh sie so zu finden, daß ich es Ihnen mittheilen muß. Starkes[2] die geschlafen hatte wollten die Veränderung nicht glauben, und waren dann eben so erfreut wie Vogel. Laßen Sie mich bitte wissen wie es der kleinen Alma geht und theilen Sie Ottilien die guten Nachrichten mit

Ihre Ulrike

[GSA 28/699]

1 *Eben komme ich:* Ohne Orts- u. Datumsangabe. Auch das Kuvert gibt darüber keine Auskunft, da kein Poststempel vorhanden ist, wurde von Ulrike vermutlich einem Boten aus dem Schloß in Weimar oder Wilhelmsthal mitgegeben. Für das Datum kommt nur der Zeitraum zwischen dem 29. Oktober 1827 (Geburt Alma von Goethes) und dem 14. Februar 1830 (Tod der Großherzogin) in Frage, wahrscheinlich 1829 oder 1830, als sich der Gesundheitszustand der Großherzogin wesentlich verschlechterte.

2 *Starkes:* Johann Christian Stark, d. J. (1769–1837), Professor der Medizin in Jena, seit 1812 als Amtsnachfolger seines Vaters Leibarzt am Weimarer Hof, zeitweilig auch Goethes Arzt.

23.

Dürft ich sie wohl bester Vater, diesen Nachmittag[1] um Ihren Wagen bitten, um Mademoiselle Seidler[2] abholen zu lassen? Sie würden dadurch sehr verbinden

Ihre sehr beschäftig[t]e

Decoratrice, Regiesseurin und

Gadrobiére Ulrike

[GSA 28/152]

1 *diesen Nachmittag:* Vermutlich 10. November 1831, laut Goethes Tagebuch (WA III, 13, 168); Luise Seidler war »wegen hiesiger und Dresdner Kunstangelegenheiten« bei Goethe, abends fand ein Hofball statt.

2 *Mademoiselle Seidler:* Caroline Louise Seidler (1786–1866), Poträtmalerin, Freundin der Pogwisch-Schwestern, von Goethe in ihrer Ausbildung gefördert und finanziell unterstützt, z. B. Studienaufenthalt 1810/11 in Dresden (u. a. bei Caspar David Friedrich und Georg Friedrich Kersting), 1818 herzogliches Stipendium für München, 1819 bis 1823 für Italien, 1823 Zeichenlehrerin der Weimarer Prinzessinnen, 1824 Kustodin der herzoglichen Gemäldesammlung, 1826 in Paris unter Humboldts Führung, 1832 für ein Jahr nach Italien, später offiziell Hofmalerin.
Sie wird wie Ulrike an diesem Abend gestaltend tätig gewesen sein.

24.

Wenn dies Zeilen zu Ihnen gelangen, bester Vater, dann ist hoffentlich, Ihre Unpäßlichkeit[1] ganz vorbei. Mir hat die Reise sehr gut getan; und es ist bei dieser entsetzlichen Kälte wirklich viel wenn man sich einigermaßen wohl erhält. Die Zahl der Badegäste ist schon über 300. Doch merkt man es noch nicht recht. Wir haben eine sehr schöne Wohnung auf dem Markt; in dieser Gegend sind überhaupt die Quartiere fast alle besezt, nur die Wiese; die sieht noch sehr öde aus. Die Carlbaderwirthe jedoch haben guten Muth, indem sehr viele Bestellungen sind; und für die frühe Jahrszeit viel Gäste hier sind. – Solange Carlsbad existirt soll die Zahl der Fremden, voriges Jahr am bedeutensten gewesen sein. – Mervinia Vavasour[2], hat mir aufgetragen Ihnen, Ihre Freude zu schildern und den wärmsten Dank zu sagen. – Wenn jemand sich so freuen kann, der ist es auch werth daß man ihm eine Freude macht. Vavasours sind denselben Tag mit uns hier eingetroffen, was für mich eine unaussprechlich großes Vergnügen ist. –

Hier ist auch jezt ein Museum aber bloß für Zeitungen. – Da man auf keine andere Weise jezt hier welche lesen kann, entschloß sich Großmama und Lady Vavas: in einer Nebenstube hinzugehen. Ihrem Beispiel sind schon einige andere Damen gefolgt, und ich glaube wirklich der enterpreneur des Museums, sollte den beiden Damen ein Danksagungsschreiben senden, denn ich bin überzeugt daß die Zahl alle Tage sich nun vergrößern wird, aber nicht leicht Jemand den Anfang gemacht hätte. –

Fräulein Täuber hat mir einen Brief der Mutter mitgebracht; aber bitte sagen sie Ottilien, daß ich durch den Oberjägermeister einen von ihr erwarte. Bekanntschaften haben wir wenig gemacht. Ich sah Fr v Reck zum erstenmal, die aber sehr krank ist. Grf. v Hehsenstein verfehlte sich mit uns; und dann ist noch Grf Bose[3] aus Dresden hier. – Heute habe ich zum erstenmal und zwar im Regen Schloßbrunnen getrunken, der mir bis jezt ganz gut bekommen, so daß ich Morgen schon 5 Becher trinken soll. Es bleibt mir nur noch so viel Platz, Sie recht herzlich und zärtlich zu umarmen, und Sie zu bitten ferner Ihre Neigung zu schenken

Ihrer Ulrike.

Carlsbad den
5$^{t.}$ Juny[4]

Sie entschuldigen mich wohl bei Ottilien, daß ich ihr heute nicht schreibe, aber Sie wissen am besten, daß man nicht viel kann und darf; doch will ich Ihr nicht länger Grüße von Marvinien vorenthalten die sie mir mit den Worten thausand & thausand loves to Your sister aufgetragen. Hofrath Vogel noch meinen besten Dank für seinen Brief an Dt. Mitterbacher[5], der nicht verfehlt als alter Verehrer sich Ott: zu Füßen zu legen. Den 3 Kindern viele viele herzlich Grüße. – Man sieht hier so wunderhübsche Sachen, daß man ganz verstimmt wird, wenn der Geldbeutel einem nicht erlaubt sie mitzubringen. Beinah hätte ich vergessen die schönsten Grüße der Großmama zu bestellen. Ich dächte die Nachschrift wäre nun für einen Mädchens' Brief lang genug!

[GSA 28/699 III]

1 *Unpäßlichkeit:* bronchialer Infekt und rheumatische Beschwerden.

2 *Mervinia Vavasour:* Tochter eines in Weimar ansässigen Generals.

3 *Fr v Reck, Grf. v Hehsenstein, Grf Bose:* Bekannte Ulrikes.

4 *5$^{t.}$ Juni:* Die Jahreszahl 1831 fehlt in der Originalhandschrift, ergibt sich jedoch aus Goethes Tagebüchern und Kanzler von Müllers Unterhaltungen mit Goethe. Vom 19. Mai bis 12. Juni 1831 war Ulrike mit der Großmutter in Karlsbad, Goethe erkrankte am 19. Mai.

5 *Dt. Mitterbacher:* vermutlich der Kurarzt.

VIII.

Wenn ich Dir, meine liebe Ulrike, viel Anderes zu sagen hätte, als was du schon weißt, daß wir uns nämlich von Herzen längst angehören, so hätt ich dir wohl schon geschrieben und dir für dein liebes Brieflein gedankt.

Was allenfalls begegnet, weißt du; ich will aber zunächst von den Kindern reden, die gegenwärtig um mich her, in den vordern Zimmern, tumultuiren und ihre Existenz doppelt und dreyfach fühlbar machen.

Walther[1], dem man ein musikalisches Talent zugestehen muß, scheint mir einen Sonnenstich von der ersten Leipziger Sängerin erlitten zu haben; er componirt Arien, die er, von ihr gesungen, allenfalls hören möchte. Wer weiß, wohin das führen kann. In der Hauptsache aber haben die Bemühungen deiner Frau Mutter seinem Flügelspielen entschieden gründlichen Vortheil gebracht; das Übrige muß man wirken und werden lassen.

Wölfchen[2] hält sich wie immer ganz nah an dem Großvater, wir frühstücken zusammen, und von da an zieht sich's durch den ganzen Tag durch. Das Theater reißt im Grunde diese guten Creaturen mit sich fort, er schreibt Trauer- und Lustspiele, sammelt die Comödienzettel, liest gränzenlos. Mir kommt immer vor, daß unsre Kinder sich wirklich als mit Purzelbäumen bilden. Wer will dazu weiter etwas sagen.

Wolf ist klug, wie alle Kinder und alle Menschen, die unmittelbare Zwecke haben. Wenn ich sehe, wo er hinaus will, so mach ich mir einen Spaß, seine Wünsche bald zu hindern, bald zu fördern, wodurch er sich in seinem Gange aber keineswegs irren läßt.

Das Mädchen[3] ist allerliebst und, als ein ächt gebornes Frauenzimmerchen, schon jetzt incalculabel. Mit dem Großvater im besten und liebevollen Vernehmen, aber doch, als wenn es nichts wäre, ihre Herkömmlichkeiten verfolgend. Anmuthig, indem sie, bey entschiedenem Willen, sich ablenken und beschwichtigen läßt. Übrigens keinen Augenblick ruhig, lärmig, aber leidlich, und mit einigem Scherz gar bald in Ordnung und Zucht gebracht.

Wolf, halb eifersüchtig, bemerkte schon, daß sie in einigen Jahren seine Rolle übernehmen und dem Großvater manches ablocken könnte.

Hier hast du also, meine Gute, einen wahren großväterlichen Brief, wobey ich nur noch zu bemerken habe: daß man Tag, Stunden und Gelegenheit nicht genug zu schätzen weiß, sonst würdest du mir Demoiselle Vavasour[4] öfters zugeführt haben, da es denn dem guten Kinde an einer angenehmen Unterhaltung nicht hätte fehlen sollen. Möge euer Zusammenseyn in Carlsbad höchst erquicklich seyn.

Alles Übrige, als wenn es nicht wäre, unerwähnt lassend, bitte nur tausend Empfehlungen der Frau Gräfin Henckel, Excellenz, auszurichten und mein im alten treuen Sinn und Gefühl auch fernerhin zu gedenken.

and so for ever J. W. v. Goethe.

Weimar den 18. Juni
1831.

[WA IV, 48, 222]

1 *Walther:* Walther (Wolfgang) von Goethe (1818–1885), hatte bei seiner Großmutter (Henriette von Pogowisch) Klavierunterricht, 1838 bei Felix Mendelssohn Bartholdy in Leipzig und bei Carl Löwe in Stettin, 1839 bei Ignaz Ritter von Seyfried (Schüler Mozarts) in Wien, studierte bei letzterem wohl auch Kompositions- und Harmonielehre, so daß seine musikalische Begabung im Familienkreis überbewertet wurde. Die hochgespannte Erwartungshaltung seiner Umwelt wurde seinen Kompositionen (Klavierstücke, Lieder, Opern) und einer professionellen Musikerlaufbahn zum Verhängnis. 1842 gab er gegen den Willen der drängenden Mutter diesen Weg zur Eigenständigkeit auf und wid-

mete sich fortan in Weimar der Kustodie des Goethehauses sowie der Edition verschiedener Briefwechsel Goethes. 1885 übergab er als letzter Enkel Goethes dessen literarisches Erbe der Großherzogin Sophie, Haus und Sammlungen der Obhut des Staates Sachsen-Weimar-Eisenach durch Testament.

2 *Wölfchen:* Wolfgang (Maximilian) von Goethe (1820–1883), Lieblingsenkel Goethes, besuchte 1835 kurz das Gymnasium Schulpforta, von 1836 bis 1839 das Gymnasium in Weimar und studierte von 1839 bis 1845 in Bonn, Jena, Heidelberg und Berlin Jura und Philologie; 1845 in Heidelberg Promotion zum Dr. jur. Mit literarischen Versuchen blieb ihm ein Durchbruch versagt. Eine labile Gesundheit zögerte die berufliche Eigenständigkeit hinaus. 1852 wurde er preußischer Legationsrat beim Vatikan in Rom, 1856 bis 1860 in Dresden. Nach dem Abschied aus dem preußischen Staatsdienst widmete er sich als Privatgelehrter historischen Studien und zusammen mit seinem Bruder der Edition von Goethes Briefwechsel.

3 *Das Mädchen:* Alma von Goethe (1827–1844), das dritte Kind August und Ottilie von Goethes, wurde bis 1832 vorwiegend von einer Freundin der Familie (Jenny von Pappenheim) erzogen, lebte nach dem Tode Goethes fast ausschließlich bei der Großmutter Henriette und der Tante Ulrike von Pogwisch. 1839 wünschte ihre Mutter die Übersiedlung nach Wien, um sie dort in die Gesellschaft einzuführen; dasselbe geschah 1842 am Hof von Weimar. 1844, kurz nach ihrer Rückkehr ins ungeliebte Wien, starb sie an Typhus. Franz Grillparzer, der das junge Mädchen dort kennengelernt hatte, widmete ihr ein Gedicht (»Alma von Goethe«) als Nachruf.